KB152847

영사
법무학
개론

영사법무학개론

© 백주현, 2019

1판 1쇄 인쇄__2019년 08월 01일
1판 1쇄 발행__2019년 08월 10일

지은이__백주현
펴낸이__홍정표

펴낸곳__글로벌콘텐츠
　　　　등록__제 25100-2008-000024호

공급처__(주)글로벌콘텐츠출판그룹
　　　　대표__홍정표 이사__김미미 기획·마케팅__노경민 이종훈 편집__권군오 홍명지
　　　　주소__서울특별시 강동구 풍성로 87-6 전화__02-488-3280 팩스__02-488-3281
　　　　홈페이지__www.gcbook.co.kr

값 15,800원
ISBN 979-11-5852-250-6 93340

·이 책은 본사와 저자의 허락 없이는 내용의 일부 또는 전체를 무단 전재나 복제, 광전자 매체 수록 등을 금합니다.
·잘못된 책은 구입처에서 바꾸어 드립니다.

영사 법무학 개론

백주현 지음

글로벌콘텐츠

국가는 해외여행 중인 국민을 안전하게 보호할 수 있을까?

우리 경찰이나 영사가 해외에서도 국내처럼 행정력을 발휘할 수 있을까? 외교관계에 관한 비엔나 협약과 영사관계에 관한 비엔나 협약은 IT기술이 발달된 현재에도 잘 적용될 수 있는가? 재외국민보호를 위한 영사조력법은 과연 잘 작동하여 국민들을 보호하는 법이 될 것인가?

영사법무학개론은 이러한 의문에 답을 줄 수 있을까?

나는 2019년 봄 학기 동국대 법대에서 우리나라 최초로 영사법무학개론이라는 이름으로 강의를 시작하였다. 외교부와 동국대가 맺은 '영사분야 교육 및 전문인력 양성을 위한 업무협력협정'에 따른 것이다.

나는 이 강의를 통해 2010년부터 2년간 외교부 재외동포영사국장으로 일하면서 생겼던 의문과 학생들이 느끼는 의문에 대해 생각해볼 소중한 기회를 가졌다.

국가가 국민들에게 제공하는 영사서비스가 이제 막 성장하기 시작하는 봄꽃 같다는 느낌이 든다. 국제사회와 유엔회원국들이 만들어놓은 외교와 영사에 관한 비엔나 협약 등의 울타리가 튼튼해 보이기는 하지만, 필요하고 가능한 최대치라는 생각은 들지 않는다.

나와 학생들은 강의 중에 계속되는 의문과 토론을 통해 목표 지점에 이르러 보려고 노력하였다. 교수나 강사는 더 이상 절대적 위치에 있는 콘텐츠 독점자는 아닐 것이다. 내 수업에 담겨진 내용은 인터넷을 찾아보면 어디서나 찾을 수 있는 내용일 수도 있다. 내가 학생들에 대해서 가질 수 있는 유일한 강점은 국장 재임시절 유성처럼 쏟아졌던 수많은 사건·사고를 처리해본 경험일 것이다. 영사서비스를 제공하는데 필요한 법리보다 그 속에 숨어 있는 비밀들을 조금은 더 안다는 것일 것이다.

나는 2007년 여름 아프가니스탄에서 피랍된 우리 국민들 구출을 위한 협상단장으로 파견된 것을 계기로 재외동포영사 국장으로 "아덴만의 여명작전", "일본 동북 대지진", "리비아에서의 건설인력 긴급대피" 사건 등 굵직한 사건·사고를 처리하였다. 외교관의 임무를 마치고 퇴직한 2018년에는 리비아 인질 사건에 외교장관 특사로 파견되기도 하였다.

재외국민보호 메커니즘은 우리 국민들이 우리 정부와 외교부를 들여다보는 창과 같다. 잘 작동하는 제도와 법제를 만들어나가는 것이 중요하다. 그러나 그보다 더 중요한 것은 우리 정부가 진정 우리 국민의 생명과 안전을 소중하게 여기는지 여부이다. 현장을 뛰는 영사들과 공관장들이 재외국민을 가족같이 생각하면서 보호한다면 국민들의 사랑도 따라올 것이다. 해외에서 예기치 못했던 사건·사고에 직면한 우리 국민에게 영사는 슈퍼맨 같은 존재가 아닐까?

영사조력법이 발효되는 2년 후까지 훌륭한 영사 인력 양성에 매진하고자 한다. 오늘도 동국대 만해관 116호 연구실과 강의실에서 만나는 탐구심 강한 학생들은 나에게 연구하고 토론하게 하는 에너지를 주고 있다. 그들의 창의적인 생각과 마음이 우리 국민에게 한줄기 빛이 되길 바라는 마음이다.

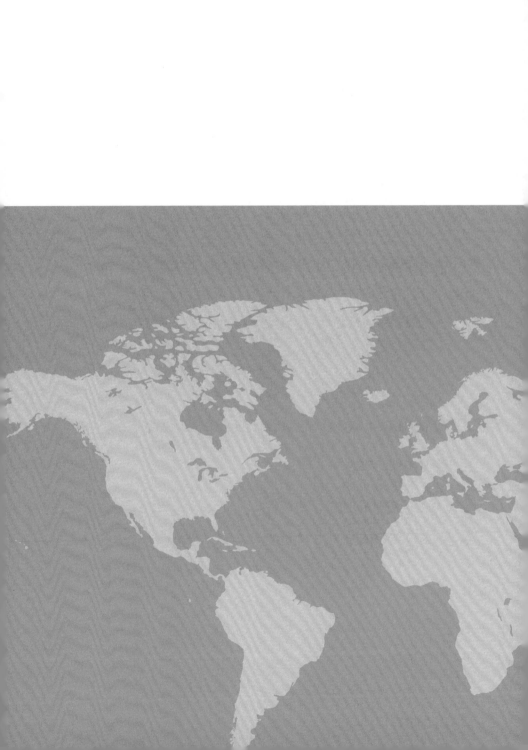

영사
법무학
개론

1

외교관계와 영사관계의 기원

■■■

인류는 원시시대부터 집단을 이루어 살아왔다. 국가가 생기기 전에는 부족의 형태를 이루어 살았는데 서로 다른 부족 간에도 의사소통이 필요한 일이 발생하곤 했다. 그럴 경우에는 부족장이 자기 부족의 의사를 상대방에게 잘 전달할 사람을 뽑아 보내곤 하였다. 지금처럼 통신이 발달되지 않은 시대여서 부족 집단 간 소통(communication)에 한계가 있었다. 인터넷을 통한 공개된 정보도 없었으니 집단 간에 오해와 억측으로 인한 분쟁의 가능성도 높았다.

이러한 상황에서 부족 집단 간의 소통을 위해서 생각해 낸 것이 사자(messanger, envoy)였다. 처음에는 이렇게 보내진 사자를 잘 영접하여 상대방의 의사를 전달 받았다. 그러나 사자를 적대적으로 대하거나, 죽이는 일도 있었다. 그러나 지구상의 일부에서는 사자에 대한 특별한 대우에 대한 개념이 생겨나기 시작하였다.

"펠로폰네소스동맹이 아테네에 대한 개전을 가결했을 때에도 아테네의 무역대표들을 그들의 특수 업무가 완결될 때까지 스파르타에 체류하도록 허락했다. 그리스인들은 5세기에 이미 항구적인 외교관계를 위한 어떤 면책이나 상당한 배려를 보장받고 있었을 뿐만 아니라 국가 사이의 관계는 단순히 계략이나 폭력에 의하여 조정·처리될 수 없고 목전의 국가적 이익이나 일시적인 편의에 우선하는 어떤 묵시적인 '법'이 존재한다는 것을 인식하기에 이르렀다."[1]

"7세기에 이르러 인보동맹(Amphictyonic Council)에 참여하는 국가들은 치외법권 또는 외교적 특권을 스스로 요구했다. 인보동맹 참여국은 동맹회원국의 도시 국가를 결코 유린하지 않았으며, 전시이든 평화시에든 수로를 차단하지 않았다. 이러한 제도는 공통된 국제적 이해관계와 공통된 국제법의 개념을 발전시키는 데 기여하였다."[2]

민족 집단이 영토를 확장하고 세를 불리는 시절에는 안정과 질서보다는 팽창의 욕구가 더 컸기에 사자의 역할이 주목받지를 못했다. 중세에 들어서 국가의 개념이 생기고 국가 간의 치열한 전쟁을 수백 년 겪은 후에야 인류는 국가 간의 전쟁과 분쟁보다는 타협과 평화가 더 중요하다는 것을 실감하기 시작했다.

외교적 면제라는 개념은 고대 인도 서사시 Ramayana(기원전 3천년에서 2천년경)나 Mahabharata(기원전 4세기)에서 사자나 사신

---

1) 『외교론』(신복룡 역), 헤롤드 니콜슨 경(Diplomacy, Oxford University, London, 1969)
   pp.37~38
2) 『외교론』, pp.61~62

(messengers or diplomats)에 대한 사형의 면제라는 형태로 나타난다.

헤로도투스의 기록에도 페르시아 사신에 대한 학대는 범죄라는 기록이 있다. 사신에 대한 모욕을 주거나 살해하는 경우에 전쟁으로 이어져 상대 집단에 대한 공격이나 학살로 이어지기도 하였다.

고려와 조선 왕조 700여 년 동안 우리는 중국에 정기적으로 연행사를 보냈다. 연행은 매년 중국 황제의 생일, 황태자의 탄생, 신년인사 등의 계기에 파견되었다. 사행단은 300~600명 정도로 이루어졌다. 우리 선조들은 사대주의 외교를 통해 우리의 안보를 확보하려고 노력하였다.

1225년 몽골 외교사절 저고여 피살 사건은 몽골의 고려 침입을 불러왔다. 몽골의 징기스칸은 자신의 사신을 살해하거나 학대한 집단에 대해서는 무력 보복을 했고, 공격하여 멸망시키기까지 하였다.

13세기 도시 국가들 간에는 국제적인 상거래가 활발하였다. 특히 베네치아 공화국의 경우는 유럽 국가들과 아랍, 북아프리카 간의 중개 무역을 통해 막강한 부를 축적하였다. 이에 따라 외국에 나가서 활동하는 베네치아 상인들의 이익과 안전을 보호할 필요성이 커졌다. 베네치아는 수시로 사신을 파견하였는데 여기서 근대적인 외교사절 제도가 태동하기 시작한 것이다. 베네치아는 다른 국가들과는 달리 국제분쟁이 생기면 무력 충돌은 최대한 회피하고 끈질긴 협상을 통한 실리 외교를 전개하였다.

외교사절제도는 이러한 배경하에 탄생하였다. 국가 간의 의사소통과 교섭을 위해서 보내지던 외교 사절을 상대국에 상주(resident)하도록 하는 제도는 이탈리아 도시국가에서 처음 도입되었다.

"기록에 나타난 최초의 상주 사절은 1455년 밀라노 대공인 스포르차

(Francesco Sforza)에 의해 제노아에 설치되었다."[3]

영사는 자국 상인들의 이익을 외국에서 보호하기 위해 파견되었다. 본국에서 파견되기도 하고 현지에서 임명되기도 하였다. 처음에는 정부가 일정한 급여를 지불하지도 않았다. 현지에서 유력한 상인들 중에 선발되어 자기 비용으로 영사 역할을 하기도 하였다.

그 이후 16~17세기 유럽 국가들 간에는 일회성 사신 파견에서 더 나아가 상주 외교사절(resident diplomatic mission) 제도를 점차 발달시켰고, 외교관과 영사들이 파견되기 시작하였다. 그것이 오늘날의 상주 외교사절제도로 발달하였다.

외교관의 계급에 대한 제도가 1815년 비엔나회의와 1818년 엑스 라 샤펠회의에서 확정되었다. 그러나 영사제도는 외교관보다도 더 긴 역사를 갖고 있으면서도 그 명칭에 대한 통일성이 오랫동안 존재하지 않았다. 1963년 영사관계에 관한 비엔나협약이 체결되어 비로소 영사의 계급과 제도에 대한 개념이 명확해졌다.

영사제도에 대한 개념은 국가의 형성과정과 국가 간 관계의 진화와 밀접한 관계를 갖고 있기 때문일 것이다. 국가와 기업들 간의 관계 발전에 따라 자연발생적으로 만들어진 것이 영사이다. 영사는 당초 상업적인 이익 보호에서 출발하였고, 현재에 와서는 재외국민의 상업적 이익뿐만 아니라 사건, 사고, 천연재해, 법적인 충돌과 피해로부터 국민들을 보호하는 제도로 진화되었다.

---

3) 『외교론』(신복룡 역), p.47

이제 베네치아 공화국부터 미국의 영사제도 발전 과정을 살펴보면 그 배경에 대한 이해가 높아질 것이다.

1. 베네치아 공화국

베네치아는 5세기경 게르만족의 일파가 북이탈리아를 침입하면서부터 시작한다. 당시 고트족과 롬바르드족 등 야만족의 침입을 피해 몇몇 주민들이 아드리아해의 해안가 척박한 석호에 집을 짓고 마을을 형성하기 시작했고 세월이 흐르면서 이것이 점차 도시를 이루게 되었다. 약 7세기에 이르자 주민들은 자체적으로 그들의 지도자를 뽑았고 비잔티움 황제로부터 인정을 받아 자치를 시작했다. 이를 도제라고 하는데 전하는 바에 따르면 697년 최초의 도제 파올로 루치오 아나페스토가 선출되었다고 한다.

중세기 동안 베네치아는 프랑크 왕국과 비잔티움 제국의 사이에서 조금씩 그 세력을 넓혔다. 산물이라고는 소금과 생선뿐인 척박한 석호의 섬에서 베네치아는 무역 중계와 상업으로 번성했다. 당시 가장 큰 교역 물품은 목재와 노예였다. 뛰어난 상술과 항해술로 베네치아는 비잔티움 제국으로부터 특혜를 얻었고 제4차 십자군 원정을 통해 점차 그 세력이 강대해졌다.

서기 1000년경부터 베네치아가 아드리아해 연안을 통제하자, 이에 저항하기 위해 크로아티아, 슬로베니아, 달마티아는 함께 1102년 헝가리 왕을 군주로 받아들였다. 베네치아는 비잔티움 제국의 간섭에서 완전히 벗어나 독자적인 세력으로 발전했으며 결국 1204년 제4차 십자군 때에는 당대 최대의 도시이자 비잔티움 제국의 수도인 콘스탄티노폴리스를 침공하여 함락시키기도 하였다. 이것을 결정적인 계기로 중세 비잔티움 제국의 영토에 설립되었던 라틴 제국의 황제로 당시 베네치아의 도제가 고려되었을 정도로(하지만 공화국에 해가 될 수도 있었기 때문에 본인이 거부) 라틴 제국에서 강력한 영향력을 얻었다. 아드리아해는 물론 동지중해에 무역 거점 도시를 줄줄이 건설하여 무역 강국으로 발전했으며, 로마 교황청의 권위에도 굴복하지 않았고 신성로마제국의 세력권에도 들어가지 않았다. 또한 강력한 무역과 해상의 라이벌인 제노아 공화국과 120여 년에 걸쳐 네 번의 전쟁을 벌여 결국 승리했다.

15세기에 베네치아 공화국은 전성기를 맞이한다. 키프로스와 에게해의 여러 섬들을 복속하고 이탈리아 본토에 속주를 차지했으며 달마티아와 알바니아 연안에 베네치아 귀족이 통치하는 속국을 만들었다. 숙적 제노아와의 네 번의 전쟁 끝에 승리한 베네치아는 레반트의 여왕이라 불리며 동지중해 무역을 독점하다시피 하여 엄청난 부를 거둬들였다. 1453년 동로마 제국이 멸망하자 베네치아는 르네상스의 주역으로 떠오른 한편, 동로마 제국을 멸망시킨 오스만 제국과 경쟁하며 끊임없이 전쟁을 벌였다.

16세기에 이르러 베네치아에 대항하는 교황령 주도의 이탈리아 동맹인 캉브레 동맹이 결성되었고 1508년 캉브레 동맹 전쟁에서 승리하지만 이후로는 더 이상 베네치아 공화국의 영토를 넓힐 수 없었다. 4차 십자군 전쟁 이후로 동지중해는 사실상 베네치아의 바다라 보아도 무리가 없을 정도로 경쟁자가 없었지만 1499~1503년에 오스만 제국과의 전쟁에 패하면서 동지중해에 대한 독점적인 지배권을 상실한다.

캉브레 동맹을 주도한 교황 율리우스 2세는 여러 강국(서유럽의 대부분)을 끌어들여, 당시 이탈리아에서 가장 강력한 공화국이었던 베네치아의 지위에 철퇴를 내리고 교황령 주도의 이탈리아 통일을 꿈꾸었다. 하지만 캉브레 동맹의 전쟁 중에 개신교의 세가 강해졌던 신성 로마 제국의 군대는 로마를 '부패의 상징'이라 생각해 약탈했고 사실상 이 전쟁을 기점으로 대부분의 도시 국가들은 스페인이나 프랑스와 같은 강국의 허수아비로 전락한다. 베네치아는 그나마 이 전쟁에서 승리한 덕분에 당분간 자신들의 세를 유지할 수 있었다.

그 뒤 에스파냐와 포르투갈이 아메리카 대륙을 발견하여 부와 무역의 주도권은 대서양으로 넘어가자 지중해 무역의 중요성은 점차 떨어졌다. 동방과의 교역은 지중해가 아니라 대서양을 통해서 이루어졌고 무역에 의존하는 베네치아는 점차 쇠퇴의 길을 걷게 된다. 1571년 오스만 제국에 대항하여 레판토 해전에서 승리하지만, 베네치아는 오히려 키프로스를 상실했다. 1606년 교황 바오로 5세는 개신교와 로마 가톨릭 간의 분쟁을 중재하면서 개신교에 유리하게 중재한 베네치아에게 선전 포고를 하고 베네치아를 파문해 버렸다.

이후 무역에서 주도권을 상실한 베네치아는 이후 18세기에는 무라노섬의 유리 공예와 뛰어났던 가공 기술들, 관광업 그리고 포강 유역의 비옥한 토지와 공화국치고는 상당히 컸던 영토를 이용한 농업을 통해 그럭저럭 먹고 살 수 있었다.

베네치아 공화국은 엄청난 돈을 들여가며 25년간 홀로 버틴 끝에 1669년 크레타를 오스만 제국에 빼앗기고 아드리아해에 틀어박히는 형국이 된다. (당시 베네치아가 전쟁에 사용한 비용은 전성기가 지났다고는 하지만 '그' 베네치아의 1년 세입을 훌쩍 넘기는 것이었다.) 이는 역사에 기록된 가장 긴 공성전이다. 1714년 오스만 제국은 모레아의 영유권을 주장하며 펠로폰네소스 전쟁을 선포했다. 이에 맞선 오스트리아와 베네치아는 결국 오스만 제국을 굴복시키긴 했지만 오스트리아가 많은 영토를 얻은 데 비해 베네치아는 모레아를 잃었다. 이후 베네치아는 자신들의 앞마당이라고 할 수 있는 아드리아해에 오스만 세력을 들이지 않는 데 주력했다. 실제로 1716년 코르푸섬을 성공적으로 방어하기도 하였다. 18세기 말, 베네치아 공화국은 달마티아 내부까지 영역을 확대하였다. 이후 프랑스 혁명이 발발하고 팽창하는 열강의 틈바구니 속에서 1792년 베네치아 공화국은 비무장의 중립을 선언하지만 1797년 나폴레옹의 군대가 오스트리아군을 쫓아 베네치아를 침공했고 결국 약 1200년의 역사를 가진 베네치아 공화국은 나폴레옹에게 멸망하고 만다.[4]

베네치아 공화국은 전술한 바와 같이 척박한 지역을 근거로 지중해 무역에 성공한 국가였다. 이에 따라 무역대상국과 분쟁이나 전쟁보다는 타협과 절충으로 세력을 확장해 나갔다. 이러한 과정에서 다른 나라에 진출하거나 거주하는 상인들 모임에서 영사를 선발하였다. 그들은 베네치아 상인들의 이익이 침해되는 것을 막을 뿐 아니라, 교역이 증가되고 새로운 이권 사업을 개발하는데도 기여하였다. 천년이 넘는 역사를 이어가면서 지중해와 레반트, 북아프리카 지역에서의 경제적 패권을 유지할 수 있었던 비결이 엿보인다.

영사의 개념은 중세에 와서 알려지기 시작하였다. 서지중해 지역에서 '무역인을 위한 영사'와 '바다의 영사'가 등장하였으며 이 두 가지 기능이 함께 이루어지기도 하였다. 이러한 영사관은 재판소의 기능도 발휘했는

---

4) Wikipedia

데 상인들과 지역관리, 자국과 외국의 상인들이 모여 해운과 무역에 관한 분쟁의 해결책을 구하였다.

16세기부터 국가(왕)가 영사를 직접 임명하는 경우가 증가하였다. 이와 함께 파견국은 영사의 재외국민에 대한 사법 권한을 증가시키려 했지만, 이에 대해 주권 국가들이 영사에 대한 제한을 가하려는 움직임이 나타나기 시작하였다. 왕이 자기 영토 내에서는 절대적 통제권을 갖는다는 원칙(rex in regno suo est imperator: a king is emperor in his own realm)이 자리 잡기 시작한 것이다. 그럼에도 불구하고 19세기까지도 영사의 사법권의 일부는 남아 있었다.

2. 스페인과 포르투갈

스페인은 16세기부터 19세기까지 유럽, 아프리카, 아시아 등에 식민지를 개척하며 번성하였다. 대항해 시대(Age of Discovery)에 스페인은 카리브해나 아메리카 대륙의 토착제국들을 점령하였다. 스페인과 식민지 사이에는 활발한 교역이 이루어졌고 이를 지키는 스페인 함대는 강화되었다. 스페인은 개척되는 식민지역에 영사를 선발하여 무역과 항행의 이익을 지키려 하였다.

대항해 시대는 유럽인들이 항해술을 발전시켜 북아메리카와 남아메리카로 가는 항로와 아프리카를 돌아 인도와 동남아시아, 동북아시아로 가는 항로를 발견하고 최초로 세계를 일주하는 등 다양한 지리상의 발견을 이룩한 시대를 말한다. 대체로 포르투갈의 엔리케 왕자를 주축으로 한 15세기 초중반의 해외 진출에서 시작되었다고 본다. 이후 크리스토퍼 콜럼버스의 유럽-아메리카 항로의 개척, 바스코 다 가마의 아프리카 남단을 통한 인도항로의 개척, 그리고 페르디난드 마젤란의 세계일주 항해가 이루어진 15세기 말~16세기 초반에 정점에 달하였다. 그리고 스페인 정복자들에 의한 식민제국 건설, 영국과 네덜란드의 동인도 회사 설립을 끝으로 대항해 시대는 막을 내리고 유럽은 식민지 점령 경쟁에 혈안이 되는 근대 제국주의 시대로 넘어가게 된다는 점에서 세계사적으로 의미가 있다.

대항해 시대 전까지만 해도, 포르투갈의 지리적 입지 조건은 유럽 최대의 해상 무역권이었던 지중해와 그 다음가는 북해 및 발트해, 그 어느 곳에도 끼지 못하는 유럽의 변방이었다. 그렇다고 농업이라도 잘 되냐면 그건 또 아니라 농지는 척박하니 결국 상업 말고는 아무것도 할 수 없었다. 때문에 포르투갈은 유럽 그 어느 나라보다도 상업 부르주아 세력이 강성했는데, 이는 포르투갈 왕위 계승 전쟁에서 전통귀족세력이 지지한 카스티야가 패하고, 상업 부르주아 세력이 후원한 아비스 왕조가 들어섰다는 것에서도 알 수 있다. 이러한 상업 부르주아 세력에 의해 탄생한 아비스 왕조는 자연스레 해양정책으로 나아갈 수밖에 없었다. 엔리케 왕자가 특별히 바다에 관심이 있었다기보다는 국내 내부적으로 바다로 나아가야 할 정치적·경제적 이유가 있었던 것이다. 당시 포르투갈의 국력으로는 유럽 대륙 안쪽으로 나아가기가 벅찼던 것이 사실이다. 결국 포르투갈이 갈 수 있었던 곳은 대서양과 아프리카뿐이었다.

스페인은 포르투갈과 달리 서지중해를 접하고 있었고, 자연스레 지중해 해상무역권 쟁탈에 일찌감치 참여하고 있었다. 이를 주도한 것은 아라곤 왕국인데, 아라곤은 발레아레스 제도를 점령하고 이를 발판으로 지중해 각지로 뻗어 나가 아테네 공국을 접수하더니 시칠리아와 나폴리 왕국의 왕위까지 장악하여 지중해에 아라곤 해상국가를 완성시켜 베네치아, 제노아와 함께 지중해 3대 세력으로 거듭나려고 했지만, 오스만 제국이 콘스탄티노폴리스를 무너뜨리며 동로마 제국을 멸망시키고 그 직후 아테네 공국까지 차지하며 아라곤의 동지중해 레반트 무역을 차단시켰다. 이후 오스만 세력은 중부 지중해로 뻗어 나가기 시작했고, 베네치아의 영토였던 크레타섬을 점령하면서 유럽 지중해 국가들의 해상무역권이 상실되었다. 오스만에 적대적이던 이집트의 맘루크 왕조까지 패배하면서 해상패권 자체가 오스만으로 넘어가 버린다. 아라곤과 카스티야의 국왕간 혼인에 따른 국가통합으로 탄생한 스페인으로서 이는 묵과할 수 없는 현실이었으나 당장 오스만에 맞서 싸운다는 것은 어려운 일이었다. 그러나 아라곤을 중심으로 한 전통적 해양 부르주아지 세력은 왕가에 지속적으로 빼앗긴 지중해를 되찾던가, 아니면 이를 대신할 새로운 무역 루트를 개척하게 도와달라고 요구하는 상황이었다. 더군다나 그 시점에 이미 포르투갈은 인도로 다가가는 중이어서 스페인의 상업 부르주아지들은 포르투갈에 뒤처질지 모른다는 조급함에 자신들도 이에 따라 신항로 개척을 해야 한다는 여론이 형성되었다.

유럽인들에게 원양항해는 이때가 최초였다. 원양항해에 필요한 지식이나 기술은 전무했고, 현지에 대한 정보는 당연히 거의 없었다. 중국이나 인도의 존재는 그 당시에도 알려져 있긴 했으나 몇몇 여행기에서 전해오는 오래되고 단편적인 지식이 전부였고, 아메리카는 존재하는지조차도 몰랐다. 그러나 과거 이슬람과의 교류를 통해 전래된 나침반, 아스트롤라베, 사분의 같은 각종 측정기구들은 태양과 별의 위치보다도 더 정확하게 방위를 알 수 있게 해주었으며, 또한 그들의 원양항해술을 배울 수 있었다.

변방에 위치해 먹고 살려면 바깥으로 나아가야 했던 포르투갈은 가장 이에 관심을 보였고, 포르투갈의 1세기에 걸친 서아프리카 항해로 어느 정도 대양 항해를 위한 항해술과 해도 제작능력을 습득할 수 있었다. 이러한 기초적인 원양항해 능력과 때마침 강성해진 오스만 제국의 등장으로 항해술은 급속도로 발달, 카락과 캐러벨같은 본격적인 대양 항해용 선박들이 등장하였다. 후에 이는 다시 갤리온으로 이어져 어느새 유럽인들의 대양항해 수준은 세계 최고 수준으로 성장하는 데 성공한다. 정리하자면 수요에 의해 기술이 맞춰 발전한다는 말에 따라, 유럽의 변방이었던 포르투갈은 원양으로 눈을 돌릴 수밖에 없었고 이는 후에 발전할 원양항해술의 밑거름이 되었다. 이후 동방의 강성한 오스만 제국의 등장으로 필연적으로 대양으로 나아갈 수밖에 없었던 유럽인들은 포르투갈을 따라 원양항해 기술을 발전시켜 나갔으며 덕분에 대항해 시대가 찾아올 수 있었던 것이다. 덕분에 유럽 세력은 좁은 유럽에서 넓은 세계로 시야를 확장시키는데 성공했으며, 이는 후에 산업 혁명과 제국주의의 바탕이 된다.

대항해 시대의 발생 원인 중 하나로 향신료(특히 후추)를 꼽기도 하는데, 비록 중반 이후부터는 너도나도 향신료 무역에 뛰어들어 수요보다 공급이 배로 급증하는 바람에 향신료 무역이 시들해져 버리긴 했지만, 대항해 시대를 열게 만든 결정적 원인 중 하나였던 것은 틀림없는 사실이다. 향신료가 고가의 사치품 취급을 받았던 이유는 당시 유럽의 향신료 무역은 인도-이슬람-베네치아를 거치는 독점에 독점을 거듭한 중개무역 형태였기 때문으로, 대항해 시대 이전부터 동방의 향신료는 귀중품 취급받는 고가의 물건이었다. 이랬던 향신료가 오스만 제국의 성립 이후, 단순히 비싼 사치품에서 구하는 것이 한없이 불가능한 물건으로 바뀌어 가격이 천정부지로 치솟았고 이에 '돌아서 인도에 가면 그 비싸고 구하지도 못하는 향신료를 싸게 얻을 수 있지 않을까' 하는 생각에서 출발하게 된 것이다. 이는 국왕, 귀족을 비롯한 수많은 투자자들의 귀를 솔깃하게 할 만한 요소가 되었고 덕분에 많은 탐험가들이 신항로 개척을 위한 재정적 지원을 받을 수 있었다. 물론, 향신료는 대항해 시대 자체를 열게 만든 기폭제 역할이었으며, 대항해 시대 중반부터는 개척된 항로를 바탕으로 무역이 과열되어 향신료는 예전의 메리트를 잃어버리고 만다. 그 이후부터는 새로 유럽인들의 시각에 들어오게 된 아메리카 대륙의 금, 은, 노예, 설탕과 같은 것들이 향신료 위치를 대신하였다.

포르투갈을 필두로 80여 년 후 스페인이 신대륙 발견을 위한 항행에 나섰다. 그 이후 영국, 네덜란드, 프랑스 등도 뒤따랐다.

1415년 포르투갈은 지브롤터 해협 건너 북아프리카 거점 세우타 함락을 계기로 본격적인 항행에 나섰고 스페인은 1492년 크리스토퍼 콜럼버스, 바하마에 상륙함으로써 신대륙 발견에 나서기 시작하였다.

1595년 네덜란드는 동남아시아 향료제도에 진출하였고, 1600년 영국은 동인도회사 설립하고 본격적으로 대항해 시대에 합류하였다. 1602년 네덜란드는 동인도회사를 설립하였고, 1604년 프랑스가 동인도회사를 설립하였다.

대항해 시대는 크리스토퍼 콜럼버스가 바하마 상륙과 카리브 지역 탐험을 마치고 몇 명의 원주민들을 납치하여 본국으로 돌아오면서부터 본격적으로 열리게 된다. 원주민들의 존재를 확인한 유럽인들은 미지의 신대륙이 존재한다는 사실을 인정할 수밖에 없었고, 새로운 대륙과 새로운 항로의 등장은 그들의 인식에 큰 변화를 주었다. 그 결과 국가 단위로 행해진 탐사가 크게 벌어졌고 곧 이는 국가 간의 충돌을 야기했으며 이를 중재하기 위해 토르데시야스 조약과 같은 것들이 이루어지기도 했다. 신대륙인 아메리카와 함께 유럽인들의 원래 목적이었던 인도로의 항로 개척도 충실히 이루어져 바스코 다 가마는 1498년, 드디어 아프리카를 돌아 인도에 도달하였고 아폰수 드 알부케르크는 더 나아가 말라카까지 정복하여 동남아시아 진출로의 교두보까지 확보하는 데 성공했다.

일련의 성과로 무역의 판도는 마침내 지중해에서 대서양으로 넘어가게 되었으며, 이후 지속된 탐험으로 드디어 콜럼버스가 발견한 신대륙이 인도가 아닌 또 다른 대륙임이 알려지게 되었고, '아메리카'라는 이름으로 명명되게 되었다. 아메리카와 인도가 다른 지역임이 알려지고 향신료 원산지인 인도와 동남아시아로의 진출도 어느 정도 이루어지자 유럽인들은 '그렇다면 아메리카와 인도 사이에 또 뭐가 있단 말인가?'라는 궁금증에 휩싸이게 되었다. 이를 탐사하는 과정에서 발견된 것이 바로 태평양이며, 태평양의 발견과 함께 페르디난드 마젤란이 이끄는 함대는 최초로 세계 일주를 마치는 데 성공한다. 이렇게 스페인과 포르투갈이 눈을 대양으로 빠르게 돌린 덕분에 이를 바탕으로 막대한 이익을 거머쥐자, 북해의 영국과 네덜란드도 이에 동참하게 된다. 이 두 나라는 포르투갈과 스페인 양자 간의 합의인 토르데시야스 조약을 간단히 무시해버렸고 몇 차례의 분쟁과 전쟁을 걸쳐 앞선 두 나라가 얻어낸 영토와 이권을 어느 정도 뺏어오는 데에 성공한다. 이들은 해상 무역과 거점 확보를 총괄하는 동인도 회사를 각각 설치하여 본격적인 범세계적 무역 활동에 나서기 시작했으며 양쪽 모두 해상 강국으로 성장하다 벌어진 충돌에서 영국이 승리, 이는 대영 제국으로 나아가는 발판이 된다. 대항해 시대는 수십 년에 걸친

탐험과 개척, 정복 끝에 유럽인들이 지구상의 거의 대부분의 문명들을 발견하여 더 이상 새롭게 찾아 나갈 곳이 없어지자 자연스레 끝나게 된다. 이렇게 되자 유럽에서 먹고살 만한 나라들은 대부분 대양으로 진출하게 되었고, 대항해 시대 당시 유럽으로 흘러들어간 막대한 은으로 인한 가격 혁명과 이로 인한 신흥 자본 세력의 대두, 봉건 세력의 몰락과 함께 유럽은 제국주의로 나아가게 된다. 또한 앞서 말한 제국주의로의 발전과 연관되어서, 이 대항해 시대는 유럽인들이 다른 세계, 문명에 비해 자신들이 더욱 발전했다는 우월감을 가지고, 백인 우월주의와 서구 중심주의로 연결되는 시발점이 된다.[5]

스페인은 13세기 초반부터 이집트와 오스만 터키에 영사를 설치하기 시작하였다. 이들 영사들은 무역 거래세를 낮추는 교섭을 하여 상인들에게 이익을 가져다주었다. 국가 간 주요 교섭은 대사를 파견하여 진행하였지만 거래세율이나 무역적인 이익을 위한 협의는 영사들이 진행하였다. 이처럼 스페인의 대항행과 무역, 식민지의 개척 시대에 스페인의 영사들은 국가이익과 상인들의 이익을 보호하고 신장하는 역할을 수행했다.

1950년대와 60년대에는 수많은 노동력이 스페인을 비롯한 남부 유럽에서 중, 북부 유럽의 산업지대를 향한 이동이 있었고 영사서비스의 양적 팽창도 있었다.

2005년에는 영사긴급서비스 제도가 만들어지고 재외국민 투표제도가 도입되었다. 재외국민 수감자관리제도와 정신병환자 송환제도도 도입되었다. 재외국민의 참여, 사회보장, 교육문화 서비스도 강화되었다. 언론

---

5) wikipidia

의 재외국민보호에 대한 관심이 커지고, 유럽연합 내에서의 협력문제도 중요한 과제로 떠오르고 있다. 국제 아동 약취의 문제, 스페인 혈통의 3대 유지정책 등의 새로운 과제들이 대두되고 있어 법적인 노하우를 갖춘 영사 인력의 육성이 중요해지고 있다. 형식적이고 보조적인 영사 서비스에서 탈피하여 국민들의 수요에 부합하는 영사 기능 활성화가 필요하다.

또한 지금은 상업이나 경제문제를 담당하는 정부기관들이 있어서 그 의미가 크지 않지만 영사의 상업적 기능에 대한 중요성과 영사의 중재기능도 재부상할 가능성이 있다.[6]

3. 프랑스

유럽지역에서 consul이라는 개념은 로마에서 기원전 5세기부터 기원후 5세기까지 천년에 걸쳐 사용되었다. 중세에 와서는 지방행정지도자, 상인의 영사(consul maris), 해상의 영사, 외국에서의 영사(consul ultra maris) 등의 개념이 생겨나기 시작하였다. 그들은 해외거주 국민들의 거주와 무역을 관장하였고, 재판관 노릇을 하기도 하였다. 프랑스 왕의 영사는 15세기 말에 와서 이집트의 알렉산드리아에 처음으로 파견되었다.

프랑스 왕들은 중상주의 정책을 추진했다. 이 과정에서 프랑스 상인들이 벌어들이는 수입을 중시하여 그들의 이익을 지키려고 하였다. 더 적극적으로는 프랑스 영사들은 선박들이 전 세계를 항행하고, 상업 식민지를 개척하는 전위대 역할을 하였다. 영사들은 그 이외에도 법적, 공공행

---

6) Jesus Nunez Hernandez, A history of the Spanish Consular Service(Consular Affairs and Diplomacy, p.270~273

정, 업무도 담당하였다.

이러한 연유로 프랑스의 영사는 당초 외무성에서 1669년 해군성 소속으로 이관되어서 프랑스 혁명 때까지 유지되었다. 외국과의 무역증가, 식민지의 확장, 유럽국가들과의 경쟁 심화는 프랑스 제3공화국의 영사 활동 강화로 이어졌다. 콜베르 해군성장관은 유럽국가들과의 경쟁에서 이기기 위하여 영사들이 해외무역과 항행정보를 보고하도록 하였다.

처음에는 영사들을 국가에서 파견한 것이 아니고 현지의 상인들 중에 임명하였다. 국가 재정이 어려워졌을 때는 영사의 직위를 팔기도 하였다. 이에 따라 영사에 임명된 상인들이 자기 사업을 위해서 영사의 직위를 남용하는 경우도 있었다.

게다가 영사에게 봉급이 지급되지 않고 자국 상인들에게서 세금(consular tax)을 걷어 보수를 대신하게 함으로써 폐단이 많았다. 영사들은 파견된 지역과 무역의 증감에 따라서도 수입이 변동하는 구조였다. 1630년 Alep 영사는 1.8만 파운드를 영사세로 걷어 들였는데 트리폴리 영사는 300파운드밖에 걷지를 못했다. 알렉산드리아 영사는 1년 수입이 일만 파운드에서 2.4만 파운드까지 변동하기도 하였다 한다.

17세기 말에 와서야 영사의 징세 업무가 금지되고 왕실에서 직접 걷게 되었다. 이에 따라 영사에게는 봉급이 지급되기 시작하였다. 1755년 외무성이 정식 봉급을 지불하기 전까지는 스페인, 이태리, 북구제국 등은 영사세를 계속 징수하고 있었다. 1886년 프랑스 제3공화국은 계급과 생활여건 등을 고려한 수당체계를 확립하였는데 지금까지도 대체로 지켜

져 오는 외교관과 영사에 대한 보수체계가 되었다.[7]

프랑스와 1세는 1535년 오스만 터키의 술레이만 대제와 무역에 관한 양해협정(Capitulations)을 체결한다. 이 협정에 의하면 프랑스 상인들은 오스만 터키 내에서 처형되거나, 세금을 내거나, 징집되지 않았다. 또한 프랑스의 영사관을 개설하도록 허용하였다. 이에 따라 1600년에는 5개에서 1715년이 되면 14개의 영사관을 오스만 터키에 설치하게 된다. 그 이후 북부 유럽과 미국의 동부에도 설치해 나간다. 이러한 영사관의 대부분은 정식 영사관은 아니고 상인 중에서 선출된 영사 대리사무소나 부영사인 경우가 많았다. 프랑스는 1차 세계 대전 직전 최대 영사네트워크를 유지하고 있었다. 32개 총영사관, 75개 영사관, 91개 부영사관과 656개의 영사 대리 사무소가 있었다. 최근에는 총영사관위주로 재편되어 2009년에는 113개의 총영사관, 18개 영사관과 530개의 영사대리 사무소를 유지하고 있다.

이러한 양해협정은 터키가 유럽을 군사적으로 지배할 때 양 지역 간의 교역을 촉진하기 위해 맺어지기 시작한 것이었다. 15세기 말 오스만 터키와 우호적 관계를 맺은 제노아에 대해 시작되었는데 이후 유럽 국가들과 연속해서 맺으면서 최혜국 대우(Most favored nation) 조항이 된다.

영사의 제일 중요한 임무는 프랑스 기업인들을 보호하는 것이었는데 2차 세계 대전 이후에는 상무관제도가 도입되면서 그 임무가 상무관에게 넘어갔다. 영사들은 재외 프랑스인들을 보호하고 대외국민의 법적인 문제, 상속, 사망신고 등까지 담당하였다.

---

7) Baillou,Les Affaires etrangeres et le corps diplomatique francais, vol.2, p.200

영사의 채용제도는 18세기 초부터 강화되기 시작하였다. 상업, 법적 지식과 함께 어학 실력을 갖출 것을 요구하였다.

부영사가 되기 위해서도 2년간의 인턴과정을 거쳐야 하였고 단계별로 소정의 경력을 쌓아서 승진해 가는 경력직 공무원제도가 자리 잡기 시작한 것이다. 19세기 중반에는 석사학위, 법적 상업적 지식과 영어 이태리어, 스페인어 실력을 갖추어야 선발되었다.

그러나 오랜 관행인 영사에 대한 추천제가 지속되어오다 1880년 완전 경쟁시험제도로 바뀌었다. 프랑스 외무성의 오랜 엽관제도가 깨진 것이다. 이는 제3공화국이 공정성을 중시하는 정책을 추진했기 때문이다. 제3공화국은 1870년부터 70년간 지속되었다. 이 시대에는 대중이 원하던 사회개혁, 특히 피고용인을 위한 법률제정의 전성기였다. 2차 세계 대전 이후는 국립행정대학(ENA:National School on Administration) 출신만으로 외교관과 영사를 채용하다가, 이제는 외무성 경쟁시험제도로 바뀌었다.[8]

4. 네덜란드

네덜란드는 유럽의 작은 나라이지만 일찍이 국제 무역에 눈을 떠서 중요한 역할을 해 온 나라이다. 지금도 암스테르담, 로테르담은 유럽의 수출입항구로서 중요한 역할을 하고 있다. 네덜란드 연방 공화국의 해외무역 지원으로부터 기원한 영사제도는 주로 북네덜란드의 오스만 터키, 북

---

8) Jorg Ulbert, A history of the French Consular Service(Consular Affairs and Diplomacy), p.304~323

아프리카 지역 등과의 무역 진흥을 위해서 만들어졌다. 그러나 19세기까지만 해도 네덜란드는 경제적으로 곤궁한 상황이었다. 특히 국가가 네덜란드와 벨기에로 분리되고 나서는 경제적 상황이 더욱 악화되기도 했다고 한다. 오스만 터키가 유럽 전역에 대한 권력을 장악하고 난 후에는 네덜란드의 해외무역이나 해운업도 쇠퇴하여 영사들이 할 일이 없는 상황에 이르기까지 했다고 한다.

이러한 네덜란드의 영사제도는 다른 국가보다 더 엄격한 검증 과정을 통해서 탄생되었다. 외무성이 영사와 명예영사를 확대하는 방안을 추진할 때 최대 장애물은 의회의 반대였다. 의회는 네덜란드와 관련된 무역과 해운 물량이 충분치 않은 지역에 영사를 파견하는 데 반대하였다. 영사를 파견하는 데 따른 가성비를 철저히 따져본 것이다.

네덜란드 영사들은 자국 기업의 무역에 필요한 정보와 법제연구, 해운 상황 및 정보 수집 분석, 네덜란드 법의 해외적용 등의 업무에 전문성을 가질 것이 요구되었다. 외무성에서 이런 정보를 정기적으로 발행하였지만 자주 혹평을 받곤 했다는 것이다. 어떤 경우는 무려 수개월이나 뒤늦은 정보이거나, 명예 영사들의 개인 사업 이익이 지나치게 반영된 내용도 포함되어 성토를 당하였다.

외무성은 암스테르담과 로테르담 상공회의소의 추천을 받아 명예영사들을 임명하였다. 외국 국적자들이 70%를 넘었는데 그들이 신뢰할만한 정보를 제공하는지에 대한 확신을 가질 수 없었다고 한다.

19세기 말에 이르러 네덜란드 영사들에게는 무역에 관한 정보수집, 네덜란드법과 행정의 현지적용 그리고 정세 보고 등의 임부가 부과되었다.

프랑스와 오스만 터키 간의 양해협정(capitulations)에서 시작되어 유럽의 열강들은 극동지역, 중국, 일본, 시암 등의 지역에서 자국민에 대해 자국의 법 적용을 관철시키려 하였다. 네덜란드 영사들도 자국민이 현지 법에 의하여 부당한 처분을 받지 않도록 하는 임무가 주어졌다. 영사법정을 통해서 자국민의 분쟁을 해결하려 하였다.[9]

2차 세계 대전 시 독일의 전격전에 의해 프랑스 등으로 피신하는 네덜란드 난민의 네덜란드로의 귀환업무로 인해 영사 업무는 커다란 도전에 직면하고 업무가 확장되기 시작하였다. 이때부터 네덜란드 정부는 미약했던 영사 전문 인력을 확보하기 시작하였다. 명예영사를 정식 영사로 교체해야 하는 수요가 급증하였기 때문이다.

네덜란드의 영사제도는 예상되는 경제적 이익을 감안하여 점진적으로 추진된 사례이다. 오늘날 네덜란드 외무성은 국제무대에서 뛰어난 외교력을 발휘하는 것으로 정평이 나 있다.

5. 미국

세계무역센터에 대한 9/11 테러 공격은 미국의 영사정책을 바꾸어 놓았다. 1980년대 예산 감축 정책으로 진행되지 못했던 영사 관련 자료의 자동화 작업에 박차가 가해졌다. 그동안 재무성을 통해 국고에 귀속되었던 사증과 여권 발급 수수료를 국무성이 사용하도록 허용되었다,

국무부와 국토안보부, 정보기관 간의 정보공유 시스템이 대폭 강화되었다. 종전에는 보안 문제 때문에 정보 공유가 어려웠으나 이제는 반테러

---

9) Albert E. Kersten, The Dutch Consular Service, p.292

리즘 차원에서 유기적인 협조체제가 갖추어진 것이다. 국무부에는 영사 통합 데이터베이스(CCD: Consular Consolidated Database)가 구축 되었는데 영사통계, 재외국민의 등록 정보, 사증신청자기록을 모아 놓은 커다란 우물 같은 장치이다. 또한 가상공간 국경 스크린 시스템(virtual border screen) 구축을 통해 미국의 안보를 위협할 가능성이 있는 인 물들을 철저히 가려내기 시작했다.

재외국민보호 관련 미국 시민들의 연방정부에 대한 기대감은 항상 크 다. 특히 언어와 익숙지 않은 현지법 그리고 관습이 마주치는 상황에서 국가가 보호해줄 것으로 기대하는 바는 국내보다는 훨씬 높다. 5백만 명 의 재외국민과 6천만 명의 여행자 규모가 매년 증가하고 있다. 2008년 오바마 행정부는 출범 직후 영사부와 국민들이 직접 인터넷을 통해서 도 움을 요청하고 이에 응하는 시스템을 가동시켰다. 미국 국무성은 인터넷 을 통한 서비스와 영사가 직접 처리하는 사안 간의 균형을 통해 자동화 기술을 최대한 활용한 영사 서비스의 질적 향상을 위해 노력하고 있다.

1993년 앨 고어 부통령의 '정부 기능의 재창조'이니셔티브에 의해 국 무성 영사부는 홈페이지(travel.state.gov)을 구축했다. 홈페이지는 이 후 전문 용역기관에 의뢰하여 개선하여 이용의 편의성과 신뢰도를 높혀 가는 작업을 계속하고 있다. 재외공관은 이를 바탕으로 별도의 웹사이 트를 운영하고 있다. 이 홈페이지에 대한 방문객은 1997년 9.6백만에서 2007년 3억 2천만 명으로 증가하였고 매일 83만 명이 방문한다. 시간이 지남에 따라 웹사이트는 사용자에게 편리하고 검색이 쉬우며 매력적인 사이트로 변모하고 있다.

2008년에는 영사부가 유학생을 위한 사이트(Students Abroad)를 별도로 구축하여 뜨거운 반응을 받고 있다. 유학센터나 학생들을 위한 여행사들의 지지를 받고 있다.

영사기능이 급변한 것은 아니나 해외여행 관련 정보 취득량의 증가, 접근의 용이성과 속도가 증가한 것이다. 영사부는 인터넷을 이용한 다층적인 영사정보 프로그램(Consular Information Program)을 운영하고 있다. 이 프로그램은 당초 여행경보 시스템(travel advisory system)에서 발달된 것이다. 여행지에 대한 일반정보부터 잠재적 위험에 대한 정보를 포함한다. 급박한 여행경보(travel alert)부터 잠재적 위험 경고(travel warning)를 포함한다. 위험에 대한 정보들은 재외공관을 통해서 입수되는데 그 판정기준은 1990년 243명의 희생자를 낸 Pan Am 103 비극시에 작성된 항공안전개선법(Aviation Security Improvement Act)의 기준으로부터 개발되었다. 이러한 경보를 작성하고 배포하는 데 있어서 미국 국무성은 이중기준 금지의 원칙(no double standard policy)을 유지하고 있다. 국무성의 외교안보국은 위협이 구체적이고, 신뢰할만하며, 대응 불가한 것인지를 결정하여 공지한다.

국무성은 인터넷을 통한 재외국민등록을 통해서 유사시 여행자들의 행선지를 추적하는 능력을 향상시키고 있다. 영사부는 콜센터와 웹페이지를 통해 사증발급, 여행경보와 위험 관련 문의를 처리하여 영사들이 민감하고 급박한 현안 처리에 집중할 수 있도록 하고 있다. 하루에 500여건의 전화를 받고 있는데 급박한 해외 위난 사태가 발생하면 24시간 운영 체제로 전환된다.

국무성은 재외재난 발생 시 대책본부(Operation Center)를 가동하는데 제1 대책본부장은 위기 발생 지역국 부서장이 맞는다. 미국 시민 개인이 피해를 입은 경우는 영사부가 주관하는 제2 대책본부가 가동된다. 해외재난 발생 시에는 인터넷 경고만으로는 충분치 않다. 경험이 풍부한 해당 지역 정부와의 협조하에 통신이 두절되기 전 대피시키는 합동 노력이 더 긴요하다. 미국의 경우 멕시코로부터 올라오는 대형 허리케인의 경우는 2005년 허리케인 윌마 때처럼 멕시코 지역정부와의 긴밀한 협력을 통해 여행객을 사전 대피시켜 효과를 발휘한 경우가 많다. 통신 기술이 만병통치약은 아니며, 때로는 주재국 정부와의 원활한 협조체제가 훨씬 중요한 기능을 발휘하기도 하는 것이다.

외교의 본질이 변하고 있다. 특히 국내외의 더 많은 사람들과의 접촉 필요성과 그들의 기대치를 만족시켜야 하는 면에서 그렇다. 영사들은 업무의 특성상 일반 시민들과의 접촉이 많다. 그러한 접촉을 통해 사회 각 계각층과 접촉하고 그들의 정부에 대한 인식을 파악하고 분석하는 데 익숙하다.

콘돌리사 라이스 전 국무장관이 주창한 2006년 변형외교(Transformation Diplomacy)는 공공외교를 강조하였다. 이 정책이 처음부터 영사업무에 중점을 둔 것은 아니지만 영사들의 평소 대민 업무 기법을 활용하게 되었다. 외교의 본질이 변하고 있고, 영사업무의 변화가 그 변화의 중요한 부분이다. 대민 업무가 미국의 외교의 중요한 축으로 떠오르고 있는 것이다.[10]

---

10) Donna Hamilton, The Transformation of Consular Affairs:The US experience (Consular Affairs and Diplomacy), p.146~172

5. 러시아

러시아의 경우 영사서비스는 서부 유럽과는 달리 피터대제 시절 국가 외교 공무원제도에 포함되었다. 러시아는 18세기 초 피터 대제의 주요 관심사였던 해군 건설을 비롯하여 무역, 해운 등과 관련되는 지역(암스테르담, 베니스, 파리, 비엔나, 카디즈, 보르도, 중국, 페르시아 등)에 영사를 파견하였고, 대사관이 없는 이집트의 경우 외교 업무도 같이 수행하였다.

1820년에 영사 근무 준칙이 제정되었다. 영사들은 러시아 상선의 도착, 출발 일정, 상품의 가격환율 변동 등에 관한 보고를 하였다. 재외국민보호기능과 법률관계 업무도 처리했다. 주재국 지방관청에 러시아인들을 추천하는 한편 러시아인들의 이익이 자의적으로 침해당하지 않도록 도왔다.

폴 1세는 프랑스 대혁명이 발생하자 그 기운이 러시아에 영향을 미칠 것을 우려하여 국민의 여행 시 자신의 허락을 받도록 하여 통제하기도 하였다.

그러나 전반적으로 러시아 황제들은 무역과 해운 발달을 위해 영사관 설치에도 적극적이었다. 18세기 중엽에는 발칸지역에 23개의 영사관이 설치되었는데 러시아 정교의 보호와 육성에 그 목적이 있었다. 러시아 정교 학교와 교회를 재정 지원하였고 러시아로 초청하여 교육을 시키기도 하였다. 훗날 사우디아라비아가 와하비즘 전파를 위해 소련의 남부 공화국들에 같은 방식의 지원을 하여 소련의 안보 우려를 키웠던 것을 연상시키는 모습이다.

러시아는 1917년 공산혁명 후 외교기능과 영사 기능의 구분을 없애고 외무성 내에 영사부를 설치한 최초의 국가가 되었다. 영사도 러시아 국민 중에서 임명한다고 정하였다. 영사관은 예산 부족으로 유럽지역에 대부분 설치되었다. 러시아는 1963년 영사관계에 관한 비엔나 협약 협상 시에도 외교관과 영사에게 똑같은 수준의 특권과 면제를 부여하여야 한다고 주장하였다. 영사협약 36조의 적용은 국내법과의 충돌을 이유로 이의를 제기하기도 하였다. 이러한 이견들로 협약 비준을 미루다가 고르바초프의 개혁 정책 시기에 비준하였다.

러시아는 자국민의 유럽방문과 외국인의 러시아 방문에 관련해서 복잡하고, 비용이 적지 않게 들어가는 시스템을 갖고 있다. 소련으로부터의 복잡한 출국비자, 입국 비자 시스템에서 시작한 제도의 특성과 러시아와 구소련 공화국 간의 독립 후 복잡해진 관계가 작용하고 있다. 에스토니아, 리투아니아, 폴란드 등은 러시아인에 대한 사증을 요구하고 있다. 소련 시절 스탈린의 사민 정책에 따라 15개 공화국에는 러시아인들이 많이 거주하였고 거꾸로 러시아에 와서 사는 타민족의 숫자도 많았다. 다른 나라와는 구별되는 특이한 현상이었는데 소련 붕괴와 15개 독립 국가들의 탄생은 각 국가 간 이민과 출입국 정책을 복잡하게 만들었다. 발틱국가들은 유럽연합과 셍겐체제에 가입함으로써 러시아와의 출입국정책은 엄격하게 변한 것이다. 2014년 러시아의 크림 합병은 이러한 분위기에 더욱 긴장감을 높여주고 있다. 러시아는 불법 이민과 반테러리즘, 마약 거래 차단 등의 차원에서 그러한 제도를 유지하고 있다고 한다. 그러나 사증발급에 필요한 서류에 재산 사항, 은행 잔고, 건강보험, 돌아가는 티켓 등을 과도하게 요구하여 자유로운 여행을 저해하고 있다. 최근에는 90여개 국

가들과 사증면제 또는 사증 간소화 협정을 맺은 바 있다.[11]

　그러나 2014년 크림합병으로 유럽연합, 일본과의 사증면제 협정 협상은 중단되었다. 우리나라는 2014년 러시아와의 사증면제협정을 체결하여 단기 여행의 경우는 사증이 필요 없다.

　러시아 영사부는 안면인식에 의한 전자여권 초기 단계에 있다. 그리고 재외국민보호를 위한 전산시스템도 구축하여 해외 재난 사건으로부터 러시아인들 보호에 나서고 있다.

7. 중국

　중국은 1978년 개방 정책을 추진하면서 본격적인 영사서비스 시대를 맞이한다.

　1949년 중화인민공화국의 수립은 중국의 외교 영사의 암흑기를 가져온다. 새로 탄생한 사회주의 국가 중국은 사회주의 진영으로 급속히 경도되면서 사회주의 국가들하고만 외교관계를 수립한다. 비사회주의권 국가들과의 외교관계는 일부에 그쳤다. 1960년대 초반에 중국에는 13개 나라로부터 30개의 영사관만 설치되어 있었다. 중국은 14개 국가에 14개의 영사관을 유지했다. 1978년 개방정책이 추진되기 직전 중국은 7개의 영사관과 3개의 영사조약만을 유지하고 있었다. 중국이 이렇게 소규모의 영사관을 설치한 데는 사회주의 진영과 민주진영 간의 대립 구도, 국가 통제 하에 이루어진 무역과 관광 때문이었다. 1950년대 중국과 소

---

11) Tatiana Zanova, the Consular Service in Russia(Consular Affairs and Diplomacy), p.185~197

련, 인도네시아, 일부 유럽국가들과의 외교관계 악화는 영사관의 폐쇄와 축소를 불러왔다. 소련과의 국경분쟁, 인도네시아 쿠데타 세력에 대한 중국의 지원의혹, 문화혁명 등이 그 원인들이다.

이러한 대결 구도 속에 해외 거주 중국인들의 고통이 증가되어 갔다. 주재국에서 부당한 대우를 받아도 중국이 그 나라하고 비우호적인 관계여서 손을 쓸 방법이 없었다. 1960년대에 인도네시아에서 중국인들이 처형을 당하자 그들이 인도네시아에서 몇 대를 살아왔음에도 불구하고 본국으로 송환하는 방법밖에 없었던 것이다.

중국 개혁의 건축가로 불리는 등소평의 1978년 개혁 개방정책 추진은 중국의 영사정책에도 큰 변화를 가져오기 시작했다. 가난을 극복하기 위해 다른 나라와의 경제협력을 적극적으로 추진하면서 영사 업무의 본질이 변화하기 시작한 것이다.

이러한 변화는 관련부처 간 파트너쉽 구축, 표준화, 적극적 행정 등이 특징이다. 중국 외교부는 영사들의 업무 부담을 줄이기 위해서 1990년대 초 여권발급을 지방정부에 이양하기 시작하였다. 또한 2007년부터 사증 발급 업무를 외주에 맡기기 시작하였다.

중국 외교부는 재외국민보호와 여권, 사증 발급업무 등 영사서비스 제고를 위해 국내부처(공안부, 상무부, 교육부 등), 지방정부의 대외 협력부 등과 긴밀한 협조 체제를 갖추고 있다. 특히 중국기업들의 해외 진출이 늘어남에 따라 중국 노동자들의 보호를 위해 중앙정부와 지방 정부가 협조하고 있다. 노동자 파견 기업, 지방정부가 송출부터 사고 시 본국 송환 과정 등에 중앙정부와 협력하고 있다.

중국 정부는 국민들의 편익을 위해 66개 국가와 사증면제 협정, 38개

국가와 사증간소화 협정을 체결하였다. 외교부는 주요국 대사관과 총영사 관계자들과의 간담회와 협의를 통해 중국인들의 해외 진출, 유학생들의 편의제고를 위한 노력을 하고 있다. 정부가 국민들의 해외여행을 규제의 관점에서 보는 데서 탈피하여 조력자로 변신하고 있는 것이다.

재외국민보호를 위한 정부 합동위원회가 운영되고 있다. 2007년에는 영사 보호 센터가 수립되었다. 외교부는 '영사뉴스'와 '해외여행자를 위한 주의사항'을 웹사이트를 통해 알리고 있다. 여행경보는 브로슈어, 인터넷과 신문 등을 통해 알리고 있다. 외교부와 공관의 핫라인을 통해서 해외 재난 상황 신고를 접수하고 재외국민 등록을 통해 확보된 네트워크를 통해 재외 중국인들에게 정보를 공유하고 있다. 해외위난 상황이 심각하게 전개된 남아프리카 공화국에 영사국장을 외교장관 특사로 파견하여 남아공 정부와 협상을 하기도 하였다.

중국 정부는 2007년 말 재외국민보호 기금으로 2800만 런민비를 배정하였다. 47억 원 규모이다. 이와 함께 해외 진출 기업은 파견되는 노동자 안전 보호를 위한 보험 가입이 필수이며 지방 정부도 예산에서 재외국민보호 비용을 지출하도록 하고 있다.

중국 정부와 중국 공산당은 신뢰도 제고 차원에서도 재외국민보호를 우선순위에 놓는 정책을 추구하고 있다. '국민 우선 정책', '국민을 위한 외교' 같은 정책을 추진하면서 재외국민의 이익과 안전을 보호하는데 중점을 두고 있다.

중국 언론들도 중국 정부의 재외국민보호정책에 관련되는 보도를 많이 하고 있다. 특히 중국의 제도와 선진국의 제도를 비교하여 분석하는 기사를 작성한다. 중국 정부에 대한 정책 건의도 되고 중국 정부가 더 좋은 제도를 만들도록 요구하는 의미도 있을 것이다.

냉전 시대 중국 외교는 정치적 외교의 성격을 띠었고 개인이 끼어들 자리가 없었다. 그러나 국제화 시대에는 경제외교, 공공외교와 함께 재외국민보호를 위한 영사서비스가 중요한 자리를 차지하기 시작하였다.[12]

---

12) Xia Liping, China's Consular Service Reform and Changes in Diplomacy(Consular Affairs and Diplomacy), p.216~221

②
외교관계, 영사관계의 법제화

■■■

참혹한 2차 세계 대전을 치른 후 국제연합 회원국들은 향후 분쟁과 무력충돌을 방지하기 위한 국제적 규칙을 만드는 데 동의하였다.

1961년의 '외교관계에 관한 비엔나 협약', 1963년의 '영사관계에 관한 비엔나 협약' 체결 이후 각국은 충실하게 규정에 따라 외교 사절을 존중하면서 외교관계를 유지해오고 있다. 특히 외교관과 공관에 대한 특권과 면제를 부여함으로써 국가 간 외교관계의 안정적인 수행이 가능해졌다.

UN의 주요기관인 UN 국제법위원회(International Law Commission)는 1961년 4월 14일 비엔나 회의에서 외교관계에 관한 비엔나 협약(Vienna Convention on Diplomatic Relations)을 만장일치로 채택함으로써, 외교관계에 관한 관습 국제법을 포괄하는 성문법을 탄생시켰다. 그로부터 2년 후인 1963년 4월에는 영사관계에 관한 비엔나 협약(Vienna Convention on Consular Relations)도 채택하였다.

국제법은 국내법과 비교해보면 강제력이 약한 경우가 많다. 또한 각 국가 간의 합의임에도 불구하고 일방적인 회원국의 행위에 의해 지켜지지 않는 경우도 많다. 미국의 파리기후변화협약 탈퇴, 미국의 이란 핵협정 탈퇴 등은 국제법이나 협약에 커다란 충격을 주고 있다. 우리나라나 유럽 국가들이 중국의 불공정 무역 행위를 인지하고도 보복이 두려워 세계무역기구(WTO) 패널로 가져가지 못하는 경우도 있다.

이러한 국제정치의 현실 속에서도 외교관계에 관한 비엔나 협정과 영사관계에 대한 비엔나 협정은 국가들 간에 잘 지켜지고 있다. 국가들 간의 평화와 안정적인 파트너쉽을 지켜주는 중요한 역할을 하고 있는 것이다.

이 책에서는 이 두 협정을 출발점으로 하여 다자간 또는 양자 간 협정을 통해서 각국이 자국민을 제3국에서 어떻게 보호하는지를 살펴보고자 한다.

■■■

1. 외교관계의 포괄적 성문법화

　외교적 면제(diplomatic immunity)는 수천 년 동안 관습법으로 발전되어 왔다. 이것은 법적 면제로 외교관의 안전한 활동이 보장되고 소송당하거나 처형당하지 않을 권리이다. 그럼에도 불구하고 외교관은 추방당할 수는 있다.

　최근에 들어서는 외교관이 중대 범죄뿐만 아니라 교통법규 위반으로 접수국의 국민에게 중대한 피해를 입힌 경우, 파견국 스스로 해당 외교관을 국내로 소환하여 양국 간 외교 분쟁으로 비화하지 않도록 방지하기도 한다.

　외교적 면제는 양국 간의 관계가 악화되거나 분쟁 상태에 들어가더라도 정부 간의 관계를 유지하기 위해 주어지는 것이다. 이러한 면제는 상호주의적(reciprocity)으로 주어진다.

외교적 면제는 원래 양자적이고 경우에 따라(bilateral, ad hoc basis) 주어졌다. 이로 인해 상호 오해, 분쟁, 약한 국가에 대한 압력, 그리고 누가 잘못인지 판정하기도 어려운 상황을 야기하였다.

그런데 1961년 '외교관계에 관한 비엔나 협약'에서는 특권과 면제를 규정하고 모든 국가들에게 똑같이 적용되는 표준을 만들었다는데 의의가 있다.

이 협약은 외교관들이 접수국으로부터 강요나 협박을 당할지도 모른다는 두려움 없이 기능을 수행하도록 하기 위해 외교단(diplomatic mission)의 특권(privileges)들을 정의하고 있다. 또한 이 협약은 외교면제(diplomatic immunity)의 법적 근거를 형성하고 있다.

이 협약은 근대 국제관계를 규정하는 중요한 초석이며 2018년 현재 192개국이 비준하였다. 유엔 회원국 대부분이 참가하고 있고 잘 지켜지고 있어서 국제정치 상황의 안정을 확보하는 중요한 역할을 하고 있다.

외교적 특권과 면제는 국가별로 그 내용과 적용범위 등이 다양했었다. 이러한 제도가 1961년(외교)과 1963년(영사) 비엔나 협약에 의해서 유엔 회원국들이 대부분 참가하는 다자적 국제합의로 통일된 것이다.

협약이 제정된 지 60년이 넘어서면서 그동안 진행되어온 국제질서의 변화, 정보통신 기술의 발달로 인해 새로운 과제들이 등장하고 있다. 사이버 테러, 해킹 등에 대한 문제뿐만 아니라 보편적 인권 보호 성향에 비추어 볼 때 외교관에 대한 특권과 면제가 과도하다는 지적도 있다.

그러나 국가 간의 관계가 복잡다기해질수록 국가 간의 관계에 완충 역할을 하는 외교관과 재외 공관의 기능은 온전하게 유지해야 한다는 의견이 지배적이다.

2. 협약의 주요 내용

외교관계에 관한 비엔나 협약은 외교관련 주체와 객체에 대한 정의부터 시작하여 외교사절의 기능, 특권과 면제 등에 대해 규정하고 있다.

1) 외교공관의 설치 및 운영

국가 간의 합의에 의하여 외교관계가 수립된다. 수교국은 외교관계를 바탕으로 상설 외교공관을 상호 설치할 수 있다. 그러나 수교가 되었다 하더라도 상주 외교공관을 반드시 설치해야 하는 것은 아니다. 우리가 수교한 국가 중 경제사정상 우리나라에 상주공관을 설치하지 못한 국가들도 있다. 접수국은 파견국 공관 설치 및 운영에 필요한 편의를 제공한다. 파견국은 접수국의 사정을 감안하여 공관의 규모를 운영한다.

제2조
국가간의 외교관계의 수립 및 상설 외교공관의 설치는 상호 합의에 의하여 이루어진다.

제11조: 공관 규모의 유지
1. 공관 규모에 관한 특별한 합의가 없는 경우에는, 접수국은 자국의 사정과 조건 및 당해 공관의 필요성을 감안하여, 합리적이며, 정상적이라고 인정되는 범위 내에서 공관의 규모를 유지할 것을 요구할 수 있다.
2. 접수국은 또한 유사한 범위 내에서 그리고 무차별의 기초 위에서, 특정

범주에 속하는 직원의 접수를 거부할 수 있다.

제25조: 직무수행 편의 제공
접수국은 공관의 직무수행을 위하여 충분한 편의를 제공하여야 한다.

* 외교관의 명칭
외교업무: 대사, 공사, 참사관, 서기관
영사업무: 총영사, 영사, 부영사
* 대사관의 경우 영사 업무 수행 필요성이 있는 직원에게 영사 직명을 외교관 직명과 함께 부여: 외교적 특권면제는 향유하면서 영사 업무도 수행
- 예: 참사관겸 영사, 3등 서기관겸 부영사
- 총영사관의 경우는 영사직명만 부여

* 외교공관의 종류: 대사관(수도에 1개소만 설치), 총영사관(수도이외의 지역에 설치), 분관(대사관에 원격 거리에 설치), 출장소(총영사관의 원격거리에 설치)

2) 외교 공관의 직무

외교 공관의 직무는 국가를 대표하고, 국가와 국민의 이익을 보호하며 상대 정부와의 교섭하는 것으로 정의하고 있다. 또한 주재국의 정세를 보고하며 접수국과의 우호증진, 경제, 문화, 과학 관계 발전을 위해 일한다

고 규정하고 있다.

제3조: 외교 공관의 직무

1. 외교공관의 직무는 특히 아래와 같은 것을 포함한다.

   (a) 접수국에서의 파견국의 대표

   (b) 접수국에 있어서, 국제법이 허용하는 한도 내에서, 파견국과 파견국
       국민의 이익 보호

   (c) 접수국 정부와의 교섭

   (d) 모든 합법적인 방법에 의한 접수국의 사정과 발전의 확인 및 파견국
       정부에 대한 상기 사항의 보고

   (e) 접수국과 파견국간의 우호관계 증진 및 양국 간의 경제, 문화 및 과
       학관계의 발전

2. 본 협약의 어떠한 규정도 외교공관에 의한 영사업무의 수행을 방해하
   는 것으로 해석되지 아니한다.

3) 아그레망과 비우호적 인물에 관한 제도

파견국은 접수국의 아그레망을 얻어 공관장을 파견한다. 접수국은 자
국의 이익을 해칠 우려가 있는 인물에 대하여는 외교관으로 접수하는 것
을 거부할 수 있다. 이 제도는 국가 간의 외교관계 유지를 위한 최소한의
안전장치라고 볼 수 있다. 특권과 면제를 부여하되 접수국에 위해를 가
할 수 있는 인물이 공관장이나 외교관으로 근무하게 되는 것을 방지하
려는 목적이다.

제4조: 아그레망의 부여

1. 파견국은 공관장으로 파견하고자 제의한 자에 대하여 접수국의 "아그 레망(agreement)"이 부여되었음을 확인하여야 한다.

2. 접수국은 "아그레망"을 거절한 이유를 파견국에 제시할 의무를 지지 아니한다.

제9조: 비우호적 인물(Persona Non Grata)

1. 접수국은, 언제든지 그리고 그 결정을 설명할 필요없이, 공관장이나 또 는 기타 공관의 외교직원이 불만한 인물(PERSONA NON GRATA)이 며, 또는 기타의 공관직원으로 받아들일 수 없는 인물이라고 파견국에 통고할 수 있다. 이와 같은 경우에, 파견국은 적절히 관계자를 소환하 거나 또는 그의 공관직무를 종료시켜야 한다. 접수국은 누구라도 접수 국의 영역에 도착하기 전에 불만한 인물 또는 받아들일 수 없는 인물로 선언할 수 있다.

2. 파견국이 본조 제1항에 의한 의무의 이행을 거절하거나 또는 상당한 기 일 내에 이행하지 못하는 경우에, 접수국은 관계자를 공관원으로 인정 함을 거부할 수 있다.

4) 특권과 면제

외교·영사관계에 관한 두 개의 비엔나 협약 서문을 보면 "특권과 면제의 목적은, 개인에게 혜택을 부여함에 있지 않고, 각자의 국가를 대표하는 외교공관 직무의 효율적 수행을 보장하기 위한 것"이라고 규정하고 있다.

이 협약에 의해 외교공관과 외교관에 부여되는 특권과 면제의 성격을 살펴보자.

외교특권이란 국제법상 외국의 외교사절에게 부여되는 접수국의 국민이나 외국인보다 특별한 보호, 대우를 말한다. 이러한 특권을 부여하는 근거로 국가대표자격설과 기능설이 있는데 오늘날 기능설이 더 유력하다. 협약의 전문에 서술되었듯이 외교공관의 기능을 효율적으로 수행하게 하는 것이 목적이다.

(1) 외교 특권의 내용

외교특권에는 공관의 불가침, 문서의 불가침, 통신의 자유 27조 신체 및 명예의 불가침 등이 있다.

공관과 주거의 불가침(22조)은 외교사절의 동의 없이 접수국의 관헌이 외교공관에 들어갈 수 없으며 특별히 보호해야 할 의무가 있다. 공관 내의 재산은 수색, 징발, 압수, 강제집행의 대상이 될 수 없다.

문서의 불가침(24조)은, 외교사절의 공문서, 서류 등을 접수국이 검열하거나 압수할 수 없다. 이와 더불어 외교공관이 통신상 암호, 부호 등을 사용할 수 있으며 접수국은 이를 가로채어 해독하는 것을 금지한다.

통신의 자유(27조)는 공관이 자국 정부와 자유롭게 통신할 자유이다. 공관은 외교신서사, 암호 또는 부호로 된 통신문을 포함하여 모든 통신 방법을 사용할 수 있다. 다만, 무선통신의 경우는 접수국의 동의를 받아 설치, 사용할 수 있다.

신체 및 명예의 불가침(29조)은 외교사절에 대한 가장 중요한 규정이다. 외교사절은 접수국으로부터 강요받거나 체포, 억류, 구금될 수 없다. 접수국으로부터 추방될 경우에도 외교사절의 생명과 건강에 대한 어떠한 위협도 불가능하다. 접수국은 외교사절의 소환, 퇴거를 명령할 수는 있지만, 국내법에 의한 처벌은 불가능하다.

이러한 규정에도 불구하고 외교사절의 법률위반이나 권리남용에 대해서는 접수국이 '페르소나 논 그라타'(Persona, non grata(비우호적 인물: 외교사절 접수를 거부), 외교공관의 폐쇄 요구, 외교관계 단절 등의 방법으로 대응할 수 있다.

제22조: 공관 지역의 불가침

1. 공관지역은 불가침이다. 접수국의 관헌은, 공관장의 동의 없이는 공관지역에 들어가지 못한다.
2. 접수국은, 어떠한 침입이나 손해에 대하여도 공관지역을 보호하며, 공관의 안녕을 교란시키거나 품위의 손상을 방지하기 위하여 모든 적절한 조치를 취할 특별한 의무를 가진다.
3. 공관지역과 동 지역 내에 있는 비품류 및 기타 재산과 공관의 수송수단은 수색, 징발, 차압 또는 강제집행으로부터 면제된다.

제30조: 개인주거 불가침

1. 외교관의 개인주거는 공관지역과 동일한 불가침과 보호를 향유한다.
2. 외교관의 서류, 통신문 그리고 제31조 제3항에 규정된 경우를 제외한 그의 재산도 동일하게 불가침권을 향유한다.

제24조: 문서, 서류의 불가침

공관의 문서 및 서류는 어느 때나 그리고 어느 곳에서나 불가침이다.

제26조: 이동과 여행의 자유

접수국은 국가안전을 이유로 출입이 금지되어 있거나 또는 규제된 지역에 관한 법령에 따를 것을 조건으로 하여 모든 공관원에게 대하여, 접수국 영토 내에서의 이동과 여행의 자유를 보장하여야 한다.

제27조: 공관 통신보호

1. 접수국은 공용을 위한 공관의 자유로운 통신을 허용하며 보호하여야 한다. 공관은 자국 정부 및 소재 여하를 불문한 기타의 자국 공관이나 영사관과 통신을 함에 있어서, 외교신서사 및 암호 또는 부호로 된 통신문을 포함한 모든 적절한 방법을 사용할 수 있다. 다만, 공관은 접수국의 동의를 얻어야만 무선송신기를 설치하고 사용할 수 있다.

2. 공관의 공용 통신문은 불가침이다. 공용 통신문이라 함은 공관 및 그 직무에 관련된 모든 통신문을 의미한다.

3. 외교행낭은 개봉되거나 유치되지 아니한다.

4. 외교행낭을 구성하는 포장물은 그 특성을 외부에서 식별할 수 있는 표지를 달아야 하며 공용을 목적으로 한 외교문서나 물품만을 넣을 수 있다.

5. 외교신서사는 그의 신분 및 외교행낭을 구성하는 포장물의 수를 표시하는 공문서를 소지하여야 하며, 그의 직무를 수행함에 있어서 접수국의 보호를 받는다. 외교신서사는 신체의 불가침을 향유하며 어떠한 형태의 체포나 구금도 당하지 아니한다.

6. 파견국 또는 공관은 임시 외교신서사를 지정할 수 있다. 이러한 경우에는 본조 제5항의 규정이 또한 적용된다. 다만, 동신서사가 자신의 책임 하에 있는 외교행낭을 수취인에게 인도하였을 때에는 제5항에 규정된 면제가 적용되지 아니한다.

7. 외교행낭은 공인된 입국항에 착륙하게 되어 있는 상업용 항공기의 기장에게 위탁할 수 있다. 동 기장은 행낭을 구성하는 포장물의 수를 표시하는 공문서를 소지하여야 하나 외교신서사로 간주되지는 아니한다. 공관은 항공기 기장으로부터 직접으로 또는 자유롭게 외교행낭을 수령하기 위하여 공관직원을 파견할 수 있다.

제29조: 신체불가침

외교관의 신체는 불가침이다. 외교관은 어떠한 형태의 체포 또는 구금도 당하지 아니한다. 접수국은 상당한 경의로서 외교관을 대우하여야 하며 또한 그의 신체, 자유 또는 품위에 대한 여하한 침해에 대하여도 이를 방지하기 위하여 모든 적절한 조치를 취하여야 한다.

(2) 외교적 면제의 내용

외교적 면제(diplomatic immunity)에는 재판관할권 및 증언의 면제, 조세, 역무와 기부 및 관세의 면제, 사회보장규정의 면제 등이 있다.

재판관할권의 면제에 따라 외교사절은 접수국법에 의한 재판을 받지 않는다. 형사재판은 모두 면제이고 민사. 행정 재판은 일부가 면제된다. 외교사절이 범죄를 범하는 경우는 파견국이 소환하거나, 자기완결적 방법에 의해 처리된다. 단, 개인의 부동산 소송, 상속, 상업적 활동에 관한 소송은 허용된다.

제31조

1. 외교관은 접수국의 형사재판관할권으로부터의 면제를 향유한다. 외교관은 또한, 다음 경우를 제외하고는 접수국의 민사 및 행정재판관할권으로부터의 면제를 향유한다.

    (a) 접수국의 영역 내에 있는 개인 부동산에 관한 부동산 소송. 단, 외교관이 공관의 목적을 위하여 파견국을 대신하여 소유하는 경우는 예외이다.

    (b) 외교관이 파견국을 대신하지 아니하고 개인으로서 유언집행인, 유산관리인, 상속인 또는 유산수취인으로서 관련된 상속에 관한 소송

    (c) 접수국에서 외교관이 그의 공적직무 이외로 행한 직업적 또는 상업적 활동에 관한 소송

2. 외교관은 증인으로서 증언을 행할 의무를 지지 아니한다.

3. 본조 제1항 (a), (b) 및 (c)에 해당되는 경우를 제외하고는, 외교관에 대하여 여하한 강제 집행조치도 취할 수 없다. 전기의 강제 집행조치는 외교관의 신체나 주거의 불가침을 침해하지 않는 경우에 취할 수 있다.

4. 접수국의 재판관할권으로부터 외교관을 면제하는 것은 파견국의 재판관할권으로부터 외교관을 면제하는 것은 아니다.

조세 및 관세의 면제

외교사절은 접수국에 대해 세금을 내지 않는다. 다만 유료도로 통행료, 상하수도료, 오물세 등은 면제되지 않는다. 국가별 차이가 있고 상호

중의에 입각하여 적용한다.

제23조: 면세
- 공관지역에 대한 국가, 지방 또는 지자체의 조세와 부과금 면제
1. 파견국 및 공관장은, 특정 용역의 제공에 대한 지불의 성격을 가진 것을 제외하고는, 소유 또는 임차여하를 불문하고 공관지역에 대한 국가, 지방 또는 지방자치단체의 모든 조세와 부과금으로부터 면제된다.
2. 본조에 규정된 조세의 면제는, 파견국 또는 공관장과 계약을 체결하는 자가 접수국의 법률에 따라 납부하여야 하는 조세나 부과금에는 적용되지 아니한다.

제28조: 수수료, 요금 면제
공관이 자신의 공무를 수행함에 있어서 부과한 수수료와 요금은 모든 부과금과 조세로부터 면제된다.

제34조
외교관은 다음의 경우를 제외하고는 국가, 지방 또는 지방자치단체의 모든 인적 또는 물적 부과금과 조세로부터 면제된다.
  (a) 상품 또는 용역의 가격에 통상 포함되는 종류의 간접세
  (b) 접수국의 영역 내에 있는 사유 부동산에 대한 부과금 및 조세. 단, 공관의 목적을 위하여 파견국을 대신하여 소유하는 경우는 예외이다.
  (c) 제39조 제4항의 규정에 따를 것을 조건으로, 접수국이 부과하는 재산세, 상속세 또는 유산세

(d) 접수국에 원천을 둔 개인소득에 대한 부과금과 조세 및 접수국에서 상업상의 사업에 행한 투자에 대한 자본세

(e) 특별한 용역의 제공에 부과된 요금

(f) 제23조의 규정에 따를 것을 조건으로 부동산에 관하여 부과되는 등기세, 법원의 수수료 또는 기록수수료, 담보세 및 인지세

제35조

접수국은, 외교관에 대하여 모든 인적역무와 종류여하를 불문한 일체의 공공역무 및 징발, 군사상의 기부 그리고 숙사제공 명령에 관련된 군사상의 의무로부터 면제하여야 한다.

제36조

1. 접수국은, 동국이 제정하는 법령에 따라서, 하기 물품의 반입을 허용하며 모든 관세 및 조세와 기타 관련되는 과징금을 면제한다. 단, 보관, 운반 및 이와 유사한 역무에 대한 과징금은 그러하지 아니하다.

   (a) 공관의 공용을 위한 물품

   (b) 외교관의 거주용 물품을 포함하여 외교관이나 또는 그의 세대를 구성하는 가족의 개인사용을 위한 물품

2. 외교관의 개인수하물은 검열에서 면제된다. 단, 본조 제1항에서 언급한 면제에 포함되지 아니하는 물품이 있거나, 또는 접수국의 법률로서 수출입이 금지되어 있거나, 접수국의 검역규정에 의하여 통제된 물품을 포함하고 있다고 추정할만한 중대한 이유가 있는 경우에는 그러하지 아니하다. 전기의 검열은 외교관이나 또는 그가 권한을 위임한 대리인의 입

회하에서만 행하여야 한다.

외교사절 면제의 포기

파견국의 국가원수에 의해 외교사절의 면제를 포기할 수 있다. 그러나 외교사절 개인은 포기할 권한이 없다. 특권과 면제가 국가 간의 원활한 외교관계를 위한 것이라는 점을 상기시키는 조항이다.

제32조

1. 파견국은 외교관 및 제37조에 따라 면제를 향유하는 자에 대한 재판관할권의 면제를 포기할 수 있다.

2. 포기는 언제나 명시적이어야 한다.

3. 외교관과 제37조에 따라 재판관할권의 면제를 향유하는 자가 소송을 제기한 경우에는 본소에 직접 관련된 반소에 관하여 재판관할권의 면제를 원용할 수 없다.

4. 민사 또는 행정소송에 관한 재판관할권으로부터의 면제의 포기는 동 판결의 집행에 관한 면제의 포기를 의미하는 것으로 간주되지 아니한다. 판결의 집행으로부터의 면제를 포기하기 위하여서는 별도의 포기를 필요로 한다.

4

영사관계에 관한 비엔나 협약

Vienna Convention on Consular Relations: 1963년 4월

■ ■ ■

비엔나 협약은 국제법위원회에서의 검토를 거쳐 1963년 4월 24일에 비엔나회의에서 채택, 1967년 3월 19일 발효되었다. 당사국은 153개국이며, 한국은 1977년 4월 6일 발효되었다. 영사관계를 규율하는 가장 기본적인 다자간 조약이지만 영사관계의 규칙은 본래 양자 간 조약에 의해 발달해 온 것으로 외교관계만큼 국제관습법의 확립이 인정되어 있지 않다. 따라서 외교관계에 관한 비엔나협약에 비해 새롭게 입법화된 부분이 많다.

1963년 3월부터 4월에 걸쳐 비엔나에서 개최된 영사관계에 관한 국제연합회의의 결과 작성된 영사관계의 최초의 일반조약이다. 국제연합 국제법위원회가 1955년에 착수하여(특별보고자 쥬레크) 1960년에 완성하고, 1961년에 수정한 초안이 기초로 되어 있다. 이 조약은 5장 79조로 이루어지고, 그 외에 국적의 취득 및 분쟁의 의무적 해결에 관한 선택의정서, 난민에 관한 결의가 부속하고 있다.

이 협약이 채택됨으로써 접수국에서의 파견국 관할권이 제약되는 한계점을 극복하려는 합의를 하였다. 협약 제36조에 규정된 영사접견권을 통해 파견국은 접수국내에서 자국 국민과 소통하며 보호할 수 있는 가능성을 열게 되었다. 주권 국가의 관할권이 충돌하는 지점에서 파견국의 국민을 보호할 수 있는 통로를 열어 놓음으로써 국가 간의 정치, 외교관계와 함께 상업적, 경제적, 문화적 교류가 안정적 기반 하에 이루어지게 한 것이다.

외교관계와 영사관계에 관한 법전화가 일단 이루어진 오늘날 영사의 기능은 무엇일까? 우리 국민이 외국에 나가서 산다면 그는 당연히 거주국의 제반 법령을 준수하고 위반할 경우는 처벌을 받게 된다. 그런데 이러한 사람은 외국의 정치, 경제, 문화적 제도와 관습에 익숙하지 않다. 그리하여 뜻하지 않은 곤경에 처할 수가 있다. 이럴 경우에 국가가 보내준 보호자(guardian) 역할을 할 수 있는 사람이 영사일 것이다. 그러나 영사한 명이 담당해야 하는 우리 재외국민은 몇십 명에서 수만 명에 이를 수도 있다. 따라서 영사는 반드시 도움이 필요한 우리 재외국민에게 법으로 정해진 소정의 영사서비스를 제공하는 사람이라고 상정할 수 있겠다.

그렇다면 대한민국 영사로서 우리나라 밖에 있는 국민들을 보호하기 위해서는 어떤 것이 필요할까? 재외국민들이 겪는 사건, 사고를 들여다보면 일정한 유형도 있지만, 상상하기 어려운 특수한 상황들도 발견된다. 그렇기 때문에 사건, 사고가 발생하면 영사는 현장을 재빨리 장악하는 것이 필요하다. 현장에 가서 사건의 발생 경위, 원인, 경과를 최우선으로 파악하여 공관장과 본부에 보고하여야 한다.

영사가 편견을 갖거나 기존 사례에 대한 지식에 너무 의존하는 경우 상황 파악에 실패할 확률이 높다. 국내에서 경찰이나 검찰이 수사하는 과정과 유사할 것이다.

여기에 더해지는 커다란 변수는 해외에서는 우리의 행정력이 직접적이고, 즉각적으로 미칠 수 없다는 것이다. 주재국의 행정관청, 사법당국의 협조를 얻어 처리해야 한다는 번거로움이 존재한다. 따라서 평소에 이들과의 협조관계를 잘 구축해 놓아야 함을 물론이다.

또한 영사관계에 관한 비엔나 협약은 36조와 37조에 영사가 우리 국민을 만나서 상황을 청취할 수 있는 길을 열어 놓았다. 영사는 이 권한을 잘 활용하여 우리 국민을 보호하는 데 최선을 다해야 한다.

1. 영사의 정의

영사는 재외공관에 파견되어 자국과 자국민 보호업무를 수행하는 공무원이다. 영사는 아래 기술하는 다양한 업무를 수행하지만, 그중에서도 파견국의 행정력과 관할권이 미치지 않는 외국에서 자국 국민을 보호하는 기능이 중요하다.

2. 영사관계에 관한 규정

첫째 영사관계의개설 및 영사기관의 설치에 관한 것이다.

영사관계의 개설(2조 1항), 영사기관의 설치(4조 1항)는 접수국의 동의하에 이루어진다. 또한 접수국이 인가장을 거부하고(12조 2항) 영사관을 페르소나 논 그라타(Persona non grata)로서 통고하는 경우에(23조 4

항), 그 이유를 제시할 필요가 없다.

제2조 영사관계의 수립

1. 국가간의 영사관계의 수립은 상호동의에 의하여 이루어진다.
2. 양국간의 외교관계의 수립에 부여된 동의는, 달리 의사를 표시하지 아니하는 한 영사관계의 수립에 대한 동의를 포함한다.
3. 외교관계의 단절은 영사관계의 단절을 당연히 포함하지 아니한다.

둘째, 영사관계 유지에 관한 것이다.

외교관계의 단절은 영사관계의 단절을 초래하지 않는다는 규정(2조 3항)을 비롯하여 인가장 교부까지의 잠정적 승인(13조), 영사기관의 장의 대리에 의한 임무의 잠정적 수행(15조) 등에서 볼 수 있다.

셋째는 외교관계와 영사관계의 상호접근성에 관한 조항들이다.

외교관계의 개설은 별도의 의사표시가 없는 한, 영사관계의 개설에 대한 동의를 포함한다는 규정(2조 2항) 외에 외교사절단에 의한 영사임무의 수행(3조), 외교사절단을 갖지 않는 경우의 영사관에 의한 외교활동(17조) 등에 제시된다.

제4조 영사기관의 설치

1. 영사기관은 접수국의 동의를 받는 경우에만 접수국의 영역 내에 설치될 수 있다.
2. 영사기관의 소재지, 그 등급 및 영사관할구역은 파견국에 의하여 결정

되며 또한 접수국의 승인을 받아야 한다.

3. 영사기관의 소재지, 그 등급 또는 영사관할구역은 접수국의 동의를 받
는 경우에만 파견국에 의하여 추후 변경될 수 있다.

4. 총영사관 또는 영사관이, 그 총영사관 또는 영사관이 설치되어 있는 지
방 이외의 다른 지방에, 부영사관 또는 영사대리사무소의 개설을 원하
는 경우에는 접수국의 동의가 필요하다.

5. 영사기관의 소재지 이외의 다른 장소에 기존 영사기관의 일부를 이루는
사무소를 개설하기 위해서도 접수국의 명시적 사전 동의가 필요하다.

3. 영사 업무의 내용

영사의 임무는 상세하게 규정되어 있다. 이러한 영사의 업무 내용은 외
교사절과 유사한 부분이 많다.

제5조의 (a)~(c)의 내용이 그러하다.

파견국과 그 국민의 이익보호(a), 통상, 경제, 문화 및 과학상의 관계
의 발전조장과 우호관계촉진(b), 접수국의 정세 확인, 보고 및 정보제공
(c) 등이다.

그 외는 외교사절과는 구분하여 영사에게 주어지는 고유의 업무이다.

(1) 국민의 보호: 국민의 원조(e), 상속상의 이익보호(g), 무능력자의 이
익보호(h), 부재국민의 이익대표 (i)

(2) 행정적, 사법적 임무: 여권의 발급, 사증 등(d), 공증적 사무(f), 파
견국재판소를 위한 서류송달(j)

(3) 선박, 항공기 및 그 승무원의 보호: 감독, 검사(k), 선박서류의 검사, 항행사고조사, 승무원간의 분쟁해결(1) 등이다.

이러한 업무 중 (d), (e), (k)호를 제외하고는 접수국의 법령 또는 권한의 틀 내에서 행사된다.

제5조 영사기능

영사기능은 다음과 같다.

(a) 국제법이 인정하는 범위내에서 파견국의 이익과 개인 및 법인을 포함한 그 국민의 이익을 접수국내에서 보호하는 것.

(b) 파견국과 접수국간의 통상, 경제, 문화 및 과학관계의 발전을 증진하며 또한 기타의 방법으로 이 협약의 규정에 따라 그들 간의 우호관계를 촉진하는 것.

(c) 모든 합법적 수단에 의하여 접수국의 통상, 경제, 문화 및 과학적 생활의 제조건 및 발전을 조사하고, 이에 관하여 파견국 정부에 보고하며 또한 이해 관계자에게 정보를 제공하는 것.

(d) 파견국의 국민에게 여권과 여행증서를 발급하며, 또한 파견국에 여행하기를 원하는 자에게 사증 또는 적당한 증서를 발급하는 것.

(e) 개인과 법인을 포함한 파견국 국민을 도와주며 협조하는 것.

(f) 접수국의 법령에 위배되지 아니할 것을 조건으로 공증인 및 민사업무 서기로서 또한 유사한 종류의 자격으로 행동하며, 또한 행정적 성질의 일정한 기능을 수행하는 것.

(g) 접수국의 영역내에서의 사망에 의한 상속의 경우에 접수국의 법령에

의거하여 개인과 법인을 포함한 파견국 국민의 이익을 보호하는 것.

(h) 파견국의 국민으로서 미성년자와 완전한 능력을 결하고 있는 기타의 자들 특히 후견 또는 재산관리가 필요한 경우에, 접수국의 법령에 정해진 범위내에서, 그들의 이익을 보호하는 것.

(i) 접수국내의 관행과 절차에 따를 것을 조건으로 하여, 파견국의 국민이 부재 또는 기타의 사유로 적절한 시기에 그 권리와 이익의 방어를 맡을 수 없는 경우에 접수국의 법령에 따라, 그러한 국민의 권리와 이익의 보전을 위한 가처분을 받을 목적으로 접수국의 재판소 및 기타의 당국에서 접수국의 국민을 위하여 적당한 대리행위를 행하거나 또는 동 대리행위를 주선하는 것.

(j) 유효한 국제협정에 의거하여 또는 그러한 국제협정이 없는 경우에는 접수국의 법령과 양립하는 기타의 방법으로, 파견국의 법원을 위하여 소송서류 또는 소송 이외의 서류를 송달하거나 또는 증거조사 의뢰서 또는 증거조사 위임장을 집행하는 것.

(k) 파견국의 국적을 가진 선박과 파견국에 등록된 항공기 및 그 승무원에 대하여 파견국의 법령에 규정된 감독 및 검사권을 행사하는 것.

(l) 본조 세항(k)에 언급된 선박과 항공기 및 그 승무원에게 협조를 제공하는 것, 선박의 항행에 관하여 진술을 받는 것, 선박의 서류를 검사하고 이에 날인하는 것, 접수국 당국의 권한을 침해함이 없이 항해중에 발생한 사고에 대하여 조사하는 것, 또는 파견국의 법령에 의하여 인정되는 경우에 선장, 직원 및 소속원간의 여하한 종류의 분쟁을 해결하는 것.

(m) 파견국이 영사기관에 위임한 기타의 기능으로서 접수국의 법령에 의하여 금지되지 아니하거나 또는 접수국의 이의를 제기하지 아니하거

나 또는 접수국과 파견국간의 유효한 국제협정에 언급된 기능을 수행하는 것.

4. 영사 접견권: 재외국민보호 업무 관련 핵심조항

영사가 우리 재외국민을 보호하는 데 있어서 가장 중요한 권한은 제36조의 영사 접견권이다. 영사관원은 파견국의 국민과 자유로이 통신할 수 있으며 또한 접촉할 수 있다. 해외에서 형사상 중요한 범죄행위 등에 연루되어 체포 또는 구금된 우리 국민도 우리 영사를 만나서 그 사정을 설명하고 도움을 요청할 수 있다. 또한 본인이 사생활 보호 등의 이유로 영사를 만나지 않을 수도 있다.

영사접견권은 파견국의 관할권이 미치지 않는 접수국에서 관할권의 한계를 넘어 파견국 국민을 보호할 수 있는 유용한 수단이다.

여기에서 국가의 관할권의 속성을 간단히 살펴보기로 한다.

"국가가 사람이나 물건 또는 상황을 지배할 수 있는 권한을 관할권(jurisdiction)이라고 한다. 관할권이란 국가주권의 핵심적 요소의 하나이며, 국가의 관할권 행사란 국가주권의 구체적 발현이다."[13]

국가는 자신의 영토 안에서의 속지적 관할권과 국민에 대한 속인적 관할권을 행사한다. 이에 대한 논쟁은 별로 없다. 이러한 관할권 행사도 외

---

13) 『신 국제법 입문』, 정인섭 저, p.93

교면제, 주권면제 등에 의해 제한을 받기도 한다. 그런데 관할권의 경합이 일어나는 경우도 있다. 동일한 사람의 동일한 행위에 대한 여러 국가의 관할권이 경합할 수 있다. 한국인이 미국에서 살인을 하면, 미국의 속지적 관할권과 한국의 속인적 관할권이 경합하게 된다.

관할권의 경합으로 인해 이중처벌이 발생할 수도 있다. '시민적 정치적 권리에 관한 규약' 제14조 7항이나 우리 헌법 제13조 1항은 일사부재리 원칙에 따라 이중처벌을 금지하고 있다. 그러나 이 원칙은 동일 관할권 내에서의 이중처벌을 금지하는 데 불과하며, 각기 다른 관할권에서의 중복처벌을 금하는 취지는 아니다.[14]

이러한 국제법 체제 아래서 자국의 국민을 보호하기 위해서는 각국의 관할권이 작동하는 원리들에 대한 이해가 필요하다.

국제화 시대에는 자국에 거주하거나 방문하는 관광객을 보호하는 것도 중요한 과제가 되었다. 해외로부터 투자, 상거래, 유학, 관광 등으로 방문하는 외국인에 대한 보호를 소홀히 한다면 때로는 막대한 손해와 국위 손상을 감수하여야 하기 때문이다.

국제법은 전통적으로 외국인 보호 기준과 관련하여 "국내표준주의(national treatment standard)" 및 "국제표준주의(international minimum standard)"의 기준을 제시해왔다. 국내표준주의는 국가는 자국 영토 내에 있는 외국인을 내국민과 동일한 수준으로 대우하는 것으로 족하다고 본다. 이에 반해 국제표준주의는 일반 문명국 수준으로 자국 내의 외국인을 보호해야 한다는 주의이다. 국제법상 각국은 자국민의

---

14) 『신 국제법 입문』, 정인섭 저, p.100

취급에 대한 자유를 갖지만, 자국 관할 내에서 외국인의 생명, 신체 또는 재산이 제삼자에 의하여 침해된 경우에는 피해 방지책과 구제책을 충분히 제공해야 하며, 해당 구제책이 국제적 표준에 미치지 못하면 해당 국가가 국제적 책임을 진다는 입장이다.

오늘날 국제교류의 확대와 국가 간 상호의존성의 강화로 외국인의 숫자가 급증하고 이들이 외국에 장기 거주하는 사례가 많아지면서 현지에서 사회·경제적으로 이들의 역할이 중요해지고 있다. 이에 따라 국제표준주의가 더 우세해지고 있다.

실제로 우리나라에 와서 일하는 외국인 노동자의 경우, 최저임금보장, 노동자의 인권에 관한 높은 인식과 NGO의 적극적 활동, 안전한 치안 상태 등이 긍정적으로 작용하고 있다고 한다.

제36조 파견국 국민과의 통신 및 접촉

1. 파견국의 국민에 관련되는 영사기능의 수행을 용이하게 할 목적으로 다음의 규정이 적용된다.

   (a) 영사관원은 파견국의 국민과 자유로이 통신할 수 있으며 또한 접촉할 수 있다. 파견국의 국민은 파견국 영사관원과의 통신 및 접촉에 관하여 동일한 자유를 가진다.

   (b) 파견국의 영사관할구역내에서 파견국의 국민이 체포되는 경우, 또는 재판에 회부되기 전에 구금 또는 유치되는 경우, 또는 기타의 방법으로 구속되는 경우에, 그 국민이 파견국의 영사기관에 통보할 것을 요청하면, 접수국의 권한 있는 당국은 지체 없이 통보하여야 한다. 체포, 구금, 유치 또는 구속되어있는 자가 영사기관에 보내는 어떠

한 통신도 동 당국에 의하여 지체 없이 전달되어야 한다. 동 당국은 관계자에게 본 세항에 따를 그의 권리를 지체 없이 통보하여야 한다.

(c) 영사관원은 구금, 유치 또는 구속되어 있는 파견국의 국민을 방문하며 또한 동 국민과 면담하고 교신하며 또한 그의 법적대리를 주선하는 권리를 가진다. 영사관원은 판결에 따라 그 관할구역 내에 구금, 유치 또는 구속되어 있는 파견국의 국민을 방문하는 권리를 또한 가진다. 다만, 구금, 유치 또는 구속되어 있는 국민을 대신하여 영사관원이 조치를 취하는 것을 동 국민이 명시적으로 반대하는 경우에, 동 영사관원은 그러한 조치를 삼가하여야 한다.

2. 동조 1항에 언급된 권리는 접수국의 법령에 의거하여 행사되어야 한다. 다만, 동 법령은 본조에 따라 부여된 권리가 의도하는 목적을 충분히 실현할 수 있어야 한다는 조건에 따라야 한다.

제37조

사망, 후견, 재산관리, 난파 및 항공사고의 경우에 있어서 통보접수국의 권한 있는 당국이 관계 정보를 입수하는 경우에 동 당국은 다음과 같은 의무를 진다.

(a) 파견국 국민의 사망의 경우에는 그 사망이 발생한 영사관할구역내의 영사기관에 지체 없이 통보하는 것.

(b) 파견국의 국민으로서 미성년자 또는 충분한 능력을 결하고 있는 기타의 자의 이익을 위하여, 후견인 또는 재산관리인을 지정하는 것이 필요하다고 생각되는 경우에는, 권한 있는 영사기관에 지체 없이 통보하는 것. 다만, 이러한 통보는 상기 지정에 관한 접수국의 법정의

시행을 침해해서는 아니 된다.

(c) 파견국의 국적을 보유한 선박이 접수국의 영해 또는 내수에서 난파하거나 또는 좌초하는 경우, 또는 파견국에 등록된 항공기가 접수국의 영역에서 사고를 당하는 경우에는, 사고발생 현장에서 가장 가까운 영사기관에 지체 없이 통보하는 것.

5. 영사의 특권과 면제

이러한 영사의 업무는 '영사기관이 자국을 위해 실행한 임무의 능률적 수행'(전문)을 위해 편의, 특권면제가 인정된다. 즉, 영사기관에 대해서는 국기, 국장의 사용(29조), 필요시설의 입수(30조), 공관, 공문서의 불가침(31조, 33조), 과세면제(32조), 통신의 자유(35조), 파견국민과의 통신, 접촉(36조) 등이며, 본무(本務)영사관 및 영사직원에 대해서는 신체의 불가침(영사관만, 41조), 재판권면제 (43조), 증언거부(44조), 외국인등록, 취로허가, 사회보장, 과세, 관세 및 세관검사, 인적 및 금전적 부담의 면제(46~50조, 52조) 등이다.

그 범위는 외교사절단에 비해 좁지만 종래의 영사법에 비하면 상당히 확대되어 있다. 또한 명예영사관의 특권면제의 범위는 본무영사관에 비해 좁다.

외교관에 비해 좁게 적용되는 영사 관련 조항을 살펴보자.

a. 영사관원이 외교업무 수행시에도 외교특권과 면제는 적용되지 않는다.

제17조 영사관원에 의한 외교활동의 수행

1. 파견국이 외교공관을 가지지 아니하고 또한 제3국의 외교공관에 의하여 대표되지 아니하는 국가내에서 영사관원은, 접수국의 동의를 받아 또한 그의 영사지위에 영향을 미침이 없이, 외교활동을 수행하는 것이 허용될 수 있다. 영사관원에 의한 그러한 활동의 수행은 동 영사관원에게 외교특권과 면제를 요구할 수 있는 권리를 부여하는 것이 아니다.

b. 영사행낭의 개방 요구도 가능하다.

제35조 3. 영사행낭은 개방되거나 또는 억류되지 아니한다. 다만, 영사행낭속에 본조4항에 언급된 서한, 서류 또는 물품을 제외한 기타의 것이 포함되어 있다고 믿을만한 중대한 이유를 접수국의 권한 있는 당국이 가지고 있는 경우에, 동 당국은 그 입회하에 파견국이 인정한 대표가 동 행낭을 개방하도록 요청할 수 있다. 동 요청을 파견국의 당국이 거부하는 경우에 동 행낭은 발송지로 반송된다.

c. 영사가 중대범죄를 저지른 경우에는 체포 또는 구속될 수 있음을 규정하고 있다. 또한 증언을 요청받을 수 있다.

제41조 영사관원의 신체의 불가침

1. 영사관원은, 중대한 범죄의 경우에 권한 있는 사법당국에 의한 결정에 따르는 것을 제외하고, 재판에 회부되기 전에 체포되거나 또는 구속되지 아니한다.

2. 본조 1항에 명시된 경우를 제외하고 영사관원은 구금되지 아니하며 또한 그의 신체의 자유에 대한 기타 어떠한 형태의 제한도 받지 아니한다. 다만, 확정적 효력을 가진 사법상의 결정을 집행하는 경우는 제외된다.

3. 영사관원에 대하여 형사소송절차가 개시된 경우에 그는 권한 있는 당국에 출두하여야 한다. 그러나 그 소송절차는, 그의 공적 직책상의 이유에서 그가 받아야 할 경의를 표하면서 또한, 본조 1항에 명시된 경우를 제외하고는, 영사직무의 수행에 가능한 최소한의 지장을 주는 방법으로 진행되어야 한다. 본조 1항에 언급된 사정하에서 영사관원을 구속하는 것이 필요하게 되었을 경우에 그에 대한 소송절차는 지체를 최소한으로 하여 개시되어야 한다.

제42조

체포, 구속 또는 소추의 통고재판에 회부되기 전에 영사직원을 체포하거나 또는 구속하는 경우 또는 동 영사직원에 대하여 형사소송절차가 개시되는 경우에, 접수국은 즉시 영사기관장에게 통고하여야 한다. 영사기관장 그 자신이 그러한 조치의 대상이 되는 경우에 접수국은 외교경로를 통하여 파견국에 통고하여야 한다.

d. 영사는 증언을 요청받을 수 있다.

제44조 증언의 의무

1. 영사기관원은 사법 또는 행정소송절차의 과정에서 증인 출두의 요청을 받을 수 있다. 사무직원 또는 업무직원은 본조 3항에 언급된 경우를

제외하고 증언을 거부해서는 아니 된다. 영사관원이 증언을 거부하는 경우에 그에 대하여 강제적 조치 또는 형벌이 적용되어서는 아니 된다.

2. 영사관원의 증언을 요구하는 당국은 그 직무의 수행에 대한 간섭을 회피하여야 한다. 동 당국은 가능한 경우에 영사관원의 주거 또는 영사기관 내에서 증거를 수집하거나 또는 서면에 의한 그의 진술을 받을 수 있다.

3. 영사기관원은 그 직무의 수행에 관련되는 사항에 관하여 증언을 행하거나 또는 그에 관련되는 공용 서한과 서류를 제출할 의무를 지지 아니한다. 영사기관원은 파견국의 법에 관하여 감정인으로서 증언하는 것을 거부하는 권리를 또한 가진다.

6. 영사업무의 성장과 중요성

외교관계에 관한 비엔나 협약이 국가 간의 외교관계를 포괄적으로 정한데 반해, 영사관계에 관한 비엔나 협약은 해외에서 우리 국민들의 안전과 이익을 보호하고 신장해나가기 위한 구체적인 사항들을 규정하고 있다. 일반 국민들에게는 해외여행을 하거나, 주재원으로 근무하거나, 해외유학을 할 경우 발생할 수 있는 절차, 사건·사고, 사적 이익의 충돌시 구제방법 등을 규정하고 있어서 매우 중요한 협약이다.

우리 정부가 국민들에 대한 최적의 공공 서비스를 제공하는 중요한 근거 협정일 것이다. 외교부는 전통적으로 국가원수 간의 정상회담, 한반도 비핵화, 동북아의 안보 공동체, 중국, 러시아 등 구사회주의권 국가들과의 관계 개선 등에 커다란 비중과 관심을 두고 업무를 추진해왔다. 남북한이 아직도 분단되어 있고 핵무기의 위협이 있는 한 이러한 업무의 중요성은 큰 변함이 없을 것이다.

그러나 국제화의 영향으로 우리 국민과 기업들의 해외 활동이 폭발적으로 증대하고 있다. 10년 전에 비해 우리 국민의 매년 해외방문자 수가 1400만 명 수준에서 2018년에는 연인원 2650만 명에 이른다. 영사업무는 기업의 경제활동부터 재외국민보호에 이르기까지 우리 국민들을 직접 접촉하는 활동에 초점이 있다.

외교부와 재외공관의 업무 중에서 국민을 직접 만나는 대민 업무의 비중이 급성장하고 있다는 것이다. 10여 년 전만 해도 재외동포 영사 업무는 외교부의 우선순위 업무에 들지 못했다. 골치 아픈 민원 업무라는 의식이 팽배했다. 우리 국민들의 해외 활동 범위가 선진국뿐만 아니라 중동, 아프리카, 중남미 등으로 확대되면서 외교부의 재외동포업무도 질적, 양적 성장을 거듭해 왔다. 매일 24시간 운영되고 있는 영사 콜센터는 전 세계 국가 중에 우리나라가 유일하다.

선진국의 외교부 홈페이지에서 영사업무에 대해 검색해보면 정부가 제공하는 서비스의 내용과 함께 제공할 수 없거나 제공하지 않는 서비스의 리스트가 상세하게 게재되어 있다. 또한 이러한 영사서비스는 국민들의 세금보다는 영사서비스에서 발생하는 수수료를 재정 기반으로 하고 있음을 알 수 있다. 재외국민보호에 관한 법을 제정하는 경우는 극히 드물고 대개는 가이드라인을 제정하여 공표하고 있다.

이에 반해 우리 정부는 재외국민보호법을 제정하고 소요경비를 국가 예산에서 충당하고 있다. 또한 적극적으로 높은 수준의 공공서비스 제공을 하기 위한 창의적인 방안들이 계속 만들어지고 있다.

이에 더해 십수 년 간 수많은 공청회와 정당 간의 토의를 거쳐 '재외국민보호법'이 드디어 출범하게 된 것은 그 의미가 매우 크다고 하겠다. 재외국민보호를 더 충실히 하도록 하는 조항과 함께 재외국민보호를 위한 정부 기관 간의 유기적 협조 메커니즘이 마련되고 예산과 정부의 관심이 유지될 수 있는 근거 조항들이 마련되었다.

영사법무학이나, 영사행정은 국제화의 진행과 이주민, 난민의 증가로 인하여 앞으로도 더 많은 학술 연구와 국가 간의 공동 노력이 필요한 분야이다.

5

재외국민보호를 위한 영사조력법

■ ■ ■

1. 제정 경위

우리 헌법 제2조 2항은 "국가는 법률이 정하는 바에 의하여 재외국민을 보호할 의무가 있다"라고 규정하고 있다. 헌법재판소는 "헌법 제2조 제2항에서 정한 국가의 재외국민보호 의무는 … 거류국과의 관계에서 국가가 하는 외교적 보호와 국외 거주 국민에 대하여 정치적인 고려에서 특별히 법률로써 정하여 베푸는 법률·문화·교육 기타 제반영역에서의 지원을 뜻하는 것"이라고 판시한 바가 있다. 이와 관련 '외교적 보호'와 '재외국민보호'의 차이에 대한 아래 논문의 내용을 살펴볼 필요가 있다.

"국제법상의 자국민 보호의 수단으로 출발한 '외교적 보호'와 '영사적 보호'라는 개념들은 주로 국가들간의 관계(국적국 對 체류국)에서 체류국을 상대로 한 국적국의 권리 또는 재량으로 이해되는데 반하여, '재외국민의 보호'라는 개념은 국민과 국가의 관계에서 국민에 대한 국가의 의무(역으로 얘기하면 국민의 권리)라는 문맥 속에서 논의되고 있다. 우리 헌법 제2조 제2항의 재외국민보호 의무는 1980년대말 재외국민의 참정권 논의 및 통일정책에 대한 지지 확보 등의 배경으로 입법을 통한 해외교민에 대한 지원이라는 취지로 신설되었으나, 그후 헌법소송이나 국가배상소송 등의 과정에서 헌법 제2조의 "재외국민보호 의무"의 범위와 그 한계가 분명하게 정리되지 못하였고 오히려 이러한 재외국민보호와 외교적 보호 및 영사적 보호의 개념이 혼돈스럽게 주장되고 있다. 그러나 헌법 제2조에서 말하는 재외국민보호 의무는 원칙적으로 입법을 통한 해외교민의 지원으로 이해되어야 하고 개별적이고 구체적인 피해 사건·사고에 있어서 국가의 보호 제공은 - 만약 구체적인 입법이 없다면 - 국민에 대한 국가의 일반적·조리상의 의무라는 관점에서 접근해야 한다고 본다."[15]

이에 따라 국회는 관련법 제정을 위한 법안 발의와 공청회를 개최한 바 있으며, 2018년 12월 27일 「재외국민보호를 위한 영사조력법안」이 국회 본회의를 통과하였다. 이 법의 제정을 통해 재외국민보호에 대한 '국가적 책무'가 법률로 규정되고 체계적이고 통합적인 영사조력이 가능해졌다고 할 수 있겠다. 금번 입법내용 중 가장 중요한 것은 재외국민보호에 대한 국가의 책무와 함께 재외국민의 책무가 함께 규정된 것이다. '국가적 책무' 만을 규정할 경우 도덕적 해이를 야기할 수 있다. 재외국민의 책무도 명기함으로써 영사조력법이 균형 있게 적용될 수 있는 근거가 마련되었다. 3조와 4조는 이에 관한 조항으로 향후 대통령령으로 세부 사항을 정할 때에도 매우 중요한 조항이 될 것이다.

---

15) 『국가의 재외국민보호 의무의 범위와 한계』, 배종인

제3조(국가의 책무)

① 국가는 영사조력을 통해 사건·사고로부터 재외국민의 생명·신체 및 재
산을 보호하기 위하여 노력하여야 하며, 이를 위하여 필요한 재외국민
보호 정책을 수립·시행하여야 한다.

② 국가는 제1항에 따른 책무를 수행하기 위하여 필요한 인력과 예산을
확보하여야 한다.

제4조(재외국민의 책무)

① 재외국민은 거주, 체류 또는 방문하는 국가 및 지역의 법령과 제도를 준
수하고 문화 및 관습을 존중하며 해당 국가 및 지역에 관한 안전정보를
숙지하는 등 자신의 안전을 확보하기 위한 모든 주의를 다하여야 한다.

② 재외국민은 재외국민의 안전을 도모하기 위한 국가의 조치에 최대한 협
조하여야 한다.

그동안 재외국민보호와 관련된 법률안은 17대 국회부터 지속적으로
발의되어 왔다. 또한 2004년, 2010년, 2012년 총 3차례의 재외국민보
호법 제정 관련 공청회가 개최되어 논의를 활성화시키려는 노력도 있었
다. 그러나 동 법안들은 발의와 자동 폐기가 반복되었을 뿐 결실을 맺지
는 못했다.

이러한 제정안이 2018년 12월 27일 제365회 국회 본회의에서 통과되
었다는 것은 늦게나마 해외에서의 각종 사건·사고로부터 재외국민을 보
호하고 안전한 국외 활동을 보장할 필요성에 대해 여야를 막론하고 사회
적 공감대가 형성된 결과라고 할 수 있겠다. 이 법은 2019년 1월 15일에

공표되었고 2년 후에 실행된다.

그렇다면 이 법 제정이 늦어진 이유는 무엇일까?

미국을 비롯한 선진제국들이 재외국민보호에 대한 법대신 가이드라인과 행정 안내로 대신하고 있는 배경이 있다. 어느 국가이든 국민들은 여행의 자유를 가지며, 안보, 안전의 염려가 있더라도 여행의 자유를 제한하는 데 대한 저항이 있다. 여행의 자유를 존중하는 이유로 인해서, 여행으로부터 발생하는 개인의 피해에 대해서도 자기구제와 개인의 책임을 중시하고 있다.

우리 사회에서도 지난 십여 년 동안 여행의 자유와 개인의 책임에 대한 인식이 눈에 띄게 달라졌다. 2018년 발생한 사이판 쓰나미 발생 상황에서 우리정부가 군 수송기까지 보내 수송 작업을 한 데 대한 국민들의 긍정적인 평가가 있었다. 그 반면에 일부 국민들은 정부가 커다란 예산과 군장비까지 동원한 것은 지나치다는 반론도 있었다. 이 사례는 우리 국민들도 의식이 변하여 국가가 보호하여야 할 영역과 개인들이 감당해야 할 일에 대한 의식에 균형감이 생기기 시작하였다는 것이다.

우리나라는 정부의 재외국민보호 기능이 대통령과 정권에 대한 국정지지도에도 직접적인 영향을 미친다. 선진국일수록 조금 더 차분한 반응이다. 전 세계적인 뉴스가 될 정도의 경우에는 선진국도 예외는 아니지만 개별 사안의 경우는 개인의 자유와 국가의 보호 기능에 대한 균형적인 시각이 확립되어 있다. 향후 재외국민보호의 제도화를 이루어 가는 과정에서 고려해야 할 일이다.

따라서 이 장에서는 「재외국민보호를 위한 영사조력법」의 주요 내용을 살펴보고, 동법 제정의 의의와 향후 과제를 제시하고자 한다.

2. 「재외국민보호를 위한 영사조력법」의 주요 내용

「재외국민보호를 위한 영사조력법」의 주요 내용은 구체적으로 다음과 같다.

첫째, 외교부장관은 5년 단위로 '재외국민보호 기본계획'을 수립해야 하며, 동 기본계획에 따른 매년 집행계획을 세우도록 규정하고 있다.

제7조(재외국민보호기본계획의 수립 등)

① 외교부장관은 5년마다 재외국민보호기본계획(이하 "기본계획"이라 한다)을 수립하고, 위원회의 심의를 거쳐 확정한다.

② 기본계획에는 다음 각호의 사항이 포함되어야 한다.

　1. 재외국민보호 정책의 기본 방향

　2. 재외국민보호 업무의 지역별·성질별 중점 추진 방향

　3. 재외국민보호에 필요한 인력 및 예산에 관한 사항

　4. 해외안전여행 홍보 등 재외국민 사건·사고 예방에 관한 사항

　5. 재외국민보호를 위한 국제협력체제의 구축에 관한 사항

　6. 재외국민보호 업무에 대한 평가 및 개선에 관한 사항

둘째, 외교부장관 소속으로 재외국민보호위원회를 설치하여 재외국민보호 기본계획 및 집행계획 등 재외국민의 보호에 관한 사항을 심의하도록 하고 있다.

제6조(재외국민보호위원회)

① 재외국민의 보호에 관한 사항을 심의하기 위하여 외교부장관 소속으로 재외국민보호위원회(이하 "위원회"라 한다)를 둔다.

② 위원회는 다음 각호의 사항을 심의한다.

　　1. 재외국민의 보호에 관한 중요 정책에 관한 사항

　　2. 제7조에 따른 재외국민보호기본계획 및 집행계획에 관한 사항

　　3. 그 밖에 위원장이 회의에 부치는 사항

③ 위원회는 위원장 1명을 포함한 20명 이내의 위원으로 구성한다.

④ 위원장은 외교부장관이 되고, 위원은 관계 중앙행정기관의 차관급 공무원 또는 재외국민보호에 관한 학식과 경험이 풍부한 사람 중에서 외교부장관이 임명 또는 위촉한다.

⑤ 그 밖에 위원회의 구성과 운영에 필요한 사항은 대통령령으로 정한다.

셋째, 형사절차상의 영사조력, 재외국민 범죄피해 시의 영사조력, 재외국민 사망 시의 영사조력, 미성년자·환자인 재외국민에 대한 영사조력, 재외국민 실종 시의 영사조력 및 해외위난상황 발생 시의 영사조력에 관하여 규정하고 있다. 영사조력은 국제법규 및 주재국 법령을 준수하는 범위 내에서 이루어져야 하며, 자력구제와 국내 상황에 비례하여 이루어져야 함을 규정하고 있다.

우리 국민에 대한 형사절차상 조력을 신속히 제공하고, 신속하고 공정한 수사 재판을 받을 수 있도록 도와야 한다. 인도적 대우를 받고 있는지도 살펴보아야 한다. 변호사 및 통역인 명단을 제공하고 금고이상의 형인 경우 정기적으로 방문, 면담하여야 한다.

제10조(영사조력의 기본원칙)

① 영사조력은 「영사관계에 관한 비엔나 협약」 등 관련 조약, 일반적으로 승인된 국제법규 및 주재국 법령을 준수하여 제공되어야 한다.

② 영사조력의 구체적인 범위와 수준을 정함에 있어 주재국의 제도 및 문화 등 특수한 상황을 고려하여야 한다.

③ 영사조력은 재외국민이 사건·사고에 처하여 스스로 또는 연고자의 지원을 받거나 주재국 정부의 지원을 받는 등 다른 방법으로 해결할 수 없는 경우에 한하여 제공되어야 한다.

④ 영사조력은 국내에서 발생하는 유사 상황 시 정부가 국민에게 제공하는 보호의 수준을 초과하지 아니하여야 한다.

제11조(형사절차상의 영사조력)

① 재외공관의 장은 관할구역에서 재외국민이 체포·구금 또는 수감 중인 사실을 인지한 때에는 그 사실을 지체 없이 외교부장관에게 보고하고 해당 재외국민과의 접촉을 시도하여야 한다.

② 재외공관의 장은 재외국민이 국제법과 주재국의 법령에 따라 인도적 대우 및 신속하고 공정한 수사·재판을 받을 수 있도록 주재국 관계 기관에 협조를 요청하고, 필요한 경우 가능한 범위 내에서 변호사 및 통역인 명단 제공 등 조력을 제공하여야 한다.

③ 재외공관의 장은 재외국민이 금고 이상의 형을 선고받고 수감된 경우 정기적인 방문·면담 등을 통하여 해당 재외국민과 접촉하여야 한다.

④ 제1항부터 제3항까지의 규정에 따른 형사절차상의 영사조력의 구체적인 내용·제공 방법 및 절차 등에 필요한 사항은 대통령령으로 정한다.

제12조(재외국민 범죄피해 시의 영사조력)

① 재외공관의 장은 관할구역에서 재외국민이 범죄로 인하여 피해를 입은 사실을 인지한 경우 해당 재외국민에게 주재국 경찰기관에 신고하는 방법을 안내하고, 필요한 경우 주재국 관계 기관에 대한 신속하고 공정한 수사 요청, 의료기관에 관한 정보 제공, 가능한 범위 내에서 변호사 및 통역인 명단 제공 등 조력을 제공하여야 한다.

② 제1항에 따른 재외국민 범죄피해 시의 영사조력의 구체적인 내용·제공 방법 및 절차 등에 필요한 사항은 대통령령으로 정한다.

넷째, 재외국민이 폭행, 협박 등의 행위를 하여 영사조력의 제공에 현저한 지장을 초래하는 등의 경우에는 해당 재외국민에 대한 영사조력의 제공을 거부하거나 중단할 수 있도록 하고 있다.

제18조(영사조력 제공의 거부 및 중단)

재외공관의 장은 다음 각호의 어느 하나에 해당하는 경우 영사조력의 제공을 거부하거나 중단할 수 있다. 다만, 재외국민의 생명·신체에 대한 위해가 중대하여 긴급히 보호할 필요가 있는 경우에는 그러하지 아니하다.

1. 재외국민이 영사조력을 명백하게 거부하는 경우
2. 재외국민이 폭행, 협박 등의 행위를 하여 해당 재외국민에 대한 영사조력의 제공에 현저한 지장을 초래하는 경우
3. 재외국민이 허위로 영사조력을 요청한 사실이 밝혀진 경우
4. 재외국민이 영사조력을 남용 또는 악용하는 경우

다섯째, 재외국민은 영사조력 과정에서 자신의 생명·신체 및 재산의 보호에 드는 비용을 부담하도록 하되, 재외국민을 긴급히 보호할 필요가 있는 경우로서 사건·사고에 처한 재외국민이 본인의 무자력(無資力) 등으로 인하여 비용을 부담하기 어렵다고 판단되는 등의 경우에는 국가가 그 비용을 부담하도록 하고 있다.

제19조(경비의 부담 등)

① 재외국민은 영사조력 과정에서 자신의 생명·신체 및 재산의 보호에 드는 비용을 부담하여야 한다. 다만, 재외국민을 긴급히 보호할 필요가 있는 경우로서 다음 각호의 어느 하나에 해당하는 경우에는 국가가 그 비용을 부담할 수 있다.

1. 사건·사고에 처한 재외국민이 본인의 무자력(無資力) 등으로 인하여 비용을 부담하기 어렵다고 판단되는 경우

2. 해외위난상황에 처한 재외국민이 안전한 지역으로 대피할 수 있는 이동수단이 없어 국가가 이동수단을 투입하는 경우

② 재외공관의 장은 분실, 도난 등으로 긴급한 상황에 처한 재외국민이 가족 등 연고자로부터 신속하게 도움을 받을 수 있도록 연고자로부터의 해외송금을 지원할 수 있다.

③ 외교부장관은 제1항 단서에 해당하지 아니하는 재외국민이 제1항 본문에 따라 자신이 부담하여야 할 비용을 즉시 지불하기 곤란한 경우로서 해외위난상황으로부터 해당 재외국민을 안전한 지역으로 이동시키기 위한 수단을 투입하는 경우에는 그 비용을 대신하여 지급할 수 있다. 이 경우 해당 재외국민은 외교부장관이 합리적인 범위 내에서 청구

하는 비용을 상환하여야 한다.

④ 외교부장관은 제3항에 따른 상환의무자가 해당 금액을 상환하지 아니하는 때에는 국세 체납처분의 예에 따라 징수할 수 있다.

⑤ 제1항부터 제3항까지의 규정에 따른 경비 부담 등의 구체적인 내용·방법 및 절차 등에 필요한 사항은 대통령령으로 정한다.

재외국민보호 경비의 부담

재외국민보호 업무의 가장 논쟁적인 이슈이다. 2007년 아프가니스탄 피랍사건시의 우리 국민 구출교섭관련 비용, 2011년 키르기스탄 오쉬 인종폭동에 따른 전세기 투입 비용, 2011년 '아덴만의 여명작전'시의 에어앰뷸런스 비용 부담, 2018년 리비아 아국인 인질 석방 교섭 및 국내 이송 관련 비용, 2019년 부르키나파소 아국인 인질 석방 후 국내로의 이동경비, 2010년 튀니지, 리비아, 이집트 등에서의 긴급피난(evacuation) 비용을 누가 부담해야 하는 문제가 제기되었다. 해외 위난상황에 처하고 무자력이냐가 판단 기준이다. 지금까지는 위난상황인 경우는 정부가 부담하는 성향이 강했다. 앞으로 무자력에 관한 기준을 명확히 하고 사후 비용을 변제하는 메커니즘을 제대로 갖출 수 있는지가 관건이다.

---

3. 「재외국민보호를 위한 영사조력법」 제정의 의의 및 효과

1) 현실적 측면

최근 우리 국민의 해외여행 및 진출이 늘어남에 따라 각종 사건·사고에 처하는 경우도 증가해 왔다. 2017년 기준 해외출국자수 2,650만 명으로 2011년 대비 2.1배 증가하였으며, 재외국민이 260만 명에 이르는 등 우리 국민의 해외 출국은 급증해 왔다.

또한 그에 따른 사건·사고도 빈번히 발생해왔으나 재외국민을 보호할 수 있는 법률이 갖추어져 있지 않았다.

2017년 기준 우리 국민이 연루된 해외 사건·사고 발생 건수는 1만 8,410여건으로 2011년 대비 2.35배 증가하였다. 이는 하루 평균 약 50여건의 사건·사고가 발생하고 있다는 것을 의미한다.

(1) 따라서 「재외국민보호를 위한 영사조력법」의 제정으로 이러한 사건·사고에 대한 신속하고 체계적인 대응이 가능할 것으로 보인다.

(2) 법·제도적 측면 「재외국민보호를 위한 영사조력법」의 제정을 통해 각종 사고와 위난으로부터 재외국민의 생명·신체 및 재산을 보호하고, 이를 위하여 필요한 정책을 수립하는 것을 '국가적 책무'로 규정하였다는 점에서 의의가 있다.

「헌법」 제2조 제2항은 '국가는 법률이 정하는 바에 의하여 재외국민을 보호할 의무를 진다'고 명시하고 있다.

그러나 그동안 이와 관련된 법률이 제정되고 있지 않아 「재외국민보호를 위한 영사업무 지침(외교부 훈령 제110호)」에 근거한 실무적이고 개별적인 수준의 대응에 그쳐왔던 것이 사실이다.

한편 동법의 제정은 재외국민의 생명·신체 및 재산을 보호하기 위한 국가의 영사조력과 관련한 제반사항을 체계적이고 통합적으로 관리하는 것이 가능해졌다는 측면에서 의의가 있다.

재외국민보호와 관련된 법률로는 「재외국민등록법」, 「여권법」, 「재난 및 안전관리 기본법」 및 「국민보호와 공공안전을 위한 테러방지법」 등이 있다. 그러나 이러한 법률이 해외에서의 각종 사건·사고로부터 재외국민을 보호할 수 있는 법적 근거로는 미흡하다는 지적이 있어왔던 것이 사실이다.

해외출국자수 및 재외국민 사건·사고 추이(단위: 명)

구분	2011년	2012년	2013년	2014년	2015년	2016년	2017년
해외출국자수(만 명)	1,270	1,370	1,480	1,600	1,930	2,200	2,640
재외국민사건·사고수	7,808	8,910	9,100	10,664	14,076	14,493	18,410
해외우리국민수감자수	376	1,002	1,214	1,257	1,247	1,239	1,337

출처: 외교부자료

4. 향후 과제

「재외국민보호를 위한 영사조력법」은 공포 후 2년이 경과한 날부터 시행될 예정이다. 동법이 실효적인 이행을 거두기 위해서는 이 기간 동안 적절한 하위 법령의 제정과 함께 인력 충원 등 제반 여건의 충분한 확보가 요구되며, 구체적으로 다음과 같은 사항이 고려될 필요가 있다.

1) 영사조력 범위의 명확화

「재외국민보호를 위한 영사조력법」이 대통령령에 위임하고 있는 '영사조력의 범위'에 있어 시행령(대통령령) 제정을 통해 구체적인 내용을 명확히 규정할 필요가 있으며, 영사조력 제공을 거부하거나 중단하는 경우에 대해서도 세부적인 규정이 요구된다.

영사조력의 범위를 구체화·세분화하는 과정에서는 국민적 공감대를 형성하는 것이 필요하며, 특히 국내 유사사례에서 정부가 국민에게 제공하는 보호수준과의 형평성을 고려할 필요가 있다. 또한 외교적 마찰이 발생하지 않도록 주재국의 제도 및 문화 등의 특수한 상황도 고려할 필요가 있다.

2) 영사분야 인프라 확충

이 법의 원활한 시행을 위해서 영사 인력과 관련 예산 등 영사분야 인프라 확충이 요구된다. 이와 함께 국내 대학 등 교육기관과의 협력 체계를 수립하여 영사 전문 인력 양성을 할 필요가 있다. 영사직 공무원으로 채용되는 경우, 교육기간이 짧고 이론적인 교육이 충분치 않다는 지적이 있다. 날로 복잡해지는 재외국민보호 업무를 효과적으로 수행하기 위해서는 영사법무 및 영사행정에 관한 충분한 교육이 절실히 요구된다.

영사조력 범위와 수준에 따라 인력 및 예산이 변동될 수 있겠지만 기본적으로 재외공관에 140명 이상, 외교부 본부에 30여명의 증원이 예상되고 있다. 외교 인력의 증원 필요성은 우리나라가 OECD 국가 중 제일 적은 점을 고려, 꾸준하게 제기되어 오고 있다.

3) 재외국민의 정확한 현황 파악

영사조력의 기초가 되는 재외국민의 현황을 정확히 파악할 필요가 있다. 예컨대 재외국민등록부가 재외국민의 현황을 제대로 반영하지 못하고 있다는 지적이 꾸준히 제기되어 왔다. 2017년 말 현재 재외국민등록률은 약 56.5%에 불과하다.

이러한 문제점을 극복하기 위해 2018년 12월 「재외국민등록법 일부 개정 법률안」이 통과되면서 재외국민 등록률 및 등록정보의 정확성이 제고될 것으로 기대되고 있다. 다만 재외국민등록 및 변경·이동·귀국신고 등에 대해 자발성이 결여될 경우 이러한 사항을 강제하기에는 한계가 있을 수 있다. 따라서 재외국민이 「재외국민등록법」상의 등록의 의무를 자발적으로 준수할 수 있도록 홍보를 강화하는 한편 등록 과정에서 접근성과 용이성이 확보될 수 있도록 등록시스템을 지속적으로 개선하려는 노력이 요구된다.

4) 주재국과의 유기적 협력 강화

주재국과의 유기적인 협력 방안을 마련할 필요가 있다. 정부는 주재국 수사당국의 협조가 미흡할 경우 수사경과 등의 확인이 어려운 측면이 있다. 따라서 주재국 지역 경찰, 이민청 등 관계 기관과의 네트워크 구축을 한층 강화하려는 노력이 요구된다. 이 과정에서 주재국 주권 존중의 원칙에 위배되지 않도록 외교적 노력을 기울여야 할 것이다.

한편 다수 국민이 여행하는 국가에 대해서는 별도의 양자 협정 확대 등을 통해 실제적인 보호를 모색하는 방안도 고려해 볼 수 있다. 한 해 100만 명 이상이 방문하는 국가는 중국, 미국, 필리핀, 베트남, 일본 등 7곳으로 알려져 있으며, 이들 국가와의 적극적인 재외국민보호 관련 교섭의 필요성도 증대하고 있다.

주재국과의 협력관계 구축은 국제법만으로는 불충분한 재외국민보호를 보완하는 중요한 과제이다. 재외 공관은 이를 위해 치안 당국과의 업무 협력뿐만 아니라 경찰 가족 위로 행사 등을 통해 24시간 연락할 수 있는 '핫 라인 구축'을 위해 노력하고 있다.

사건에 따라서는 재외공관이나 영사 차원의 대응으로는 불충분한 경우도 있다. 2018년 리비아 인질 사건, 2019년 헝가리 유람선 침몰 사건은 대통령과 외교장관 등이 직접 나서 고도의 외교적 노력을 펼쳤다. 영사업무나 재외국민보호 기능이 최고의 외교적 수준으로 비화하는 경우가 늘어가는 경향에 주목하여야 한다.

5) 유관 정부부처와의 협업체계 구축

재외국민보호 관련 사안에 대한 신속한 대응이 이루어지기 위해서는 국내의 관련 정부부처와의 유기적인 협업 체계를 구축하려는 노력이 요구된다.

재외국민보호업무는 사안에 따라 외교부뿐만 아니라 행정안전부, 국방부, 보건복지부, 법무부, 국토교통부, 대검찰청, 경찰청, 식품의약안전처, 관세청, 국가정보원 등 관련 부처와의 협조체계가 필수적인 경우가 많다.

예컨대 대형 해외재난 발생 시 외교부가 대책본부를 운영하고, 행정안전부는 외교부에 전문대응팀을 파견하며, 국토교통부·해양수산부 등 관계부처는 소관분야에 해당하는 사고의 원인 조사와 재발방지를 위한 대책을 수립하고, 피해자를 지원하는 등 범정부 차원의 협업 시스템이 요구되는 것이다. 이를 위해서는 관련 부처 간의 효과적이고 체계적인 협조체계가 구축되어야 적극적인 대응이 가능하다.

6) 주재국 특성에 따른 맞춤형 재외국민보호방안 수립

주재국의 특성에 따른 맞춤형 재외국민보호수립 방안을 지속적으로 모색할 필요가 있다.

우선 해당 지역의 문화와 언어에 대한 이해가 깊은 지역전문가를 장기근무 영사인력으로 활용하여 재외국민 사건·사고 처리에 효과적으로 대응하는 방안을 모색할 필요가 있다. 이와 유사한 맥락에서 지역별 법률전문가도 충원을 고려해 볼 수 있다. 현재 각 재외공관은 지역 법률전문가의 자문을 통해 재외국민의 법적 문제를 해결하고 있다.

그러나 실제로는 자문 이상의 지원이 필요한 경우가 있다. 따라서 각 재외공관의 상황에 따라 법률전문가를 고용하는 형태로 재외국민에 대한 보호를 강화하는 방안도 고려해 볼 수 있다.

한편 주재국의 현지 네트워크를 활용하는 방안을 고려할 수 있다. 이러한 측면에서 '영사협력원제도'를 적극 활용할 수 있다. '영사협력원'은 공관 비상주 국가 또는 영사의 신속한 대응이 어려운 지역에서 직무수행약정서에 따른 제한적 범위 내에서 재외국민보호 활동을 하는 민간인을 의미한다. 영사협력원 제도는 재외국민보호와 관련한 고질적인 인력난을 해소할 수 있는 대안으로 유용하다.

이 제도는 2007년에 도입 당시 96명으로 시작해서 2017년 현재 152명으로 증가하였다. 그러나 현재까지 외교부 예규인 「영사협력원 운영에 관한 지침」에 따라 시행중에 있으며, 법률적 근거는 마련되어 있지 않는 상황이다. 따라서 영사협력원의 "자격기준, 위촉방법, 활동범위" 등을 구체적으로 규정하는 근거 법률을 마련하고 업무 수행을 위한 메뉴얼과 교육을 강화하여 재외국민보호를 강화할 필요가 있다.

(영사 조력 범위)
- 사건·사고 발생 시 현지 경찰에 신고하는 방법 안내
- 여권을 분실한 여행객의 여권 재발급 또는 여행증명서 발행
- 현지 의료기관 정보 제공
- 현지 사법체계나 재판기관, 변호사 등에 대한 전반적인 정보 제공
- 체포·구금 시 현지 국민에 비해 차별적이거나 불합리한 대우를 받지 않도록 현지 당국에 요청
- 여행자의 국내 연고자에게 연락 및 필요 시 긴급 여권 발급 지원
- 긴급 상황 발생 시 우리 국민의 안전 확인 및 피해자 보호 지원

(영사 조력 불가 범위)
- 재외공관 근무시간 이후 시간대(ex: 심야, 새벽, 휴일 등)에 무리한 일반 민원 영사서비스 제공 요구
- 금전 대부, 지불 보증, 벌금 대납, 비용 지불(의료비, 변호사비 등)
- 예약 대행(숙소, 항공권 등)
- 통역 및 번역 업무 수행

- 각종 신고서 발급 및 제출 대행
- 경찰 업무(범죄 수사, 범인 체포 등)
- 병원과 의료비 교섭
- 사건·사고 관련 상대 및 보험회사와의 보상 교섭
- 구금자의 석방 또는 감형을 위한 외교적 협상
- 한국 수사관 또는 재판관 파견
- 현지 수감자보다 더 나은 처우를 받도록 해당 국가에 압력 행사
- 범죄 징후가 없는 단순한 연락 두절자에 대한 소재 파악

5. 재외국민보호 외국 경향

유럽에서는 19세기 산업 혁명이 일어나면서 영사단의 확대가 이루어졌다. 유럽 밖에서 특히 레반트 지역(시리아, 요르단, 레바논, 팔레스타인), 아시아, 라틴 아메리카로 확장되었다. Jorg Ulbert는 19세기의 영사들을 'acteurs de l'expansion occidentale dans le monde'(동방의 확장자들)[16]이라고 칭하였다. 유럽 국가들을 뒤따라 러시아의 피터대제, 미국 그리고 중국이 영사단을 확대 설치하였다.

최근에는 정보통신 기술의 발달로 영사 업무에도 변화가 생기고 있다. 피해자나 그 가족은 SNS나 이메일 등을 통해 신속하게 피해 사실을 영사당국이나 언론에 알릴 수 있게 되었다. 언론도 이러한 제보를 받아 신속하게 보도하는 성향이 두드러진다. 언론이 해외의 사건·사고를 보도하는 횟수와 보도의 질적, 양적 증가가 이루어지고 있다. 이러한 보도는 국

---

16) 『Consular Affairs and Diplomacy』, pp.8~9

가수반이나 정치 지도자들에 대한 지지율에도 영향을 미칠 수 있다. 이에 따라 개별 사건이 빠른 속도로 각 국가의 최고 정치권의 관심사로 비화하는 경우가 종종 발생한다.

가장 극적인 사건은 미국의 9.11 사건일 것이다. 그 사건 이후 런던, 마드리드, 니스 테러 사건도 즉각적이면서도 상당 기간 동안 정치 지도자의 관심을 받았다. 대응 조치를 위해서 많은 인력과 예산도 투입되었다. 이러한 사례들은 선례를 구성하고 국민들의 기대는 더욱 높아진다. 그 이후 발생하는 사건들에 대해서도 국민들의 관심은 낮아지지 않고 더 높아질 가능성이 높다.

외교 본령의 업무와는 달리 부수적인 업무로 취급되어 왔던 영사업무가 관심의 중심으로 급부상한다. 캐나다, 네덜란드, 스웨덴, 일본 등의 국가에서 영사조직이 확대되었고 일부는 국민적 관심이 떨어지자 다시 축소되기도 하였다. 우리나라의 경우도 2000년대에 들어서 발생하기 시작한 일련의 대형사건 여파로 재외국민보호 예산이 급증하였고 외교부 영사조직은 재외동포영사국에서 재외동포영사실로 확대 개편되었다.

또 다른 현상은 영사조직 확대의 한계이다. 영사의 행정적인 부담이 감당할 수 없을 정도로 폭주하는 경우 그 처리를 아웃소싱하기도 한다. 이를 영사 업무의 전문화(professionalisation) 또는 사유화(privatisation)라고 한다.[17]

그러나 영사관계에 관한 비엔나 협약 상 어떤 경우에도 NGO나 외부 기관은 핵심 영사 업무를 담당할 법적 능력을 갖지 못한다. 국민이 체포 구

---

17) 『Consular Affairs and Diplomacy』, pp.30~31

금되어 있는 경우라도 면담하고 소통할 수 있는 영사 접견권이 그것이다.

세계화에 따라 해외여행을 하는 국민들은 테러, 자연재해 등의 위험에 처할 가능성이 높아지고 있다. 이 경우 외국 정부와의 협력은 필수 불가결하다. 영사 분야의 국가 간, 국제적 협력의 필요성이 증대하고 있다. 예방적 영사 외교(preventive consular diplomacy)[18]가 필요하다.

그러나 영사분야의 다자간 협력이나 협정은 일정한 한계가 있다. 예를 들어 여행경보가 과다할 경우 상대국과의 협력관계를 손상시킬 수 있다. 반면에 너무 느슨한 경보는 자국민의 피해를 방지할 수 없다. 우리 정부가 이스탄불에서 간간이 발생하는 폭탄테러, 납치등과 관련한 여행 경보를 올렸는데 터키 정부의 강력한 항의를 받았다. 양국 간 FTA까지 체결하는 상황에서 강력한 여행경보로 터키를 방문하는 한국인 여행객이 줄어들기 때문이었다.

영어 사용 5개국(Group of Five: 미국, 영국, 호주, 뉴질랜드, 캐나다)은 상황 발생국의 비상계획에 대표를 참석시키는 등 공동대처를 하고 있다.[19] 사회제도와 가치체계가 유사한 국가군의 공동 영사 활동이다.

특히 선진국들의 경우에는 자국민에 대한 영사서비스의 품질을 떨어트리지 않는 범위 내에서만 다지 협력에 나서려 하고 있다. 경제발전 정도뿐만 아니라 가치체계, 규범이 국가별로 다양한 것도 국제협력의 장애 요인이다. 이러한 단점을 보완하기 위해서는 양자 간 협력체계 형성을 위한 외교적 노력을 기울이는 것이 효과적이다.

---

18) 『Consular Affairs and Diplomacy』, p.32

19) p.33

우리나라의 경우 사증면제, 운전면허 상호인증뿐만 아니라 사건·사고 예방과 효율적 처리를 위한 협조체제 구축을 전 세계 공관에서 상시 업무로 추진 중이다. 재외국민보호를 위해서는 영사의 법률적 권한 행사가 기본이지만 원만한 업무 수행을 위해서는 관계당국과 긴밀한 협조 네트워킹을 구축하는 것이 필요하다.

여행경보를 작성하는 데는 기술적인 어려움이 많다. 지진이나 쓰나미와 같은 자연재해의 경우, 과학기술적인 예측이 있기는 하지만 발생할 수 있는 시기를 특정하기는 매우 어렵다. 정변의 경우는 더욱 어렵다. 1979년 이란 팔레비 국왕 축출, 1991년 소련의 쿠데타의 경우는 극소수의 전문가들을 제외하고는 예상이 어려웠다. 이러한 불확실성에 대비하여 영사 인력을 증파하거나 재외국민보호를 위한 조치를 선제적으로 취하기는 매우 어렵다. 최근에 발생하고 있는 테러 공격은 그 예측이 더욱 어렵다. 과거에는 안전하고 편리했던 도시에서도 발생하고 있기 때문이다. 2019년 3월 뉴질랜드에서 호주인에 의해 자행된 모스크에 대한 테러 공격은 완전 예측 불가였다. 뉴질랜드는 영국인들이 1840년 원주민들과 초기의 분쟁을 종식하기 위한 와이탕이 조약을 체결하였다. 이 조약은 북섬을 영국의 식민지로 만들었다. 그러나 마오리족의 권한을 존중하고 언어 사용도 허용하여 오랫동안 인종차별도 없는 화합의 땅으로 알려져 있었기 때문이다.

이제 각국의 영사조력법 또는 지침을 살펴보기로 한다. 재외국민보호 관련 국가의 책무와 국민의 책무, 비용부담의 원칙 등이 주요한 내용이다. 국가가 무한대의 보호를 하면 '도덕적 해이의 문제'와 국가 예산 낭비가 될 것이라는 점과 국민간의 형평성과 공정성의 문제에 대해 고심하고 있음을 알 수 있다.

국가	영사조력 근거 및 남용 사례 대처
미국	o 연방법규를 집대성한 법전상 대외관계 부분에 재외국민보호 관련 내용을 포함하고, 있고, 국무부 매뉴얼을 통해 구체 영사조력 제공 o 경제적인 영사조력은 ① 해외에서 예상치 못한 사태로 자금이 없는자, ② 육체적·정신적 질환으로 귀국 필요, ③ 외국인 배우자를 두고 해외에 주재 중이나, 폭력적 상황으로 피신 필요, ④ 재난이나 긴급상황 등의 요건을 검토하여 결정 　- 선지급 후상환 방식으로 자금지원과 함께 서면 대출 약정서에 기재된 기한까지 상환 의무 부담 　- 대출 신청시 단수여권(유효기간 7-10일)을 발급하며, 상환 불이행시 여권 발급/갱신 불허 및 긴급구난비 재신청 불가 　- 미상환 1년 도과시 법무부 소송부서로 회부, 국세청을 통해 모든 계좌번호를 확보하여 채무 불이행 통보 o 17년 9월 시행된 '지리적 여행규제'에 따라 여행금지국인 북한 입국시 허가가 필요하며, 무단 입국 시 여권 무효화 또는 형벌 부과(사례 별무)
일본	o 외교부 "외무성 설치법 제4조(외무성 담당업무)"에 근거하여 작성된 "재외국민보호를 위한 매뉴얼"을 통해 구체 영사조력 제공 　- 단, "국가의 지원 등을 필요로 하는 귀국자에 대한 영사관의 직무 등에 관한 법률*" 존재 o 경제적인 영사조력은 * 법률에 근거하여 ① 자력 또는 연고자 지원 불가, ② 재외공관의 지원 필요성 인정 등의 요건을 검토하여 결정 　- 선지급 후상환 방식으로 귀국 후 상환 의무 부담(대출) 　- 대출 신청 시 소지한 여권을 외교부에 보관하고, 여행증명서를 발급받아 귀국, 전액 상환 시까지 여권 회수 및 재발급 제한 　- 미상환 혹은 일부 상환 시 외무성에서 1차 독촉장 발송, 2차 직원 자택 방문 등을 실시, 미납 사실 인정서류에 서명을 받아 청구권 시효(10년) 연장 조치 o 여행경보 4단계(피난 권고) 국가를 방문할 예정인 국민들에게 여행 취소를 권고하고, 응하지 않을 경우 여권반납명령 조치 　- 여권반납명령에 항의해 제기한 재판에서 대부분 외무성이 패소

국가	영사조력 근거 및 남용 사례 대처

영국	o 근거 법률은 없으며, 외교부 내부 가이드라인에 따라 영사조력 제공
	
	o 경제적인 영사조력은 매우 예외적으로 귀국을 위한 다른 수단이 없는 경우에 한해 지원
	
	  – 선지급 후상환 방식으로 자금지원과 함께 채무이행각서 작성
	
	  – 대출 신청 시 소지한 여권을 외교부에 보관하고, 여행증명서를 발급받아 귀국, 전액 상환 시까지 여권 회수 및 재발급 제한
	
	  – 귀국 후 6개월 이내 대출금 전액 상환 후 여권 회수, 미상환 시 10% 연체료 추가 징수

호주	o 근거 법률은 없으며, 외교부 "영사서비스헌장"에 따라 영사조력 제공
	
	o 경제적인 영사조력은 ① 호주국적, ② 경제적 곤란의 원인이 자신에게 있지 않은 경우, ③ 다른 수단(가족이나 지인)을 통한 합리적 노력 이행, ④ 채무 상환에 필요한 주소 확인 등의 요건을 검토하여 결정
	
	  – 선지급 후상환 방식으로 자금지원과 함께 발급되는 대부증서에 기재된 기한까지 상환 의무 부담
	
	  – 여권법상 대부금 미상환 시 여권 재발급 불허(예외적으로 여권 취소도 가능)
	
	o 외교부장관이 테러단체가 적대행위를 자행하고 있는 지역을 '공표지역(Declared Areas)'으로 설정
	
	  – 상기 내용을 위반한 자에 대해 최고 10년형까지 선고 가능
	
	  – 현재 시리아 A-Raqqa주(14.12월)이 '공표지역'으로 설정

스페인	o "해외 거주 스페인 국민들에 대한 기본법률"에 근거하여 영사조력 제공
	
	o 경제적인 영사조력은 ① 스페인국적, ② 해외 체류, ③ 지원이 필요한 상황, ④ 지원 또는 보호 요청, ⑤ 상환 조건 등의 요건을 검토하여 결정
	
	  – 지원시 서명서 작성하며, 정해진 기간 내 상환 의무 부담
	
	  – 대부금 미상환 시 과징금 및 이자까지 포함하여 국세청에서 압류 등 강제조치 이행(미납자목록 공유를 통해 동일 서비스 제공 제한)
	
	  – 다만, 기본 생계비, 체포되어 재판 중인 국민, 사망자의 매장 또는 화장 비용 등은 무상 지원
	
	o 재난 등으로 인한 피난 및 구조 비용은 국가에서 부담하며, 개인에게 별도 청구하지 않음.

국가	영사조력 근거 및 남용 사례 대처

브라질	o 외교부 영사·법률서비스 지침에 의거 영사조력 제공(법률 없음)
	
	o 경제적인 영사조력은 ①브라질국적, ②경제적 곤란의 원인이 자신에게 있지 않은 경우, ③재외공관의 본부 보고를 근거로 국민의 구체 정보(국내 연고자 유무·재정능력·이전 지원 유무 등)를 종합적으로 검토하여 결정
	
	  – 고의적인 영사조력 중복 요구나 국내에서의 조력 가능성 발견시 미지원
	
	  – 조력범위는 단기간 숙식지원이나 귀국 항공편 등이며, 어떠한 경우에도 해당 조력에 대해 국민에게 구상권은 미청구
	
	o 여행경보 5단계(여행하지 말기)는 권고사항으로 위반시 벌금부과나 여권무효화 등 강제조치 부재

중국	o 근거 법률은 없으며, 외교부 "중국 영사보호 및 협조 가이드"에 따라 영사조력 제공 o 영사조력 남용 사례에 대한 강제조치의 법적 근거가 없으며, 법을 제정하더라도 남용에 대한 규정의 모호성으로 한계가 있을 것으로 봄. 또한 현 정부의 '국민중심' 기조상 어려움에 처한 국민에 대한 영사조력 거부나 중단은 곤란 o 예멘 등 국가에서 특수 상황에서 군용기를 이용해 중국 국민을 철수한 사례가 있고, 비용은 개인 부담 원칙이나 군용기 비용 산출 곤란으로 개인에게 비용 청구를 하지 않았음.
이스라엘	o 근거 법률은 없으며, 정책적 결정으로 영사조력 제공 o 탈무드에 "유대인들은 어려움에 처한 동족들에게 최소한 필수적 음식, 의복 및 피난처를 제공해야 한다"는 지침을 근거로, 긴급 상황 발생시 1차적으로 국가가 아닌 유대인들간 인적 상호원조 o 경제적인 영사조력은 무연고인 경우에 한해서만 재외공관 영사가 최대 100불 이내에서 지원하나, 지원금 교부 사실을 여권에 기재하여 본국 입국 후 또는 여권 재발급시 변제 원칙

프랑스	o "국가대외활동에 관한 법"에 따라 영사조력 제공
	
	  – 단, 구체 적용요건을 정하는 시행령 미비
	
	o 경제적인 영사조력은 ① 예외적으로 매우 중대한 사안, ② 상환 증명이 가능한 경우 등의 요건을 검토하여 결정
	
	  – 우선 재정 지원 후 구상권 청구

국가	영사조력 근거 및 남용 사례 대처
뉴질랜드	o 근거 법률은 없으며, 외교부 내부 가이드라인에 따라 영사조력 제공 o 경제적인 영사조력은 제공치 않으며, 예외적인 경우 공공기금에서 대출을 통해 지원하되 30일내 미상환 시 채권추심업체를 통해 회수
네덜란드	o 근거법률은 없음. o 경제적인 영사조력은 긴급상황 발생시에도 제공하지 않는 것이 원칙 – 긴급상황 발생시 비용은 여행자보험이나 가족/연고자의 지원

덴마크	o 외국서비스법(Law on Foreign Service)에 따라 영사조력 제공
	o 영사조력의 유형에 따라 시간당 서비스 비용을 정해 개인 또는 개인의 보험회사에서 지불하는 것이 원칙
	  – 지불한 능력이 없거나 연고자도 없는 경우, 추후 지불하겠다는 서약서를 작성하고 추후 지불 가능
	  – 다만, 추후 미지불 시 국세청에 신고하여 서비스비용 강제 징수
	o 납치, 피난, 중범죄 피해, 폭력 피해, 구금, 긴급상황에서의 통역 서비스(1회) 등에 대해서는 서비스비용 미부과

벨기에	o 근거 법률은 없으며, 외교부 내부 가이드라인에 따라 영사조력 제공 o 경제적인 영사조력은 ① 벨기에국적, ② 자력구제 곤란, ③ 제3국이 아닌 벨기에로의 귀국 등의 요건을 검토하여 결정 – 국내거소 확인 및 서약서 작성 후 선지급 후상환 방식으로 지원

독일	o "영사인력 임무 및 권한에 관한 법"에 근거하여 영사조력 제공
	o 경제적인 영사조력은 ① 생명에 위협 또는 신체에 위해 상황, ② 무연고 혹은 연고자 지원 불가, ③ 이중국적자 여부 등의 요건을 검토하여 결정
	  – 선지급 후상환 방식으로 상환 불이행시 가족이 대신 상환
	  – 예외적으로 경제적 상환능력이 없는 경우에는 상환의무 제외

국가	영사조력 근거 및 남용 사례 대처

캐나다	o 근거 법률은 없으며, 외교부 "영사서비스헌장"에 따라 영사조력 제공
	
	o 경제적인 영사조력은 ① 자력 또는 연고자 지원 불가, ② 생명의 위험 존재 등의 요건을 검토하여 결정
	
	  – 선지급 후상환 방식으로 긴급자금을 지원(대출)
	
	  – 지원 범위는 항공료는 가능하나 보석금, 법절차 비용, 치료비, 체재비 등은 불가

오스트
리아
	o 근거 법률은 없으며, "영사관계에 관한 비엔나 협약"에 따라 영사조력 제공
	
	o 경제적인 영사조력은 ① 본인 책임 부재, ② 비상사태 등의 요건을 검토하여 종합적으로 검토하여 결정
	
	  – 선지급 후상환 방식으로 귀국후 상환한다는 서약하에 최저 귀국비용만 지원
	
	  – 단, 상기 지원은 출국 전 여행 일정 정보를 시스템에 등록한 사람에 한해 지원
	
	o 일반 송금이 불가한 비상시에는 외교부의 해외송금 이용이 가능하나, 휴가연장·여행지속·쇼핑 등을 위한 송금은 불가

이탈리아	o "영사사무소의 조직 및 기능에 관한 법률"을 기본으로 외교부령 "재외이탈리아인과 이민 정책 사무총국"으로 세부사항을 정해 영사조력을 제공
	
	o 경제적인 영사조력은 긴급상황 시 상환이 불필요한 지원금과 상환이 필요한 대차금 등 2가지로 구분하여 지원
	
	  – 전쟁, 소요, 대규모 재난 등 예외적인 상황에서의 대피 비용은 정부가 부담하며 사후 구상권을 미청구
	
	  – 일반적인 귀국 비용 지원은 비용상환 각서를 징구받고, "항해법전"에 정해진 절차에 따라 선지급 후상환 방식으로 상환
	
	o '여행만류' 제도를 운용 중이나 법적 구속력이 없고, 권고사항에 불과

6. 재외국민보호 관련 국제협력

1) 영사관계에 관한 비엔나 협약

영사관계에 관한 비엔나협약(Vienna Convention on Consular Relations, VCCR)이 국가 간 협력의 가장 중요한 기본조약으로서의 역할을 하고 있다.

2) 국제영사규범의 변화

국제여행자가 급격히 증가(5.4억 명(1995)-11.6억 명(2014))하고 있고 여행목적도 다양화하고 있다. 또한 교통수단 및 통신기술의 발전에 따라 재외국민보호 및 영사서비스에 대한 기대수준도 증가하고 있는 것이 세계적인 추세이다.

이에 따라 각 국가들의 영사 당국으로서는 자국의 재외국민보호체제를 강화하는 것뿐만 아니라 국제협력의 필요성을 인식하기 시작하였다.

우선 양자, 지역적 영사협정이 체결되고 있다. VCCR을 보편적 다자 영사협정으로 수용하면서 부족한 부분 보충을 위해 양자 간 협정을 체결하는 추세인데 우리나라는 일본, 중국, 러시아, 영국, 베트남, 인니 등 13개국과 양자 협의체를 운영 중이다. 사증면제 및 간소화, 불법체류, 입국거부, 상호 재외국민 안전 확인, 위기 시 공동대응 논의, 재외국민 권익 증진 방안을 협의하고 있다.

- 한-러 영사협약(1992): 영사통보 의무화
- 한-중 영사협정(2015): 영사통보 의무화, 시한 설정(96시간)
- 유럽 영사관계협약(2011): 스페인 등 5개국 대상 발효

3) 다자영사외교(GCF)

2013년에 Global Consular Forum(세계영사포럼)이 출범하였다. 비엔나협약 이후 세계화가 진행되면서 여행객의 방문과 같은 국경 간 이동 증가, 자국민 관광객과 이주노동자, 아동이나 행려병자 등 취약계층에 대한 대응, 테러를 비롯한 대규모 자연재해시의 대응 등 영사 업무가 확대되고 복잡해지는데 대응하기 위한 것이다.

영국 주도로 영사분야의 유일한 다자협의체로 출범하였는데 2013년(영국 런던), 2015년(멕시코 쿠에르나바카), 2016년 3차 포럼은 송도에서 개최되었다. 33개국 이상이 참석하였는데 가입의 문이 열려있다.

3차 회의에서는 안전 여행 문화 촉진, 테러·재난 등 위기 상황 공동 대응, 이주 노동자 대상 영사서비스 제공, 행려병자 등 취약 국민 대상 영사 서비스 제공 등 협력에 의견이 모아졌다. 또한 소셜 미디어를 비롯한 다양한 수단 활용, 지속적으로 회원국 간 관련 정보 교환 및 정책을 공유하기로 하였다. 여행객 보호를 위해 관광, 운송, 보험, 미디어 등 민간 분야와의 적극적인 협력도 추진해 나가기로 하였다.

6

재외국민보호 제도

■ ■ ■

1. 고려사항

해외에서 우리 국민들이 처하게 되는 위험은 다양하고 예측 불가능한 경우가 많다. 국가는 국민을 보호하기 위해 다양한 제도를 만들어 운영하고 있다. 그러나 세계 어떤 국가도 완벽한 제도를 만들어내지는 못하고 있다. 재외국민을 사건·사고로부터 보호하려는 제도가 때로는 국민들의 헌법상 자유를 제한하는 경우도 있어 신중한 고려가 필요하다.

2. 사건·사고 예방 시스템

1) 해외안전 여행 홍보

외교부 해외안전여행 사이트(www.0404.go.kr)를 통해 국가별 최신

안전소식, 여행경보소식, 위기 상황별 대처 매뉴얼, 영사조력 범위, 해외 안전여행 앱 등을 받아볼 수 있다. 우리 국민들의 해외 안전여행을 위해서 외교부가 다양한 정보 제공방안을 만들어 낸 것이다.

이러한 아이디어는 2010년부터 대학생들을 대상으로 운영되어온 '해외안전여행 서포터스'를 통해서 개발된 것들도 다수 있다. 매년 상반기, 하반기에 지역권역별로 6개월 단위로 60명을 모집하여 활동하고 있다. 팀별 아이디어 회의를 통해 창의력 있는 활동을 하고 있다. 구체적으로는 해외안전여행 온라인 홍보활동(눈, UCC, 블로그, 커뮤니티) 오프라인 캠페인(캠퍼스, 공항, 박람회)등을 하고 있다.

앞으로 우리나라의 대외관계 업무를 오랫동안 담당할 차세대 젊은이들의 생활 습관, 여행 선호 등을 감안한 제도 들이다. 이들은 배낭여행, 교환학생, 유명관광지 여행뿐만 아니라 해외 봉사활동, 워킹 홀리데이, 오지탐험 등 다양한 해외여행을 할 세대이다.

또한 외교부는 재외국민보호과 직원이 YTN의 해외 안전여행코너, KBS World Radio 한민족네트워크와 KBS World 단신 스크롤 뉴스에도 직접 출연하여 해외안전여행에 필요한 정보를 제공하고 있다. 이러한 홍보 활동을 통해 개인의 안전 확보뿐만 아니라 우리 사회의 경제·사회적 비용도 절감하는 효과가 기대된다.

2) 여행경보제도

여행경보제도는 여행대상국에 형성된 위험한 정세의 변화와 치안정세에 따라 국민들에게 위험을 알리고 안전대책(행동지침)을 알리려는 제도이다. 이러한 제도는 미국, 영국, 캐나다, 호주 등에서 운영되고 있다.

우리나라는 남색경보(여행주의), 황색경보(여행자제), 적색경보(철수권고), 흑색경보(여행금지)등 4단계의 여행경보제도를 운영 중이다. 이 중에서 여행 금지제도는 우리나라만 실시하고 있는 제도이다. 그런데 여행경보제도에 대해 우리 학계에서는 "안전정보의 구체성이 보완되어야 하고 실시간 현지정보의 제공이 요망된다. 지역의 일반정보와 표준사실의 나열은 국민의 능동적 안전 활동을 유도하기에 한계가 있다. 차제에 영국 외교부에서 실시하는 소셜네트워크 서비스의 쌍방향 채널(interactive channels of social network services)을 이용한 정보의 생성과 플랫폼 형식을 통한 활용이 시행되어야 한다."[20]라는 지적이 있다.

실제로 영국 외무성의 해외여행정보 서비스(Foreign travel advice)에 들어가 보면 여행자들에 필요한 유용한 정보(safety and security, terrorism, Local laws and customs, Entry Requirements, Health, Natural disasters, Money, Travel advice and support)가 잘 정리되어 있음을 발견할 수 있다. 긴급 위난 상황 발생 시에는 여행지 주재 대사관의 페이스북이나 트위터를 통해 경보를 발령하고 있다. 또한 런던 외무성의 24시간 비상 전화도 안내되어 있다. 여행자가 여행경보를 요청할 때 얼마나 자주 정보를 받을 것인가를 선택하게 되어 있다. 여행자들이 유용한 정보를 얻기는 하지만 지나치게 피곤하게 하지 않으려는 배려가 엿보인다.[21]

---

20) 김정규, 김문호, 해외여행 안전경보제도의 개선방안 비교연구

21) Foreign Travel Advice,GOV.UK

3) 여행금지국 제도

여행금지국으로 지정된 국가로의 여행은 원칙적으로 금지된다. '여권사용허가 제도'에 따라 외교장관의 승인을 받으면 예외적으로 방문이나 체류할 수 있다. 이러한 허가를 득하려면 신변의 안전을 확보할 수 있는 충분한 조치를 취하여 정부의 승인을 받도록 하는 제도이다.

내란과 테러리스트 공격이 창궐했던 이라크, 아프가니스탄, 시리아, 예멘, 리비아 등이 해당된다. 이 가운데 이라크에 진출을 희망하는 우리 기업들이 많았다. 정부는 강력한 경호 안전조치를 전제로 지사의 진출을 허용한 사례가 있었다.

리비아의 경우에도 다수의 우리 건설 기업들이 진출해 있었다. 내전의 발발로 대부분의 기업들이 정부의 권유와 자발적으로 철수하였다. 천명이 넘는 우리 국민과 2.5만 명의 제3국 노동자들이 철수하였고 건설 현장은 현지인이 경비만 하고 있는 상황이다. 이러한 상황이 10여 년이 되어가지만 최근 무장 세력 간의 충돌이 격화되고 트리폴리 정부가 동부 군벌세력의 공격을 받으면서 존망이 위태로워지고 있다. 리비아에게 중요한 수자원공사, 전기 공사를 우리 기업들이 담당하고 있다. 우리 정부로서는 국민들의 안전문제와 기업의 사업의지 사이에서 균형 있는 정책을 추진하는 것이 필요하다.

또 다른 논점은 언론의 취재 허용이다. 일반 국민과는 달리 언론의 자유를 지나치게 통제하는 것이 어렵다. 내전 발발 초기에는 현지 취재를 하려는 언론기관들이 많았으나 이제는 관심이 멀어지면서 위험을 무릅쓰고 현장 취재를 하려는 경우는 거의 없는 상황이다.

* 여행금지제도는 우리나라만 운영 중이다.(2008.6 헌법재판소 합헌 판결)

여권법 제17조(여권의 사용 제한 등)

외교부장관은 천재지변·전쟁·내란·폭동·테러 등 대통령령으로 정하는 국외 위난상황(危難狀況)으로 인하여 국민의 생명·신체나 재산을 보호하기 위하여 국민이 특정 국가나 지역을 방문하거나 체류하는 것을 중지시키는 것이 필요하다고 인정하는 때에는 기간을 정하여 해당 국가나 지역에서의 여권의 사용을 제한하거나 방문·체류를 금지(이하 "여권의 사용 제한 등"이라 한다)할 수 있다. 다만, 영주(永住), 취재·보도, 긴급한 인도적 사유, 공무 등 대통령령으로 정하는 목적의 여행으로서 외교부장관이 필요하다고 인정하면 여권의 사용과 방문·체류를 허가할 수 있다.

여권법 제26조

제17조 제1항 본문 및 제2항에 따라 방문 및 체류가 금지된 국가나 지역으로 고시된 사정을 알면서도 같은 조 제1항 단서에 따른 허가(제14조 제3항에 따라 준용되는 경우를 포함한다)를 받지 아니하고 해당 국가나 지역에서 여권 등을 사용하거나 해당 국가나 지역을 방문하거나 체류한 사람은 1년 이하의 징역 또는 1000만 원 이하의 벌금에 처한다.

4) 인터넷 등록제(동행)

해외여행자가 해외여행 일정, 현지 연락처, 국내 연락처, 인적 사항을 등록하도록 하는 제도이다. 방문지의 안전정보를 제공하며, 사건·사고 발생 시 신속한 영사조력이 제공된다.

여행에 앞서 인터넷 등록을 하는 것이 자신의 안전을 확보하는데 커다란 도움이 된다. 사건 발생 후 영사들이 우리 피해자의 행선지나 소재지 파악이 힘들어 초기 조치를 못하는 경우가 비일 비재하다. 사회 구성원 모두가 협조하여 우리의 외교력과 행정력이 성과도 못 거둔 채 낭비되는 것을 방지하기 위한 장치이다.

5) 안전정보 SMS 서비스

영사 콜센터는 각종 SMS 발송을 통해 우리 국민들의 해외 안전여행을 돕고 있다. 여행객이 목적지에 도착하면 안전 정보를 문자로 알려준다. 위험 발생 시 긴급 전화를 할 수 있도록 안내도 해준다.

최근에는 이러한 서비스가 과도하여 서비스 피로감을 느낀다는 국민들의 반응도 있다. 이러한 점에 유의하여 운영 시스템을 정비해 나가야 할 것이다.

그러나 지진, 쓰나미, 대규모 홍수, 산불화재 등에 대해서는 촌각을 다투는 경보전달이 필수적이다. 최근 발생한 인도네시아 쓰나미의 경우 분 단위로 상황이 급변했던 점에 유의하여야 한다. 이러한 서비스를 위해서는 외교부가 관련 부처 및 해외 파트너들과의 실시간 정보공유 시스템을 정밀하게 갖추어 나가는 것이 필요하다. 에를 들어 해외에서 발생하는 지진의 경우 우리나라 교육부와 미국의 지진연구소(Earquake USGS)가 실시간 정보 공유시스템이 갖추어져 있다.

6) 사건·사고 담당 영사 회의

전 세계 공관에는 사건·사고를 전담하는 영사가 지정되어있다. 재외동포영사실에서는 이들을 대륙별로 소집하여 대책 회의를 개최하고 있다. 이 회의에는 외교부 출신 사건·사고 담당 영사뿐만 아니라 경찰, 해경 출신 외사관 등이 참석하여 재외국민보호를 위한 기술적 협의를 한다.

날이 갈수록 사건·사고 대응이 복잡해지고 있으며 주재국과의 관할권

문제, 주재국 유관기관과의 협조 체제 구축, 언론, 가족 대책 등에 대한 기술적 협의 필요성이 늘고 있다.

7) 위험지역 안전점검

재외동포영사실에서는 만일의 경우에 대비하여 위험지역에 대한 안전 점검도 실시하고 있다. 유사시 우리 국민의 탈출로, 제3국에서의 영사조력 방안에 대한 시뮬레이션 작업을 해두는 것이다. 시리아나 이집트 등에서 국내 정정 혼란과 내전이 발생하는 조짐이 감지되어 사전 안전점검을 통해 우리 국민들의 탈출 경로, 항공편, 도로망 점검을 실시했다. 실제 상황이 발발했을 때 커다란 도움이 된 사례이다.

3. 사건·사고 대응시스템

1) 영사 콜센터 및 해외안전지킴센터

영사 콜센터는 2005년 창설되어 전 세계에서 우리나라만 24시간 365일 운영하는 제도이다. 우리 국민들은 해외에서 발생하는 자연재해, 전쟁, 테러 등의 긴급 위난 상황 시 영사 콜센터에 도움을 요청할 수 있다. 영사 콜센터는 전화를 받은 후 곧바로 조치에 착수한다. 피해를 예상하는 가족들도 영사 콜센터에 전화를 걸어 도움을 요청할 수 있다.

재외공관은 영사 콜센터로부터 받은 정보를 바탕으로 긴급 보호 활동에 나선다. 주재국 정부와의 네트워킹을 통해 유효한 보호조치를 취한다.

해외에서 사건·사고나 긴급 위험 상황에 처한 우리 여행자에게 6개 국어의 통역 서비스도 제공하고 있다. 2018년에는 해외안전지킴센터를 창설하였고 영사 콜센터를 그 안에 편입시켰다. 해외안전지킴센터는 24시간 교대 근무를 하면서 영사 콜센터를 통해 접수되는 사건·사고에 일차적 대응을 신속하게 하고 있다. 안전정보 제공뿐만 아니라 관련 부처와의 협업과 상황 공유를 통해 해외에서 발생하는 사건·사건에 즉각 대응하고 있다.

2) 신속대응팀

외교부는 '해외위난상황' 등 해외에서 발생한 중대한 사건·사고로 인해 우리 국민이 피해를 입게 되는 경우, 즉각 현지로 파견되어 보호 및 지원 업무를 담당하게 될 신속대응팀을 구성하여 운영하고 있다.

신속대응팀의 기본임무는 재외공관과 함께 신속, 정확하게 피해현황을 파악하고 추가 피해가 예상될 경우에는 예방 조치를 취한다. 생존자에 대한 치료 등이 신속히 이루어지도록 조치하며 현지 방문하는 피해자 가족들에게 가능한 지원을 제공한다.

해당 공관은 필수요원만을 공관에 잔류시켜 최소한의 공관 기능을 유지하는 가운데, 신속대응팀과 공조하여 신속한 사건, 사고 처리가 이루어지도록 조치한다. 신속대응팀은 테러 등 중대 사안의 경우 현지 파견될 유관부처 관계자들과도 긴밀히 협조하여 대처한다. 신속대응팀은 통신이 두절되는 경우에 대비하여 위성전화기 등 자체 통신망도 갖추어야 한다.

신속대응팀은 2005년 창설 이래 지금까지 50여 회 파견된 바 있다. 신속대응팀에는 외교부뿐만 아니라 119구조대, 경찰, 국립과학수사 연구소 등이 포함되기도 한다. 신속대응팀은 소규모 공관에 대한 한시적 인력 증원의 효과뿐만 아니라, 기술적으로 어려운 상황을 해결하는 역할을 한다.

3) 영사협력원

신속대응팀은 공관으로부터의 원격지에 운영하는 제도이다. 신망이 있는 우리 동포 중에서 선정하여 위험 발생 시 긴급조치를 취할 수 있도록 하는 것이다. 제3국의 경우에는 항공편이나 교통 편이 취약하여 영사의 즉각 출동이 불가한 지역들이 산재하고 있다.

영사협력원이 초동 조치를 함으로써 우리 국민들의 안전과 생명을 지키는데 커다란 도움을 주고 있다.

4) 신속해외송금 지원

도난, 절도 등으로 긴급 자금이 필요한 경우 1회 3천 불까지 지원하고 추후 정산하는 제도이다. 긴급하게 송금하여 피해자에게 돈이 전달되게 하는 것이다. 본국에서 사후 변제할 보호자의 확보를 전제로 운영하는 제도이다.

5) 긴급구난활동 지원(대형 재난)

대규모 지진, 쓰나미, 전염병 등이 발생할 경우에 대한 정부의 대응이다. 경보시스템 작동, 피난 요령 설명, 피난소의 제공, 긴급 식량 및 의약품 제공 등의 조치가 필요하다.

재외공관은 본부에서 파견되는 신속대응팀과 함께 비상 대책반을 운영한다. 임시대피소를 마련하여 재외국민을 수용하고 비상식량을 비롯한 물품을 공급한다. 재난현장에는 항공편을 비롯한 교통편이 마비되는 경우가 많다. 이러한 경우, 가능하면 인근 공관을 지원 공관으로 지정하여 운영한다.

2조 (정의) 이 지침에서 사용하는 용어의 정의는 다음과 같다.

1. "긴급구난활동비"라 함은 해외 사건·사고 발생 시 재외공관(이하 "공관"이라 한다)이 재외국민 구난 활동 또는 긴급한 재외국민 지원에 사용하도록 배정된 예산을 말한다.

2. "사건·사고"라 함은 재외국민이 체류하는 국가에서 재외국민의 생명·신체에 대한 위해 또는 재산상의 중대한 손해가 발생하거나 발생할 우려가 현저하여 국가의 보호가 요구되는 상황을 말한다.

3. "해외위난상황"이란 제2호 상의 사건·사고 중 다음 각목에 해당하는 상황을 말한다.

   가. 「재난 및 안전관리 기본법」 제3조 제2호의 해외재난

   나. 전쟁이 발생하였거나 발생 가능성이 높은 긴박한 상황

   다. 내란 또는 폭동의 발생으로 해당 국가의 치안유지 기능이 마비되어 재외국민의 생명, 신체에 현저한 위험성이 있는 상황

   라. 「국민보호와 공공안전을 위한 테러방지법」 제2조 제1호에 따른 테러가 발생하였거나 발생할 우려가 현저한 상황

제3조 (사용 용도) 긴급구난활동비는 다음 각호의 용도로 사용한다. 단, 제1호의 비용이 제4조의 요건을 충족하지 않는 경우는 '해외 위난상황 발생 시 전세기 등 운용지침'에 따른다.

1. 해외 위난상황 발생 시 재외국민을 위험지역으로부터 안전지역으로 이동시키기 위한 비용(이하 "구난 활동비"라 한다)

2. 사건·사고 발생 시 긴급한 상황에 처한 재외국민을 지원하기 위한 다음 각 목의 비용(이하 "긴급 지원비"라 한다)

   가. 긴급 의료비용

   나. 국내 송환 비용(국내 송환 직전 숙식비 포함)

   다. 시신 처리비용

   라. 기타 재외국민 긴급 지원에 필요하다고 판단되는 비용

6) 법률전문가 자문 지원

대부분의 공관은 현지의 명망 있는 우리 변호사를 자문 변호사로 위촉하고 있다. 그 이외에도 사안의 성격상 적합한 변호사 명단을 확보하고 있다. 피해 국민에게 권유할 수 있다.

피해 국민이 해외에서 도움을 줄 변호사를 신속하게 찾는 것이 어려운 일이다. 공관에서는 주재국 관련 주요 법률문제에 대해서 사전 설명회나 게시를 하기도 한다.

현지 사정상 자주 발생하거나 우리 국민들의 이해하기 어려운 사항에 대한 합동 설명회는 동포들의 생활에 긴요하다.

7) 해외 수감자 관리 제도

마약 거래 등 중대 범죄를 저지르고 해외 수감중인 우리 동포들에 대해 정기적인 접촉 활동을 한다. 특히 국가간 제도가 상이하여 처리 방식도 다른 문제와 관련해서 공관의 관리가 필요하다.

우리 국민이 언어, 문화적 차이, 현지법 몰이해 등으로 인하여 국내보다 불리한 대우를 받지 않도록 하는데 그 목적이 있다. 영사는 이들을 면담하여, 부당한 사유로 체포. 구금되거나 주재국 또는 제3국의 국민보다 부당한 대우를 받았는지 파악하여야 한다. 또한 신속하고 공정한 재판을 받을 수 있도록 주재국에 요청하여야 한다.

재외국민 수감자 보호 지침

제3조(체포·구금 시 조치)

① 재외공관은 재외국민이 주재국(겸임국 및 관할국을 포함한다. 이하 같다) 관계당국에 의해 체포·구금된 사실을 인지한 경우, 해당 재외국민, 관계당국 등과의 접촉을 통해 그 신원과 체포·구금의 사유를 파악하여야 한다. 다만, 해당 재외국민이 이를 명시적으로 거부하는 경우 그러하지 아니하다.

② 재외공관은 주재국 제반 상황에 비추어 필요하다고 판단하는 경우, 체포·구금된 재외국민이 주재국 국민 또는 제3국 국민에 비해 부당한 대우를 받지 않고 신속하고 공정한 수사 및 재판을 받을 수 있도록 협조해 줄 것을 주재국 관계당국에게 요청하여야 한다.

③ 재외공관은 해당 재외국민 또는 연고자의 요청이 있는 경우, 주재국 사

법제도에 대한 일반적인 정보를 제공하고 변호사 선임절차에 대하여 조언하여야 한다.

④ 재외공관은 체포·구금된 재외국민에 대한 재판이 있을 경우, 그 진행상황을 지속적으로 파악하여야 하며, 필요하다고 판단되면 재판을 방청하여야 한다.

6조(영사면담)

① 재외공관은 담당 영사로 하여금 특별한 사정이 없는 한 관내 수감 중인 재외국민에 대하여 1년에 1회 이상 정기적으로 방문 면담하도록 하여야 한다. 다만, 수감자가 영사의 방문을 원하지 않는 경우 그 의사는 존중되어야 한다.

② 제1항에도 불구하고 수감자의 신체 또는 정신적 상태가 우려되는 등의 사정이 있어 필요하다고 판단되는 경우, 재외공관은 담당 영사로 하여금 수감자를 수시로 방문하도록 하여야 하며 그 주기 및 시기는 재외공관장이 정한다.

③ 수감자의 정당한 사유에 의한 요청이 있는 경우, 재외공관은 담당 영사로 하여금 주재국 여건상 가능한 범위 내에서 신속히 수감자를 방문하도록 하여야 한다.

제7조(면담시 확인 내용) 담당 영사는 수감자를 면담할 때 다음 사항 등을 확인하여야 한다. 다만, 제3호는 주재국이 「수형자의 이송에 관한 협약」의 당사국이거나 우리나라와 주재국 간 수형자 이송에 관한 조약을 체결한 경우에 한한다.

1. 가혹행위 등 인권침해를 받은 사실이 있는지 여부

2. 건강상태

3. 수형자 이송 신청 여부

4. 기타 재외공관이 필요하다고 판단하는 사항

4. 대국민 홍보방안

우리나라의 재외국민보호제도는 세계 최고 수준이다. 그 다양성과 서비스의 품질이 높은 편이다. 그럼에도 불구하고 일반 국민들에게는 잘 알려져 있지 않다는 지적이 많다. 왜 그럴까? 제도는 잘 만들어 놓고 홍보를 게을리해서 일까? 실제로 홍보계획을 세우고 추진하려면 많은 예산이 소요된다. 그래서 외교부는 적은 돈으로 효과를 낼 수 있는 홍보계획을 추진해 온 것이다. '해외안전여행 서포터즈' 제도 같은 대학생들의 자발적 참여 계획, YTN 방송의 '해외안전여행' 프로그램 같은 것이 좋은 예이다. 그러나 이제는 본격적인 대국민 홍보를 추진할 때가 되었다. 10년 전에 비해 우리 여행자는 두 배가 되어 2650만 명에 이르렀다. 조만간 3천만을 넘을 거라는 예측이다. 해외안전여행은 우리 국민 모두의 것이 되었다.

2019년 동국대 법대 영사법무학개론 강의 중에 받아본 리포트에는 다양하고 참신한 아이디어들이 있어서 소개한다. 외교부는 그동안 예산부족으로 해외 안전여행 관련 저비용 고효율의 방안을 만들어왔다. 이제 그 예산도 증가하여 본격적인 홍보 전략을 수립할 때이다. 현재와 미래의 여행자, 해외주재원, 유학생 등이 될 젊은 층의 아이디어를 모으는 것이 중요하다.

해외 안전여행은 공무원이 만드는 정책이 아니라 우리 국민 전체가 함께 만들고 지켜나가는 정책이 되어야만 성공할 수 있다. 아래 글들에서는 홍보전략과 함께 영사조력 업무 규정의 문제점도 적시하고 있다

::: 홍보 확대 필요성 :::

"우리나라는 정보통신의 발전은 세계 일류 수준이다. 이와 줄기를 같이하여 외교부의 웹사이트, 유튜브, SMS 등을 통한 여행 안전 정보의 제공은 재외국민보호제도가 세계 최고라는 미국에 뒤처지지 않는다. 즉, 제공되는 정보의 양과 질은 이미 충분한 정도이다. 이제는 그 정보들이 활용되는 일이 남아있다. 신뢰성이 훨씬 높은 외교부 제공 정보보다 포털사이트 블로그가 더 많이 활용되는 이유는 홍보의 부족이 가장 큰 이유이다. 대학생 서포터스 활동을 통해서 제도를 홍보하는 것도 좋지만, 보다 생활 밀접한 방법으로 홍보를 한다면 그 효과가 커질 수 있지 않을까? 그 예로는 검색기반 광고(search-based advertising)를 들 수 있다. 포털사이트 검색창에 외교부 여행안전정보를 검색하지 않더라도 예를 들어 '일본 여행', '도쿄 맛집' 등을 검색하는 사람은 곧 여행을 떠날 사람일 가능성이 높으므로 그런 키워드를 입력하는 사람들을 대상으로 외교부 여행안전 정보에 관한 광고를 제공한다면 불특정 다수에 대하여 광고를 시행하는 것보다 그 효과가 더 클 것이라고 생각한다."

"1) 항공권 예매 시 항공권 사이트, 2) 공항카운터, 3) 여행사카운터를 적극 활용하여 홍보할 것을 제안한다. 항공권 뒤편에 동행제도 가입을 권고하는 방식도 사람들이 항공권을 대부분 버리지 않고 갖고 있다는 점에서 효과가 있을

수 있으나 외항사의 동의를 얻기 쉽지 않다. 또, 대부분의 항공권 예매는 여행 대행사나 항공사 사이트를 통해 이루어진다. 실물 항공권 뒷면에 동행제도를 홍보하는 것보다는 항공권 예매를 할 때 팝업창의 형식으로 국민들에게 상기 시켜주는 것이 협조를 이끌어내기 쉬울 것이라 생각한다. 혹은 한국공항공사 나 인천공항과 협업을 통해 동행 서비스의 홍보 판넬을 셀프체크인/수하물 처 리하는 카운터에 비치해두는 것도 한 가지 방법이다.

중장년층의 해외여행이 증가함에 따라 중장년층을 타깃으로 한 동행 서비 스의 홍보가 더 필요할 것으로 예상된다. 이들은 주로 패키지여행을 가고 패 키지여행을 할 때 공항의 여행사 카운터에서 미리 미팅을 하고 공지를 받는 다. 따라서 이를 토대로 여행사가 여행객들에게 카운터에서 미팅할 때 동행 서비스 가입을 유도하도록 외교부 차원에서 고지하는 것도 하나의 홍보방안 이 될 수 있다."

"미국은 등록제도(Smart Traveler Enrollment Program; STEP)를 운 영 중에 있으며 미국의 등록제도는 자국민이 여행 시 등록제도에 사인을 하 면, 여행경보 및 최신의 안전과 관련된 업데이트된 정보를 어느 국가에 있더라 도 받아 볼 수 있다. 또한, 등록에 저장된 정보를 통해 여권분실 및 기타 위급 상황 발생 시 긴급하게 도움을 받을 수 있다.

영국은 미국의 제도와 유사한 제도를 운영하고 있지만 우리나라와 달리 제 도가 효율적으로 정착되어 있다. 영국은 자국민이 해외여행 시 여권에 긴급 연 락처를 기재하도록 권고하고 있으며 24시간 통화할 수 있는 긴급 번호, 티켓, 여행 일정 등 세부적인 정보를 연고자에게 남겨둘 것을 권고하고 있다. 동행제 도와 별개로 영국의 제도를 본받아 해외여행 시 여권에 긴급 연락처를 기재하는 방법도 제안한다. 이러한 정보를 바탕으로 위급 상황에 있어서도 긴급한 지원을 영사가 할 수 있기 때문이다."

"홍보물 제작 공모전이나 수기 공모전 등 많은 사람들이 단기적으로 영사업무에 집중하고 관심을 가질 수 있는 공모전을 개최하는 것을 제안한다. 홍보물 제작 공모전은 그 제작을 위해 영사업무에 관심을 가지고 자세히 공부할 것이고, 이를 sns에 올리는 것을 제출 조건으로 한다면, 그 sns 친구들 역시 홍보물을 보고 업무에 대해 알 수 있을 것이다. 또한, 재외국민으로서 필요한 영사조력을 제안하는 공모전을 진행한다면, 전문적인 지식을 가지고 있지는 않지만, 그래서 더 새로운 점을 지적할 수 있는 참신한 방안이 나올 수 있을 것이다.

수기 공모전은 해외에 나가 사건, 사고를 당한 사람들 중에 영사의 조력을 받은 사람들을 대상으로 하면, 그들 역시 영사업무를 한 층 더 자세히 알 수 있을 뿐만 아니라 외교부 역시 영사업무에 있어 어느 점이 미흡했으며 어느 부분을 발전시켜야 할 지 알 수 있다."

"외교부 해외안전여행 플러스 친구를 이용해본 결과, 시스템 자체는 굉장히 친절하고 직관적으로 구성되어 있다. 여행 또는 주재하는 국가명을 검색하면, 발령 경보 또는 최근 이슈, 주요 영사관 등의 연락처 등이 나오고, 주의해야 할 점을 알려주기도 한다. 따라서 이 플러스친구 자체는 여행 또는 유학, 해외 거주 등에 있어 필요한 정보를 충분히 제공한다. 그러나, 이를 아는 사람이 적어 정보를 제공받지 못하는 사람들이 있기 때문에 플러스 친구를 활성화하고 홍보하는 것이 중요하다."

"영사법무학이라는 과목을 접하지 않았을 때, 영사가 무엇인지 정확히 내가 해외여행을 가서 정부에 도움이 필요할 때 어떻게 해야 하는 지도 알지 못했다. 아니 정부의 도움을 요청할 수 있을지 조차도 상상하지 못하였다. 주변에서도 해외여행 시 영사의 도움을 요청하는 방법을 모르는 사람들도 정말 많이 있을 것이다. 필자는 영사법무학을 들으며 왜 이 좋은 내용 하나하나를 많은 사람들이 알지 못해 참 안타까웠다.

최근 해외여행 안전 문자 가운데 상당수의 문자가 사실관계에 오류가 있는 정보나 누구나 알고 있는 사실을 대량으로 안내하여, 그 실효성에 대한 이의가 제기됨은 물론 국민의 피로도가 높아지고 있다. 따라서, 외교부와 영사 콜센터는 주재국 관련 부처와의 실시간 정보 공유를 통해 정확하고 유의미한 정보를 제공하기 위해 노력해야 하며, 상투적인 경보보다는 급변하는 상황에 대한 실질적 대응 방안을 안내하는 경보를 전달하기 위해 힘써야 한다.

외교부와 영사 콜센터는 그 전화번호를 쉽게 암기하는 방법을 포함한 TV, 인터넷 광고를 확대하여 그 접근성을 높여야 할 것이다."

"'해외안전여행' 애플리케이션의 활용 및 홍보이다. 이에 대한 유인으로는 출국 게이트 면세점 혹은 식당에서 사용할 수 있는 쿠폰을 지급하거나, 항공사와의 연계를 통해 마일리지를 소량 적립할 수 있도록 하는 방법이 있다. 오·남용을 방지하기 위하여 횟수는 1년에 1번 혹은 6개월에 1번으로 제한하고, 보상은 가능하다면 출국 심사 이후 지급하도록 한다. 쿠폰의 지급 액수나 마일리지 적립액은 해외안전여행 애플리케이션 사용 확산 및 재외국민의 동선 파악으로 인하여 기대되는 이익과 비교하여 산정한다."

"해외안전여행 애플리케이션의 홍보로서 광고 공모전을 내는 것이다. 공모전의 목적은 수상을 할 만큼 잘 만든 광고 영상을 확보하는 것도 있지만, 참여대상이 자발적으로 애플리케이션을 사용하고 홍보하도록 유도하고자 하는 것이다. 현재 대표적인 공모전 사이트의 UCC 공모 게시물의 조회 수는 통상적 공모 기간인 2개월 평균 2,000회 이상이며, 매년 정기적으로 공모를 주최하는 대한적십자사의 경우 1만 회에 달한다. 더욱이 위 사이트 이외의 인터넷 카페 등에서 공모를 접하는 경우도 있으므로 실질적인 조회 수는 이보다 높다고 예상된다. 일반적인 공모전 상금 총액이 1,000만 원에 미달한다는 점으로 미루어 보았을 때, 그 기대효과는 훨씬 크다. 조회 수 대비 참가율을 알 수 없다는 문제점이 존재하지만, 해외안전여행 서포터스에게 홍보 업무를 일임하는 것보다 효율적으로 보인다. 무엇보다도 이러한 공모전을 정기적으로 개최함으로써 국민외교의 실현이라는 과제에 더욱 근접할 수 있을 것이라 생각된다."

::: 영사의 업무 수행 자세 :::

"우리는 어려운 상황에 처하면 슈퍼맨 같은 영웅이 와서 해결해 주길 바랄 때가 있다. 해외에 나간 국민이 가족과는 떨어져 본인 스스로를 구제하기 힘든 그때, 영웅과 가장 비슷한 존재는 영사가 될 수밖에 없다고 생각했다. 그렇기 때문에 더 많은 것을 바라고, 그 때문에 더 실망을 하기도 한다."

"대한민국 국민이 해외에서 사고가 났을 때, 국제사회에서 대한민국 영사의 요청을 거절할 수 있는 나라는 거의 없다고 볼 수 있지 않을까 생각한다. 따라서 본 서술자는 대한민국의 영사들에게, 더 적극적으로 재외국민보호 업무에 임하라는 조언을 해주고 싶다."

"영사가 영사업무를 수행하면서 '너의 가족을 돕는 일'이라고 생각하고 영사업무를 수행한다면, 그것보다 바람직한 영사업무 수행은 없을 것이다."

::: 영사조력법의 문제점 :::

"내가 생각한 합리적인 영사조력의 방법은, '여행금지국제도 폐지'와 '서약서 제도 신설'이다. 여행금지국제도는 국민의 자유를 침해하고 국가의 지나친 간섭이라는 비판을 받는 데에 비하여, 처벌 수위가 낮고 재외국민의 상시 이동을 감시하지 못하여 실효성이 의심된다. 대신, 서약서 제도를 도입하여 국민의 여행은 가능하게 하되, 서약서를 통해 사전에 충분한 경고를 하고 향후에 해당 재외국민의 책임을 확실하게 인지시키는 것이다. 이렇게 하면 기존의 형벌의 개념을 배상의 개념으로 전환시켜 국민의 인권침해 문제를 해결할 수 있다. 또한 현재 여론의 비판을 받는 세금의 낭비 문제도 잠식시킬 수 있다."

"미국의 재외국민보호제도가 강력하다고 알려진 주요한 이유는 재외국민 보호를 이유로 한 군사적 개입을 자주 목격했기 때문이다. 인질에 관한 법령(Hostage Act of 1868)을 보면 미국 정부는 재외국민의 보호를 위해 법의 한계 내에서 가능한 모든 수단을 사용할 수 있으며, 특히 무력수단을 사용할 수 있음을 명백히 규정한다. 실제로 건국 이후 현재 시점까지 무력 수단은 미국정부의 재외국민보호를 위한 가장 효과적이고 편의적인 수단으로 작동했다. 그러나 2001년 9.11사태 이후 재외미국시민의 수가 급격히 증가하고 무력 수단의 한계가 점차 부각되는 상황을 배경으로 정부는 다양한 위험으로부터 시민을 보호할 대책을 강구하며 사전적 예방조치를 강화하기 시작했다."

"공적 보험의 성격으로 '재외국민보험'의 운용에 대해서 생각해 볼 수 있을 것이다. 무역이나 그 밖의 대외 거래에 관련해 발생하는 위험을 담보하기 위한 무역보험제도를 운영함으로써 무역과 해외투자를 촉진해 국가경쟁력을 강화하고 국민경제의 발전에 이바지하는 무역보험과 같이, 재외국민의 여행과 거주, 활동에 있어서도 그 위험을 담보하기 위한 재외국민보험 제도를 운영하여 특히 해외 위난 사태, 사망사고와 같이 자력구제에 어려움을 겪는 국민들에게 도움을 줄 수 있을 것이다."

"제19조 '경비의 부담'과 관련된 조항인데, 이를 남용 또는 악용할 가능성, 국민과의 형평성에 어긋난다는 문제점이 존재한다. 물론, 본 법률 제 21조 '금융정보 등의 제공'에서 영사조력 과정에서 발생하는 비용을 부담하였거나 부담하려는 경우, 해당 재외국민의 금융정보 등의 제공을 요청할 수 있다. 그러나 국민 입장에서는 헌법 제11조의 '평등권'의 침해라고 생각할 소지가 있으므로 국민과의 형평성을 고려하여 지원을 제공해야 할 것이다. 따라서 국내에서 발생한 유사한 사례의 보호 수준을 초과하여 보호를 제공하지 않아야 한다."

"해외에서 체포되거나 구금되었을 때, 외국 수사기관과 말이 안 통하는 것은 물론이고 설령 말이 통한다 할지라도 외국인이라는 이유로 불이익을 받을 가능성을 배제할 수 없다. 그래서 영사와 재외국민은 영사접견권의 권리를 적극 활용하여 침해되는 권리를 최소화할 필요가 있다. 이후부터는 영사의 역량도 매우 중요하게 여겨진다. 해당 영사관원이 주재국 수사기관과 평소에 친밀하고 긴밀한 협력관계를 유지하고 있더라면 보다 수월하게 재외국민을 보호할 수 있다. 또한 한인사회와의 커뮤니케이션을 통해 체포 또는 구금된 자의 성격, 상황 등을 종합적으로 파악할 수 있어 발생한 문제에 대해 보다 쉽게 대처할 수 있다."

"도서지역과 같이 영사관에서부터의 거리가 먼 지역에서 재외국민이 위급상황에 처했을 때, 영사가 그 지역으로 갈 경우 이미 상황은 끝나있을 가능성이 높다. 그렇기에 민간인들을 대상으로 각종 훈련과 교육을 실시하여 영사로서의 임무를 수행할 권한을 줄 필요가 있다."

"영사조력법이 2021년에 시행된다면 제19조 1항 1호의 본인의 무자력이 문제 될 여지가 매우 많다. 영사조력법에는 본인의 무자력에 대한 명확한 기준이 제시되어있지 않아 국가비용부담이 문제 될 수 있다. 이럴 때마다 위원회가 열려 개별적인 사안에 대해 심의를 하며 어떤 사안에는 국가가 비용을 부담하고 다른 사안에는 국가가 비용을 부담하지 않는 결정을 내린다면 형평성의 문제가 발생함과 동시에 국민들의 신뢰를 잃게 될 가능성이 높아진다."

"경비의 부담에서 무자력 등을 기준으로 명확히 설정하여야 한다. 그런데 사실상 무자력이라고 하는 것이 크게 의미가 없다. 이미 해외여행을 할 정도라면 어느 정도 여유가 있는 것을 의미하는데 그런 사람들을 무자력이라고 보고 국가가 그 비용을 부담해 준다면 국민들의 반발이 만만치 않다. 정부는 명확한 기준을 가지고 세금을 사용할지 말지를 결정해야 하지 재량에 따라 이를 결정해서는 안 된다."

"국내에서도 어려움을 겪는 국민에게, 정부가 국선 변호인을 선임하여 무료 법률상담과 변호를 받을 수 있게 해주지만, 수감된 이후에도 책임을 지어가면서 조력 등을 제공하지는 않는다. 따라서 제11조 3항은 제10조 4항에 근거하여 위법할 수 있다는 생각이 조심스럽게 들었다. 그러므로 구체적인 내용과 제공 방법 및 절차를 대통령령으로 정할 때 '필요시' 방문 면담을 한다고 규정하거나, 제11조 3항을 '해당 재외국민과 접촉하여야 한다.'에서 '해당 재외국민과 접촉할 수 있다.'로 바꾸어야 한다고 여겨진다."

7

테러

■■■

1. 개요

A. Heywood는 그의 저서 『국제관계와 세계정치』에서 "테러리즘의 핵심적 특징은 두려움과 불안의 분위기를 조성하여 목적을 달성하려는 정치적 폭력의 한 형태이다. 테러리즘은 살해와 파괴를 하는 것이 아니라 미래에 살해와 파괴행위가 일어날지 모른다는 불안감을 조성하는 것이다."[22]라고 했다.

테러는 사상적, 정치적 목적 달성을 위한 테러와 뚜렷한 목적 없이 불특정 다수를 공격하는 맹목적인 테러로 구분된다. 특히 9.11 테러는 자신의 의사나 존재를 알리는데 목적이 있는 이전 테러와 달리 인적, 물적 피해의 범위가 거의 전쟁의 수준에 이르는 대표적인 테러이다.

---

22) 『국제관계와 세계정치』, Andrew Heywood, p.294

현재에도 세계 곳곳에서 각종 테러가 발생하고 있는 실정으로 사용되는 무기는 총기류, 폭탄, 항공기, 생화학 무기 등이 있다. 사이버 테러는 주요 기관의 정보 시스템을 파괴하여 국가 기능을 마비시키는 신종 테러이다.

"현대 기술의 발전과 WMD가 테러리스트 손에 들어갈 수도 있다는 전망 때문에 테러리즘의 잠재적 범위와 규모와 크게 확대되었다. 9.11 테러이후, 정부들은 테러단체들이 생화학무기를 사용할지 모르고 핵테러까지 발생할지도 모른다는 사실을 단지 상상만으로 끝내지 않고 갖가지 계획을 수립하고 있다. 엘리슨(Allison 2004)은 세계에 모든 핵물질이 유출되지 않도록 봉쇄하는 글로벌 동맹을 수립할 수 없다면, 향후 10년 이내에 미국이 핵 테러 공격을 받을 가능성이 있다고 경고했다. 소련의 붕괴 이후 핵물질과 핵 기술을 획득하는 것이 매우 쉬워졌고, 냉전시대에 핵 전쟁이 발생하지 않도록 한 상호확증파괴(MAD) 독트린은 정체성과 위치가 불분명한 테러리스트 네트워크에는 적용하기가 어려워졌다"[23]

냉전의 종식으로 국가 간 이념적 대결과 분쟁이 현격하게 줄어들 것으로 예상되었다. 그러나 국가 간 대결보다 무장단체 등의 극단적 행동에 대한 우려가 증가하였다. 테러리즘은 그러한 현상 중에 가장 위협적인 것이다.
국가의 안보망을 교묘하게 파고들어 예측 불가능의 행태를 보이고 있다. 냉전시대의 분쟁이 주로 국경지역을 중심으로 이루어졌다면, 테러리

---

23) Andrew Heywood, p.303

즘은 과거에는 상상하기 힘들었던 각국의 수도나 주요 도시의 밀집 지역에서 발생하여 심리적 공포심이 극대화되고 있다.

2. 최근 동향

2016년 Global Terrorism Index에 따르면, 테러로 인한 총 사망자수는 2015년 23개국에서 29,376명이다. 최근 테러로 인한 희생자 수는 점차 감소 추세에 있다.

가장 문제가 되었던 이슬람 국가(IS)의 경우 시리아로 입국하여 합류한 외국인 전사는 일반적으로 높은 교육수준에도 불구하고 상대적으로 낮은 임금 등 사회. 경제적 불만을 느끼는 계층으로 파악되고 있다. 아프리카, 아랍 국가들의 내전으로 유럽 국가들에 대량 유입된 난민으로 인한 사회, 경제적 문제도 테러리즘의 원인으로 부각되고 있다.

군사작전은 이슬람 국가(IS) 격퇴에 대해 명백하게 많은 도움을 주고 있지만, 유럽 주요 도시에 대한 지속적 공격은 군사적인 접근법만으로는 한계가 있음을 보여주고 있다.

본거지에 대한 소탕 작전이 성공을 거두었다 하지만 잔존 세력들이 북아프리카 등 전 세계로 흩어져 재결집을 노리고 있다는 분석이 있다.

폭력적 극단주의에 의한 테러가 전 세계로 확산되고 있는데 이스탄불, 다카 등 제3국뿐만 아니라 런던, 파리, 뮌헨, 브뤼셀등 선진국 주요 도시에서도 다양한 형태로 테러가 발생하고 있다.

고국을 떠나 이라크, 시리아 등 여러 나라에서 알카에다와 이슬람 국가(IS)의 전투원으로 가담하고 있는 외국인 테러전투원(FIT) 들의 수가

100개국 이상의 2만 5000여 명에 육박하고 있다. 전 세계로부터 가담한 외국인 테러 전투원의 수가 2014년 중반에서 2015년 3월까지 무려 71%가 증가하기도 하였다.

호주 시민을 공포로 몰아넣었던 시드니 도심 카페 인질극을 계기로 지구촌 전역에서 이슬람 지하디스트(성전주의자)의 영향을 받은 자생적 테러리스트인 '외로운 늑대'(lone wolf)의 테러가 새로운 위협으로 부상하고 있는데 시드니, 오타와, 뉴욕에서도 발생하고 있다.

이라크 등 근거지에서 열세에 놓인 IS가 존재감 과시 및 공포심 극대화를 위해 관광객 등 소프트 타깃(불특정 다수 민간인 등)을 대상으로 대형 테러를 지속적으로 자행하고 있다.

또한 인터넷 등을 통한 과격한 선동 문구를 전파하고 있다. IS는 유튜브, 페이스 등 온라인 매체를 광범위하게 활용하여 극단주의 사상을 유포하고 있다. 이러한 활동은 실업, 차별 등 사회적 불만을 가진 서방국 청년층의 과격화 및 테러 가담 가능성을 증가시키고 있다.

3. 우리 정부의 대책

우리 정부는 국외 테러에 대비 재외국민보호를 위해 예방, 홍보 등의 활동을 강화하고 있다. 여행하는 국민들에게는 SMS를 통해 테러경보를 시의적절하게 발송하고 있다.

재외공관은 상시 국외테러 대응 시스템을 강화하고 있다. 주재국 주요 안전 당국과의 정보 공유는 물론이고 여행 중이거나 외국에 거주하는 동포들의 제보를 바탕으로 테러에 관한 동향을 파악하여 한인회, 유학생회, 지상사회 등 한인단체에 종합 정보를 제공하고 있다. 또한 재외공관과 한인사회가 합동 테러 상황 가정 모의훈련을 실시하기도 한다. 한인회, 여행사등과 단체 카톡방을 구성하고 주재국 테러 대응기관과의 연락체계도 점검한다. 테러 발생 시에 대비 주요병원 리스트도 작성해둔다.

외교부는 위기관리 협력네트워크 강화 작업도 추진하고 있다. 선교단체와는 안전간담회를 개최하고 협력 MOU도 체결하였다. 국제 위기대응 민간회사와 자문용역 계약도 체결한 바 있다.

테러방지법이 발효됨에 따라서 '국외테러위기대응 매뉴얼', '재외국민보호 위기관리 표준 매뉴얼'도 작성하였다.

4. 국민보호와 공공안전을 위한 테러방지법(약칭: 테러방지법) 제정

우리나라는 국가차원의 테러예방 및 대응체계를 공고화하고, 국제 테러방지 네트워크에 적극적 참여를 통해 국제사회의 일원으로서의 역할을 제고하기 위해 테러방지법을 제정하였다. 외국인테러전투원에 대한 규제조치와 테러자금 차단을 통한 국제공조에 적극적으로 참여 가능하고 테러범죄 처벌조항 마련 및 테러 관련 범죄 수사가 가능해졌다.

2001년 9·11테러 이후 국제사회가 지속적으로 테러와의 전쟁을 치르고 있음에도 불구하고 알카에다를 비롯한 극단주의 추종세력들의 테러 활동은 끊이지 않고 이어지고 있다. 특히, 'ISIS는 시리아와 이라크에서 극단적 잔혹 행위를 서슴지 않는 반(反)서방 과격파 단체로 기존의 극단주의 이데올로기를 대체하여 국제테러를 주도해왔다.

유엔은 9·11테러 이후 테러근절을 위해 국제공조를 결의하고 테러방지를 위한 국제협약 가입과 법령 제정 등을 권고해 OECD 국가 대부분이 테러방지를 위한 법률을 제정한 바 있다. UN 안보리 결의안 1373호(2001.9.28.)는 법적으로 가능한 모든 수단과 국제법 및 국내법에 합치되는 방식으로 대테러정책을 수행할 것을 권고하고 있다. UN 대테러위원회는 회원국에 테러리스트의 처벌, 인도, 테러 관련 자산 동결 등과 관련한 입법추진계획을 위원회에 제출할 것을 촉구하고 있다.

테러방지법 주요 조항

제1조(목적) 이 법은 테러의 예방 및 대응 활동 등에 관하여 필요한 사항과 테러로 인한 피해보전 등을 규정함으로써 테러로부터 국민의 생명과 재산을 보호하고 국가 및 공공의 안전을 확보하는 것을 목적으로 한다.

제2조(정의) 이 법에서 사용하는 용어의 뜻은 다음과 같다.
1. "테러"란 국가·지방자치단체 또는 외국 정부(외국 지방자치단체와 조약 또는 그 밖의 국제적인 협약에 따라 설립된 국제기구를 포함한다)의 권한행사를 방해하거나 의무 없는 일을 하게 할 목적 또는 공중을 협박할 목적으로 하는 다음 각 목의 행위를 말한다.

제3조(국가 및 지방자치단체의 책무)
① 국가 및 지방자치단체는 테러로부터 국민의 생명·신체 및 재산을 보호하기 위하여 테러의 예방과 대응에 필요한 제도와 여건을 조성하고 대책을 수립하여 이를 시행하여야 한다.

② 국가 및 지방자치단체는 제1항의 대책을 강구함에 있어 국민의 기본적 인권이 침해당하지 아니하도록 최선의 노력을 하여야 한다.

③ 이 법을 집행하는 공무원은 헌법상 기본권을 존중하여 이 법을 집행하여야 하며 헌법과 법률에서 정한 적법절차를 준수할 의무가 있다.

제5조(국가테러대책위원회)

① 대테러활동에 관한 정책의 중요사항을 심의·의결하기 위하여 국가테러대책위원회(이하 "대책위원회"라 한다)를 둔다.

② 대책위원회는 국무총리 및 관계 기관의 장 중 대통령령으로 정하는 사람으로 구성하고 위원장은 국무총리로 한다.

③ 대책위원회는 다음 각호의 사항을 심의·의결한다.

　　1. 대테러활동에 관한 국가의 정책 수립 및 평가

　　2. 국가 대테러 기본계획 등 중요 중장기 대책 추진사항

　　3. 관계 기관의 대테러활동 역할 분담·조정이 필요한 사항

제6조(대테러센터)

① 대테러활동과 관련하여 다음 각호의 사항을 수행하기 위하여 국무총리 소속으로 관계 기관 공무원으로 구성되는 대테러센터를 둔다.

　　1. 국가 대테러활동 관련 임무분담 및 협조사항 실무 조정

　　2. 장단기 국가대테러활동지침 작성·배포

　　3. 테러경보 발령

　　4. 국가 중요행사 대테러안전대책 수립

제8조(전담조직의 설치)

① 관계 기관의 장은 테러 예방 및 대응을 위하여 필요한 전담조직을 둘수 있다.

② 관계 기관의 전담조직의 구성 및 운영과 효율적 테러대응을 위하여 필요한 사항은 대통령령으로 정한다.

제9조(테러위험인물에 대한 정보 수집 등)

① 국가정보원장은 테러위험인물에 대하여 출입국·금융거래 및 통신이용 등 관련 정보를 수집할 수 있다. 이 경우 출입국·금융거래 및 통신이용 등 관련 정보의 수집에 있어서는 「출입국관리법」, 「관세법」, 「특정 금융거래정보의 보고 및 이용 등에 관한 법률」, 「통신비밀보호법」의 절차에 따른다.

② 국가정보원장은 제1항에 따른 정보 수집 및 분석의 결과 테러에 이용되었거나 이용될 가능성이 있는 금융거래에 대하여 지급정지 등의 조치를 취하도록 금융위원회 위원장에게 요청할 수 있다.

③ 국가정보원장은 테러위험인물에 대한 개인정보(「개인정보 보호법」상 민감정보를 포함한다)와 위치정보를 「개인정보 보호법」 제2조의 개인정보처리자와 「위치정보의 보호 및 이용 등에 관한 법률」 제5조 제7항에 따른 개인위치정보사업자 및 같은 법 제5조의2제3항에 따른 사물위치정보사업자에게 요구할 수 있다. 〈개정 2018. 4. 17.〉

④ 국가정보원장은 대테러활동에 필요한 정보나 자료를 수집하기 위하여 대테러조사 및 테러위험인물에 대한 추적을 할 수 있다. 이 경우 사전 또는 사후에 대책위원회 위원장에게 보고하여야 한다.

제10조(테러예방을 위한 안전관리대책의 수립)

① 관계 기관의 장은 대통령령으로 정하는 국가중요시설과 많은 사람이 이용하는 시설 및 장비(이하 "테러대상시설"이라 한다)에 대한 테러예방대책과 테러의 수단으로 이용될 수 있는 폭발물·총기류·화생방물질(이하 "테러이용수단"이라 한다), 국가 중요행사에 대한 안전관리대책을 수립하여야 한다.

② 제1항에 따른 안전관리대책의 수립·시행에 필요한 사항은 대통령령으로 정한다.

제11조(테러취약요인 사전제거)

① 테러대상시설 및 테러이용수단의 소유자 또는 관리자는 보안장비를 설치하는 등 테러취약요인 제거를 위하여 노력하여야 한다.

② 국가는 제1항의 테러대상시설 및 테러이용수단의 소유자 또는 관리자에게 필요한 경우 그 비용의 전부 또는 일부를 지원할 수 있다.

③ 제2항에 따른 비용의 지원 대상·기준·방법 및 절차 등에 필요한 사항은 대통령령으로 정한다.

제12조(테러선동·선전물 긴급 삭제 등 요청)

① 관계 기관의 장은 테러를 선동·선전하는 글 또는 그림, 상징적 표현물, 테러에 이용될 수 있는 폭발물 등 위험물 제조법 등이 인터넷이나 방송·신문, 게시판 등을 통해 유포될 경우 해당 기관의 장에게 긴급 삭제 또는 중단, 감독 등의 협조를 요청할 수 있다.

② 제1항의 협조를 요청받은 해당 기관의 장은 필요한 조치를 취하고 그 결과를 관계 기관의 장에게 통보하여야 한다.

⑧
납치

■■■

1. 피랍사건 증가 원인

우리 국민의 해외 활동 중 모험적인 해외여행의 증가, 기업의 적극적인 해외 진출, 위험지역의 선교 활동, 국제사회의 파병 요청과 파병이 증가하고 있다. 이에 따라 피랍사건도 증가하고 있다. 해외에서 피랍사건이 발생하는 경우 국제적 외교 관계 뿐만 아니라 납치집단들의 정치, 종교, 금전적 동기 등이 복잡하게 얽혀 있기 때문에 원만하게 처리하기가 어려운 경우가 많다.

납치 및 인질 사건이 발생하는 경우, 우리 정부는 인질의 안전한 석방을 위해 다양한 방법을 동원하고 있지만, 우리의 직접적인 관할권이 미치지 않기 때문에 해당국의 지원을 받아 처리하는 경우가 많다.

2. 해외 피랍사건 대응 지침

재외공관은 피랍국민의 신속하고 안전한 구출을 위해 해당국 정부와 실시간 정보를 공유하고, 구출방안 대책 등을 신속하게 협의하여야 한다. 우선 납치단체의 확인, 납치 동기와 요구사항 파악, 피랍 국민의 안전 여부를 확인하는 것이 중요하다. 주재국 정부가 구출 작전을 계획하는 경우, 우리 정부와 사전 협의토록 요청하여야 한다. 무리한 계획으로 인하여 우리 국민의 생명이 위협받지 않도록 하여야 한다.

피랍자 구출 노력 시, 국제사회에서 일반적으로 확립된 원칙을 준수하되, 상황에 따라 최선책을 창의적으로 강화해야 한다. '인질 석방을 위해 석방금을 지급하거나, 정부가 납치단체와 직접 협상하지 않는다'는 것이 국제사회의 일반적 원칙이다. 특히 미국은 미국인에 대한 테러와 납치 방지를 위해 이 원칙을 강하게 지키고 있다.

우리 국민이 납치된 경우 재외공관에는 즉각 비상대책반을 설치, 가동한다. 대책반장은 공관장이나 차석이 되며 관련 영사들과 필요 인력을 배치한다. 대책반은 주재국 정부 기관들을 통해 신속한 상황파악에 나선다. 또한 초동조치를 위해 담당 영사를 사건 현장에 급파한다.

피랍 우리 국민의 인적사항, 출입국 기록, 현지 직업 및 직장 정보, 주변인 연락처 등을 가능한 한 자세히 파악하여 본부에 보고한다.

3. 피랍자 가족 지원

본부에서는 피랍자 가족에게 피해 시간, 장소, 경위, 수사 진행 상황 및 우리 정부의 입장과 조치사항을 수시로 설명한다. 사건의 장기화 가능성에 대비한 정부와 가족 간 긴밀한 협력 체제를 구축하는 것이 필요하다.

관할권의 문제로 우리 공관의 수사 개입 불가 등 현실적인 제약에도 불구하고, 공관에서 영사협력과 외교적 노력을 한다. 이러한 상황을 가족에게도 설명해준다.

납치 단체가 피랍자의 가족에 대한 직접 위협을 가하거나, 언론 매체를 통해 공개적으로 위협을 가하는 경우도 종종 있으므로 심리전에 말리지 않도록 설명한다.

피랍자 가족이 현지에 체류하고 있을 경우, 담당 영사가 가족을 직접 방문하고 면담한다. 피랍자 가족이 본국에서 현지 방문하는 경우, 현지 체류를 지원하고 수사 관계자와의 면담 주선, 수사 진행 상황 및 공관 조치사항을 설명한다.

피랍 사실을 적절한 시기에 비상 연락망을 통해 한인사회에 전파하고 신변안전에 유의할 것을 당부한다. 피랍 빈발 또는 테러단체에 의한 피랍 등 상황이 위중한 경우에는 본부에 여행경보단계 상향조정을 건의하여 우리 국민들이 여행을 자제하도록 한다.

제3국의 경우, 주재국의 후진적 수사체계 또는 미온적 태도로 인해 사건 해결이 지연되는 경우, 정부 조치가 미흡하여 해결이 늦어지고 있다는 인상을 연고자에게 줄 수 있다. 이와 관련 주재국과 공조 수사를 추진하고 가족에게도 설명한다.

이와 함께 재외 공관은 주재국 정부에 우리 정부의 신속·철저한 수사를 요청하는 입장을 전달하여 적극적인 협조 방안을 공동으로 모색한다.

4. 언론 대책

　피랍사건이 발생하면 국내와 현지 언론의 집중취재에 대비, 공관내 사건·사고 담당 영사 또는 차석급으로 대언론 창구를 일원화한다. 또한 필요시 본부 관계자로 일원화하는 방안도 있다.

9
마약

■ ■ ■

1. 현황

1990년대 이후 우리나라에서 거래되고 있는 불법 마약류는 메스암페타민이 대부분인데, 최근 해외여행자수가 급격히 증가하면서 외국산 마약류가 국제화물 특송 및 해외여행객을 통해 밀반입되어 국내에 유통되고 있다.

마약 남용 계층도 종전의 일부 특정 계층에서 일반 국민으로 확산되는 등 우리나라의 마약류 범죄 유형이 선진국형으로 변화되고 있다.

국내 마약사범은 1997년 이후 계속 증가 추세를 보이다가 2010년 이후로 안정된 추세를 유지하고 있다. 구체적으로는, 2002년 월드컵 등 각종 국제행사에 대비한 강력한 단속으로 마약류 공급조직이 와해되어 2003년 검거한 마약사범이 전년 대비 24.3% 감소하는 하락추세를 보이기도 하였다. 그러나 2007년부터 SNS나 인터넷 사이트를 통해 다시 증가하여 2009년에 8,261명으로 급증하였다가, 이후 전체적으로 안정된 수준의 검거 수치를 나타내고 있다.

우리 정부는 마약의 제조 및 유통에 대한 강력한 통제 체제를 유지하고 있고 그 성과도 성공적이다. 그럼에도 불구하고 국제 상거래의 방법이 다양화되는 상황에서 마약류의 거래도 점점 더 지능화되고 다양화되고 있다. 2019년 서울 강남의 버닝썬이라는 나이트클럽에서의 마약류 사용 사건은 사회에 큰 충격을 주었다. 우리나라가 마약 청정국가라는 믿음에 근본적인 의문이 제기 되었다.

우리 정부는 재외 공관에서도 우리 국민의 마약 범죄가 발생하지 않도록 마약 유입 경로로 추정되는 지역을 중심으로 교민 간담회나 홍보물 배포 등의 예방 활동은 물론 주재국 관련 부처와의 긴밀한 협력으로 효율적 공조 방안을 적극 추진하고 있다.

2. 마약사범 증가 원인

최근 마약 사범이 증가하는 데는 다양한 원인이 있다. 인터넷·SNS상 불법 거래 확산, 농어촌 지역 양귀비 재배 사범증가, 해외 유입 마약류의 증가, 국내 체류 외국인 증가, 우리 사회의 쾌락과 한탕주의 만연, 중국, 캐나다, 미국, 독일 등지에서 밀반입된 신종마약류의 확산, 한국이 마약 청정국이라는 점을 악용하여 한국을 마약세탁을 위한 중간 경유지로 이용, 의료용 마약류 체계적 관리 미흡, 마약사범의 높은 재범률 등이다.

3. 대책

우리 정부는 특송 화물, 휴대 물품 등에 대한 통관검사를 강화하고 있다. 통관(유통)단계에서 마약류 유입 및 불법 거래를 차단하고 마약류 오남용 예방을 위한 대국민 홍보 강화 등을 중점적으로 추진하고 있다.

국제선이 취항하는 공항·항만 등에 배치한 '마약탐지조' 운영을 보다 내실화하고 있다.

인터넷을 통한 마약류 광고 행위나 제조 방법 공유 행위 등도 처벌이 가능하도록 법적 근거를 마련하여야 한다. 신종마약류가 유통되는 것을 신속히 차단하기 위해 신종마약류 물질의 분석·평가 방법을 개선하고 있다. 재범 방지를 위해 보호관찰 대상자를 집중적으로 관리하고, 치료 프로그램을 활성화하고 마약 전담 보호관찰관제를 시행하는 보호관찰소를 대폭 확대하고 있다.

보호관찰 대상자 중 중독 수준이 높은 상습 투약자에 대해서는 정신과 전문의 등과 연계한 중독 치료 프로그램도 활성화한다. 이와 함께 마약류의 위험성과 폐해를 알리고 국민 인식을 제고하기 위해 마약 범죄 자수 기간 설정하여 운영한다.

4. 우리 정부 권고 마약 소지. 거래 대처 방법

a. 낯선 사람의 물건 전달은 거절하세요.

공항에서 긴급한 용무로 탑승이 어렵다며 국내 가족이나 친구에게 줄 선물 전달을 요청하는 수법은 마약 밀수범들이 자주 사용하는 방법이므로 거절하는 것이 좋습니다.

b. 마약취약국가 여행 시 조심하세요.

중국이나 태국, 필리핀 등 마약취약국가를 여행할 시 마약과 연루된 일이 발생하지 않도록 조심하세요.

※ 전 세계적으로 마약관련 범죄를 중범죄로 다루고 있습니다. 중국에서는 특정 양 이상의 마약판매, 운반, 소지 시 사형에 처하게 됩니다. (중국 형법 제 347조)

※ 만약 귀하가 운반한 가방에서 마약이 발견되었을 경우 마약 운반으로 간주하고 마약사범과 동일하게 처벌될 수 있습니다.

※ 마약 운반 등 중범죄로 처벌을 받게 될 경우, 우리 공관이 취할 수 있는 조치는 매우 한정되어 있습니다.

c. 수하물이 단단하게 잠겼는지 확인하세요.

자신도 모르게 마약이 들어가는 일이 없도록 주의해주세요.

d. 낯선 사람과 도보나 하이킹을 통해 국경을 넘지 마세요.

e. 복용 약이 있을 경우 의사 처방전을 소지하세요.

마약사범으로 오해받는 일이 없도록 미리 의사 처방전을 받고 이를 소지하세요.

f. 낯선 사람의 선물은 받지 마세요.

특히 아이들의 장난감 등을 통해 마약이 운반될 수 있습니다.

5. 외국의 마약 통제 시스템

중국이 청조 말기 아편의 보편적 거래 및 사용을 효과적으로 통제하지 못하여 아편전쟁을 거쳐 망국의 길로 간 사례는 마약의 피해를 상징적으로 입증하고 있다. 중국 정부는 마약사범에 대해 사형을 집행하는 등 강력한 통제책을 시행중이다.

싱가포르의 경우는 마약류 15g 이상의 거래 및 운반에 관여한 자에 대해 엄격한 처벌을 하고 있다. 한 해 평균 30명 이상이 마약사범으로 사형 집행을 당하고 있는 상황이다. 외국인 마약사범에 대해 사형을 선고하고 해당국 총리가 단교 위협까지 해도 그대로 집행한 경우도 있다.

중남미 국가들이 피폐한 경제 상황 속에서 통치자금에까지 마약 업자들의 자금이 연루되어 국가적 위기를 겪고 있다. 콜롬비아나 멕시코의 경우 국가적 차원에서 이에 대응하고 있다. 콜롬비아는 1990년대 미국 정부와 공조하여 칼리와 메데인 카르텔 등 마약 조직 분쇄에 나서 일정 수준 성공을 거두었다.

콜롬비아 마약 조직의 와해는 멕시코에 집중되는 효과를 가져왔다. 미국으로 유입되는 마약의 90%가 멕시코로부터 유입되고 있다. 티후아나 걸프 카르텔 등 주요 조직의 한 해에 마약 거래로부터 얻어지는 수익이 최대 500억 다러에까지 이르고 있다. 멕시코 정부는 2006년부터 '마약과의 전쟁'을 선포하고 군부가 개입하여 대대적인 검거 작전에 나섰다. 그러나 막강한 화력을 갖춘 마약 범죄 조직과의 충돌로 공식적으로 8.5만 명에 가까운 인명이 희생되고 있다.

멕시코는 전통적으로 중남미로부터 미국으로 유입되는 마약, 불법 이민자, 밀수품의 통로였다. 경제·사회적으로는 로스 니니스(일도 안하고 공부도 안하는 사람들)에 대한 충분한 대책이 마련되지 못한 것도 원인이다.

또 다른 현상은 풍선효과이다. 멕시코가 마약과의 전쟁에 나서면서 마약 조직들이 과테말라로 이동하여 정정 불안을 야기하였다. 과테말라의 경우 정부의 치안력이 마약 마피아의 화력을 감당하지 못하여 정부 전체가 흔들리는 위기를 겪기도 하였다.

난민과 탈북자 문제

■■■

1. 난민의 정의

1951년 '난민 지위에 관한 협약'에 따라 난민(refugees)은 ①인종, ②종교, ③국적, ④특정사회집단 구성원 신분, ⑤정치적 견해로 박해받을 수 있다고 인정할 충분한 근거 있는 공포로 인하여 국적국의 보호를 받을 수 없거나, 보호받기를 원하지 않는 자를 뜻한다.

난민 지위에 관한 협약 제1조 "난민"의 용어 정의

(2) 1951년 1월 1일 이전에 발생한 사건의 결과로서, 또한 인종, 종교, 국적, 특정사회집단의 구성원 신분 또는 정치적 의견을 이유로 박해를 받을 우려가 있다는 충분한 근거가 있는 공포로 인하여, 자신의 국적국 밖에 있는 자로서, 국적국의 보호를 받을 수 없거나, 또는 그러한 공포로 인

하여 국적국의 보호를 받는 것을 원하지 아니하는 자. 또는 그러한 사건의 결과로 인하여 종전의 상주국 밖에 있는 무국적자로서, 상주국에 돌아갈 수 없거나, 또는 그러한 공포로 인하여 상주국으로 돌아가는 것을 원하지 아니하는 자.

※ 난민신청자(asylum-seekers): 난민 지위 인정 신청이 계류 중인 자
※ 국내피난민(IDP: Internally Displaced Persons): 안전을 찾아 국경 내에서 이동하는 자

단, 경제적 난민은 인정되지 아니한다.

난민과 구별되는 경제적 이주민에 관한 다음과 같은 점에 유의할 필요가 있다.

난민과 구별되지만 유사한 형태를 보이고 있는 이주민은 협약상 난민 정의에 포함된 것 이외의 이유로 다른 국가에 거주하기 위하여 자발적으로 본국을 떠나는 자이다. 본국보다는 더 낳은 경제적 상황으로 이주하려는 의도가 있는 경우이다. 이주의 목적이 전적으로 경제적 이유로 이주한다면, 그는 경제적 이주민이지 난민이 아니다.

최근 수년간 발생하고 있는 아프리카에서 유럽으로 몰려드는 난민의 행진과 중남미 국가들로부터 미국으로 몰려드는 난민들에 대해서는 이러한 의혹이 제기되고 있다.

경제적 이주민과 난민의 구분은, 거주국에서 발생하는 정치적, 경제적 상황이 복잡하게 혼재하여 구분하기 힘든 경우도 있다. 베네수엘라의 경우 경제적 상황이 악화되어 하이퍼 인플레이션과 생필품 절대 부족 상황

이 계속되고 있다. 거기에 더해 마두로 대통령과 그에 반하는 야당 대통령이 혼재하는 극단적 정치 혼란을 못 견뎌 미국을 향해 행진하는 사람들의 숫자가 늘어나 미국이 비상사태를 선언하고 국경을 통제하고 있다.

개인의 생계에 영향을 주는 경제적 조치의 배후에는 특정 집단을 향하는 인종적, 종교적, 정치적 목적 또는 의도가 있을 수 있다. 피해자는 상황에 따라서 자신의 국가를 떠난 난민이 될 수 있다.

2. 난민관련 주요 원칙

1) 강제송환 금지의 원칙

인종, 종교, 국적, 특정 사회집단의 구성원 신분 혹은 정치적 의견을 이유로 개인의 생명이나 자유가 위협받을 우려가 있는 국가나 영역으로 어떤 방법으로든 난민 송환을 금지하는 강제송환금지원칙은 인종, 종교, 국적, 특정사회집단의 구성원 신분 혹은 정치적 의견을 이유로 개인의 생명이나 자유가 위협받을 우려가 있는 국가나 영역으로 어떤 방법으로든 난민 송환을 금지하는 원칙으로 국제적 보호의 초석이며 1951년 협약의 제33조 1항에 정의되어 있다.

강제송환금지 원칙에서 유일하게 허용되는 예외는 협약의 제33조 2항에서 제시된 대로 난민이 현재 살고 있는 국가의 안보에 위협이 되거나, 특정 중범죄에 대해 유죄판결을 받아 해당 지역사회에 위험을 초래하는 경우에 한한다. 개인이 고문 및 비인도적 또는 굴욕적 처우나 형벌의 위험에 노출되는 경우에는 절대로 강제 송환되어서는 안 된다.

제33조 추방 및 송환의 금지

1. 체약국은 난민을 어떠한 방법으로도 인종, 종교, 국적, 특정사회집단의 구성원 신분 또는 정치적 의견을 이유로 그 생명 또는 자유가 위협받을 우려가 있는 영역의 국경으로 추방하거나 송환하여서는 아니 된다.

2. 그러나 이 규정에 의한 이익은 그가 있는 국가의 안보에 위험하다고 인정되는 상당한 이유가 있고, 또는 특히 중대한 범죄를 저지른 것에 대한 최종적인 유죄판결이 내려지고 그 국가공동체에 대하여 위험한 존재가 되는 난민에 의하여는 요구될 수 없다.

2) 국가부담회피, 국가간 긴장회피원칙

난민 지위에 관한 협약 전문은 비호의 제공이 특정 국가에 과중한 부담을 가져올 수 있으므로 만족스러운 해결책은 국제 협력을 통해서만 가능하다고 규정하고 있다. 난민보호는 인도적인 조치이므로 비호 제공이 국가 간 긴장을 야기해서는 안 된다는 원칙을 설정하였다. 이 협약이 제정된 1951년 유럽의 정치적 상황에 대한 배려라 할 수 있다. 그러한 원칙들이 최근 유럽지역으로의 대량 난민 유입과 관련 또다시 주목을 받고 있으니 역사적 아이러니라 할 수 있다. UNHCR(유엔 난민고등 판무관)이 협약의 이행을 감독하고 효과적인 조정업무를 수행하도록 하고 있다.

난민의 지위에 관한 협약 전문

난민에 대한 비호의 부여는 특정 국가에게 부당하게 과중한 부담이 될 수 있고, 또한 국제적 범위와 성격을 가진다고 국제연합이 인정하는 문제에 관한 만족할 만한 해결은 국제협력이 없이는 이루어질 수 없음을 고려하며,

모든 국가가 난민문제의 사회적, 인도적 성격을 인식하고, 이 문제가 국가 간의 긴장의 요인이 되지 않도록 가능한 모든 조치를 취할 것을 희망하며,

국제연합 난민고등판무관이 난민보호를 규정하는 국제협약의 이행을 감독할 임무를 맡고 있음을 유의하고, 또한 이 문제를 다루기 위하여 취하여지는 조치의 효과적인 조정은 각국과 고등판무관간의 협력에 달려 있음을 인정하며,

3. 우리나라의 난민 정책

1) 난민법 제정

우리나라의 난민법은 2011년에 제정되었다. 그 이전에는 출입국관리법에 일부 조항이 있었다. 1992년 난민의 지위에 관한 협약을 비준한 이후 이 협약을 이행하기 위해 일본의 예에 따라 출입국관리법 안에 난민에 관한 조항들을 신설한 것이다. 외국인의 출입국을 관리하기 위한 법이 박해 때문에 본국에 돌아갈 수 없어 피난처를 찾는 난민들을 규율해온 것이다. 그러니 난민을 인정하고 보호하는 데 있어서 인간 안보(human security)의 관점보다는 국가 안보(national security)의 관점이 지배했던 것이 사실이다.

이러한 현실에 문제의식을 가진 난민 활동가들과 변호사들이 2006년

부터 난민협약의 정신에 부합하는 독립적인 난민법을 만들기 위해 논의를 시작하였다. 이러한 논의를 통해 만들어진 초안을 서울지방변호사회가 2009년 입법청원을 하였고, 같은 해 국회의원이 발의하여, 2011년 12월 29일 본회의를 통과한 것이다.

이 과정에서 정부와 시민사회 간의 이견이 조정되어 절충안이 마련되었다. 난민제도 남용을 우려하는 법무부의 입장이 적지 않게 반영되었다. 다만 독립적인 난민법의 탄생으로 출입국 통제의 관점이 아니라 인권 보호의 관점에서 난민제도를 바라볼 수 있는 근거가 생겼다. 난민의 인권 보호와 난민제도의 남용을 방지하려는 정부 입장의 균형을 잡으려는 노력은 계속되고 있다. 특히 아프리카 및 아랍지역으로부터 유럽으로의 대량 난민 유입으로 우리 국민 사이에서도 부정적 의견이 대두되고 있는데 유의하고 있다.

2) 국내외 난민 동향

최근 우리나라에도 난민신청자들이 급증하고 있다. 2013년 우리 난민법이 제정된 후 급증하기 시작한 난민신청자는 지난 5년간 10배로 증가하여 2018년에는 1.6만 건을 넘어섰다.

왜 우리나라의 난민신청자가 급증하고 있는 것인가? 미국과 유럽국가들의 난민에 대한 통제가 강화되고 있는데 반해 우리나라의 국제적 위상 상승, 인권 보호 분위기 상승, 우리 국민들의 인권 보호와 난민 기금에 대한 자발적 기여 상승 등으로 우리나라로 난민들이 몰려들고 있다.

또 다른 요인으로는 우리의 제도를 악용하는 사례이다. 2014년 러시아와 카자흐스탄에 대한 사증면제 협정이 발효되었다. 우리나라와의 인적 교류가 활발해진 반면, 난민신청자도 늘어났다. 2014년부터 몰아닥친 국제 저유가 현상은 산유국들의 일자리와 생활 수준의 저하를 가져왔다. 유가가 솟구치던 2000년 초반만 해도 상상하기 힘든 현상이다. 이들 국가의 경우, 경제적 이유로 인한 난민신청자가 다수인만큼 경제적 상황이 호전되면 난민신청자 수도 감소할 것으로 예상된다.

이 기간 동안 시리아 내전 지속, 남수단 내전 재개, 미얀마 로힝야족 사태, 콩고민주공화국 분쟁 등으로 난민이 지속적으로 증가하였다. 반면에 파리 테러 이후 영국, 독일 등에서 난민신청자들에 의한 테러 사건이 증가하자 각국은 난민심사와 국경통제를 강화하고 있다.

우리나라는 현재 난민 업무를 법무부 난민과, 외교부 인권사회과, 외교부 한반도평화교섭본부 민족공동체해외협력팀에서 담당하고 있다. 외교부 영사실에서 담당하고 있지는 않다.

3) 난민법의 주요 조항

제1조(목적)

이 법은 「난민의 지위에 관한 1951년 협약」(이하 "난민협약"이라 한다) 및 「난민의 지위에 관한 1967년 의정서」(이하 "난민의정서"라 한다) 등에 따라 난민의 지위와 처우 등에 관한 사항을 정함을 목적으로 한다.

제2조(정의)

이 법에서 사용하는 용어의 뜻은 다음과 같다.

1. "난민"이란 인종, 종교, 국적, 특정 사회집단의 구성원인 신분 또는 정치적 견해를 이유로 박해를 받을 수 있다고 인정할 충분한 근거가 있는 공포로 인하여 국적국의 보호를 받을 수 없거나 보호받기를 원하지 아니하는 외국인 또는 그러한 공포로 인하여 대한민국에 입국하기 전에 거주한 국가(이하 "상주국"이라 한다)로 돌아갈 수 없거나 돌아가기를 원하지 아니하는 무국적자인 외국인을 말한다.

2. "난민으로 인정된 사람"(이하 "난민인정자"라 한다)이란 이 법에 따라 난민으로 인정을 받은 외국인을 말한다.

3. "인도적 체류 허가를 받은 사람"(이하 "인도적체류자"라 한다)이란 제1호에는 해당하지 아니하지만 고문 등의 비인도적인 처우나 처벌 또는 그 밖의 상황으로 인하여 생명이나 신체의 자유 등을 현저히 침해당할 수 있다고 인정할 만한 합리적인 근거가 있는 사람으로서 대통령령으로 정하는 바에 따라 법무부장관으로부터 체류허가를 받은 외국인을 말한다.

4. "난민인정을 신청한 사람"(이하 "난민신청자"라 한다)이란 대한민국에 난민인정을 신청한 외국인으로서 다음 각 목의 어느 하나에 해당하는 사람을 말한다.

   가. 난민인정 신청에 대한 심사가 진행 중인 사람

   나. 난민불인정결정이나 난민불인정결정에 대한 이의신청의 기각결정을 받고 이의신청의 제기기간이나 행정심판 또는 행정소송의 제기기간이 지나지 아니한 사람

   다. 난민불인정결정에 대한 행정심판 또는 행정소송이 진행 중인 사람

5. "재정착희망난민"이란 대한민국 밖에 있는 난민 중 대한민국에서 정착

을 희망하는 외국인을 말한다.

6. "외국인"이란 대한민국의 국적을 가지지 아니한 사람을 말한다.

제3조(강제송환의 금지)

난민인정자와 인도적체류자 및 난민신청자는 난민협약 제33조 및 「고문 및 그 밖의 잔혹하거나 비인도적 또는 굴욕적인 대우나 처벌의 방지에 관한 협약」 제3조에 따라 본인의 의사에 반하여 강제로 송환되지 아니한다.

4) 우리나라의 난민 인정절차

우리나라의 난민 심사는 출입국항 난민신청과 체류지 난민신청으로 이루어진다. 1차 난민 심사를 거쳐 난민으로 판정받지 못한 경우 2차 난민 심사(이의 신청)절차도 마련되어 있다.

2찬 난민 심사의 경우는 난민위원회(정부대표, 인권단체, 변호사 등 민간대표) 에서 난민신청자에 대한 판단을 한다.

우리나라의 난민 업무의 과제는 진정한 난민 보호를 위한 제도는 강화하는 동시에 난민제도를 악용하는 사례를 방지하는 것이다. 난민 브로커들을 통한 국내 체류 연장 방편으로 사용되는 것을 방지할 필요가 있다.

또한 난민으로 인정된 경우에는 한국어 교육 및 사회적응 훈련과 주거 지원 등을 통하여 우리 사회에 적응하도록 유도하고 있다.

4. 탈북민 문제

1) 탈북자의 입국과정

탈북자의 우리나라 입국은 1990년 북방정책의 결과 소련과의 국교가 수립된 후 시작되었다. 모스크바에 유학 중이던 북한 대학생이 우리 대사관에 난민신청을 해왔고 대사관은 모스크바 소재 UNHCR의 난민 판정과정을 통해, 제3국을 경유하여 입국시켰다. 이를 계기로 지리적으로 인접한 중국 (UNHCR 판정을 거쳐)을 통한 북한이탈주민의 행렬이 본격화되기 시작하였다.

중국 정부는 최근 북중 관계를 고려하여 탈북 난민을 경제적 이유로 불법적으로 입국한 불체자로 보고 강제로 북한으로 되돌려 보내고 있다. 과거와는 달리 탈북 난민의 중국주재 UNHCR에 대한 접근도 막고 있다. 중국도 난민 협정과 의정서에 모두 가입했지만 인도적 고려보다는 정치, 안보적 판단을 우선시 하고 있는 것이다. 이에 따라 탈북자들은 태국, 라오스 등 먼 국가까지 이동한 후 우리 공관을 통해 국내로 입국하고 있다.

2) 탈북민의 지위와 지원체계

우리 정부는 이와 관련 대책으로 '북한이탈주민의 보호 및 정착지원에 관한 법률'을 제정하여 이들의 국내 입국과 입국 후 직업훈련, 주거제공, 정착지원 등을 법제화하였다. 입국 시까지는 외교부가 재외공관을 통해 지원하고 입국 후에는 통일부가 설립한 하나원을 통해 지원하는 체제가 수립되었다.

북한이탈주민의 경우, 헌법상 우리 국민이기 때문에 외국 국민임을 기본 가정으로 하는 '난민'으로서의 지위를 주장하지 않는다.

탈북민은 헌법적, 원칙적으로는 우리 국민이지만, 남북한은 실무적, 외교적으로는 2개의 국가인 상황이 고려된다. 일부 국가는 탈북 행위를 조력하는 것 자체를 불법으로 규정하고 있는 바, 이 경우 우리 대사관이 적극적인 형태의 영사조력을 펼치는 데 한계가 있어서 각별한 외교적 노력을 해야 한다.

법원판례 상 북한 이탈 주민의 경우 긍정적으로 국민의 지위를 누리는 것은 아니다. 실질적으로 우리 주권이 미치지 않는 지역(북한, 제3국)에 있는 이탈 주민은 국민의 의무를 다할 수 없는 상태로서 잠정적인 국민의 지위를 가진다.

북한이탈주민이 국내에 입국하여 하나원 등 일정절차를 거쳐 우리 국민이 되고 난 후, 대한민국 여권으로 제3국으로 출국한 경우, 영사조력의 대상이 된다.

한편 이들이 우리나라에 정착하여 소정의 지원을 받으면서도 제3국(영국, 캐나다 등)에서 재차 난민신청을 하는 경우도 발생하고 있다. 일명 '위장탈북'의 경우다. 이 경우 통상 제3국 이민국에서 받아들여지지 않는 것이 일반적이나, 이러한 시도들이 빈번하게 발생하고 있다. 난민 신청 후 해당국이 제공하는 각종 혜택(주거지원, 어학교육 등)을 누리기 위한 경우도 있다. 우리 정부는 2011년 영국 정부와 '위장 탈북' 방지에 관한 협력 협정을 체결한 바 있다.

영사조력법 내에도 북한이탈주민들의 영사조력 여부를 내부 검토를 하였으나, 우리 정부가 실질적으로 영사조력을 취할 수 없는 지역에 있는 경우를 고려하여, 북한이탈주민은 포함하지 않는 것으로 해석(국외에서 사건·사고 발생 시 주재국 통보를 받지 못하는 경우, 영사조력 제공 불가)되었다.

그러나 장기적으로 본격적으로 탈북이탈 주민이 대량 발생할 상황에 대비하여 잠정적 국민에 대한 영사조력을 제공하는 방안에 대하여 지속적인 연구가 필요한 상황이다.

제1조(목적)

이 법은 군사분계선 이북지역에서 벗어나 대한민국의 보호를 받으려는 군사분계선 이북지역의 주민이 정치, 경제, 사회, 문화 등 모든 생활 영역에서 신속히 적응·정착하는 데 필요한 보호 및 지원에 관한 사항을 규정함을 목적으로 한다.

제2조(정의)

이 법에서 사용하는 용어의 뜻은 다음과 같다.

1. "북한이탈주민"이란 군사분계선 이북지역(이하 "북한"이라 한다)에 주소, 직계가족, 배우자, 직장 등을 두고 있는 사람으로서 북한을 벗어난 후 외국 국적을 취득하지 아니한 사람을 말한다.
2. "보호대상자"란 이 법에 따라 보호 및 지원을 받는 북한이탈주민을 말한다.
3. "정착지원시설"이란 보호대상자의 보호 및 정착지원을 위하여 제10조 제1항에 따라 설치·운영하는 시설을 말한다.

4. "보호금품"이란 이 법에 따라 보호대상자에게 지급하거나 빌려주는 금전 또는 물품을 말한다.

제3조(적용범위)
이 법은 대한민국의 보호를 받으려는 의사를 표시한 북한이탈주민에 대하여 적용한다.

제4조(기본원칙)
① 대한민국은 보호대상자를 인도주의에 입각하여 특별히 보호한다.
② 대한민국은 외국에 체류하고 있는 북한이탈주민의 보호 및 지원 등을 위하여 외교적 노력을 다하여야 한다.
③ 보호대상자는 대한민국의 자유민주적 법질서에 적응하여 건강하고 문화적인 생활을 할 수 있도록 노력하여야 한다.
④ 통일부장관은 북한이탈주민에 대한 보호 및 지원 등을 위하여 북한이탈주민의 실태를 파악하고, 그 결과를 정책에 반영하여야 한다.

제4조의2(국가의 책무)
① 국가는 보호대상자의 성공적인 정착을 위하여 보호대상자의 보호·교육·취업·주거·의료 및 생활보호 등의 지원을 지속적으로 추진하고 이에 필요한 재원을 안정적으로 확보하기 위하여 노력하여야 한다.
② 국가는 제1항에 따라 보호대상자에 대한 지원시책을 마련하는 경우 아동·청소년·여성·노인·장애인 등에 대하여 특별히 배려·지원하도록 노력하여야 한다.

제4조의3(기본계획 및 시행계획)

① 통일부장관은 제6조에 따른 북한이탈주민 대책협의회의 심의를 거쳐 보호대상자의 보호 및 정착지원에 관한 기본계획(이하 "기본계획"이라 한다)을 3년마다 수립·시행하여야 한다.

② 기본계획에는 다음 각호의 사항이 포함되어야 한다.

1. 보호대상자의 보호 및 정착에 필요한 교육에 관한 사항

2. 보호대상자의 직업훈련, 고용촉진 및 고용유지에 관한 사항

3. 보호대상자에 대한 정착지원시설의 설치·운영 및 주거지원에 관한 사항

4. 보호대상자에 대한 의료지원 및 생활보호 등에 관한 사항

5. 보호대상자의 사회통합 및 인식개선에 관한 사항

6. 그 밖에 보호대상자의 보호, 정착지원 및 고용촉진 등을 위하여 통일부장관이 필요하다고 인정하는 사항

5. 국제적 난민 대책

연도별 전 세계 난민 발생 현황 (최근 10년 / 단위: 백만 명)

연도	2008	2009	2010	2011	2012	2013	2014	2015	2016	2017
난민	15.2	15.2	15.4	15.2	15.4	16.7	19.5	21.3	22.5	25.4
난민 신청자	0.8	1	0.8	0.9	1	1.2	1.8	3.2	2.8	3.1
국내 피난민	26	27.1	27.5	26.4	28.8	33.3	38.2	40.8	40.3	40
계	42	43.3	43.7	42.5	45.2	51.2	59.5	65.3	65.6	68.5

난민·이주 문제 주요 발생지 관련 통계

주요 난민 발생국 (2017년말 기준 / 단위: 만 명)

순위	국가명	난민수	순위	국가명	난민수
1	시리아	630	6	수단	69.5
2	아프가니스탄	260	7	콩고민주공화국	62.1
3	남수단	240	8	중앙아프리카공화국	54.6
4	미얀마	120	9	에리트레아	48.6
5	소말리아	98.6	10	부룬디	43.9

주요 난민 수용국 (2017년말 기준 / 단위: 만 명)

순위	국가명	난민수	순위	국가명	난민수
1	터키	350	6	독일	97
2	파키스탄	140	7	방글라데시	93.2
3	우간다	140	8	수단	90.7
4	레바논	100	9	에티오피아	88.9
5	이란	97.9	10	요르단	69.1

국내 난민 현황 (2018.11.30. 기준)

총계	심사중	심사 종료				철회
		소계	난민 인정 및 보호		불인정	
			인정	인도적 체류		
47,876	19,206	23,092	892	1,932	20,268	5,578

UNHCR은 강제피난민(forcibly displaced)이 2011년 이후 50% 이상 급증하여 2016년 최고치인 6,560만을 기록하였으며, 이 가운데 난민은 2,250만에 달한다고 발표하였다.

유엔 총회는 2016 「난민·이주민에 관한 고위급회의」를 개최하여 '난민 및 이주민을 위한 뉴욕선언 및 2개 부속서를 채택하였다.

뉴욕선언 부속서인 '포괄적 난민대응체제(CRRF: Comprehensive Refugee Response Framework)', '이주 글로벌 컴팩트를 향한 로드맵(Towards a Global Compact for Safe, Orderly and Regular Migration)'을 기초로, 2017~18년간 정부간 협상을 거쳐 2018년 7월 난민 글로벌 컴팩트 및 이주 글로벌 컴팩트 최종 문안을 마무리 하였다.

Global Compact on Refugees(GCR)의 주요 내용은 난민수용국 부담완화, 난민의 자립성 향상, 제3국 접근성 확대, 안전하고 존엄성 있는 귀환을 위한 난민출신국 조건 개선 등이다. 포괄적 난민대응체제(CRRF)의 4대축(pillar)은 난민 접수 및 수용, 즉각적 및 지속적 수요 지원, 난민수용국 지원, 지속적 해결책이다.

우리 정부는 최근 5년간 난민에 대한 국제사회 재정적 지원을 약 5배 확대하여 총 1억 8천만여불을 지원하였다. 그중 2017년 UNHCR에 대한 우리나라의 기여는 (우리 정부 기여 순위: 17위, 민간 기여 순위: 3위) 정부 2,120만 달러, 민간 3,581만 달러이다.

::: 난민 및 이주민을 위한 뉴욕선언 요지 :::

- 지위와 관계없이 모든 난민과 이주민의 인권을 보호하고, 난민 문제의 해법 탐색 과정에서 여성과 소녀들의 권리 및 완전하고 평등하며 의미 있는 참여 보장
- 모든 난민 및 이주민 아동들이 도착 후 수개월 내에 교육을 받을 수 있도록 보장

- 성폭력 방지 및 대응
- 대량 난민 및 이주민을 구호, 접수, 수용하는 국가들에 대한 지원
- 체류자격 결정 목적으로 아동을 구류하는 관행 종식
- 난민 및 이주민에 대한 외국인 혐오를 강력히 규탄하며, 이를 퇴치하기 위한 글로벌 캠페인 지지
- 수용국의 경제사회적 발전에 대한 이주민들의 긍정적 기여 강화
- 혁신적 다자금융지원방안 등을 포함하여, 난민 문제로 가장 영향받은 국가들에 대한 인도적·개발 지원 개선
- 난민의 대량이동 및 장기화된 난민 상황에서 국가, 시민사회, 유엔의 책임을 규정하는 새로운 프레임워크로서 포괄적 난민대응체제(CRRF) 수립
- 재정착 등 방식으로 UNHCR이 규명한 모든 난민들에게 새로운 정착지를 제공하고, 노동 이동 및 교육 연수 등 대안적 형태로 제3국내 난민 배치 확대
- 국제이주기구(IOM)에 유엔 관련 기구 지위 부여

11

범죄인 인도

■■■

1. 정의

범죄인 인도는 한 나라의 형법 기타 형사관계법을 위반한 범죄인이 다른 나라에 있는 경우 범죄인의 현재지 국가가 범죄지 국가의 청구에 따라 그 범죄인을 청구국에 인도하는 것을 뜻한다.

우리나라가 체결한 모든 범죄인인도조약은 조약상의 요건이 갖추어진 경우, 범죄인을 인도하여야 할 체약국의 의무를 규정하고 있다. 범죄인 인도법 제5조의 임의적 인도 규정은 조약 미체결국에 대하여만 적용한다.

2. 인도 대상 범죄

※ 범죄인인도법 제5조

대한민국 영역에 있는 범죄인은 이 법에서 정하는 바에 따라 청구국의 인도청구에 의하여 소추, 재판 또는 형의 집행을 위하여 청구국에 인도할 수 있다.

인도대상범죄는 '각 체약당사국의 법령상 1년 이상의 자유형 또는 그 이상의 중형에 처할 수 있는 범죄'로 제한한다. [한미 범죄인인도조약]

'대한민국 및 청구국의 법률에 의하여 사형·무기·장기 1년 이상의 징역 또는 금고에 해당하는 범죄'로 한정[범죄인인도법 제6조]

인도조약이 체결되지 아니한 경우라도 향후 유사한 사례에 피청구국의 인도청구에 응한다는 청구국의 보증이 있는 경우에는 범죄인인도를 허용[법 제4조]하도록 규정하여 상호주의 원칙을 적용하고 있다.

3. 쌍방 가벌성 원칙(double criminality)

쌍방 가벌성 원칙에 따라 범죄인인도 청구의 기초 범죄사실이 청구국과 피청구국 쌍방의 법률에 의하여 범죄를 구성하여야 범죄인인도가 가능한 것으로 규정하고 있다.

4. 특정성의 원칙(principle of speciality)

인도가 이루어지는 경우에도 범죄인인도 사유로 된 범죄에 관하여만 심리, 처벌하고 인도 전 범한 그 이외 죄에 대하여는 처벌이 불가하다. 이를 특정성의 원칙이라고 한다.

5. 정치범 불인도의 원칙

정치범의 경우 대부분의 국가에서 용의자 인도를 거부한다. 다만 국가원수 시해 같은 범죄는 그 목적과 동기가 정치적일지라도 살인죄 등의 일반 범죄를 구성하기 때문에 예외가 되는데, 이를 가해조항이라고 한다.

6. 자국민 불인도의 원칙

대륙법계와 샤리아(이슬람교 법계)에서는 자국민은 원칙적으로 인도 대상이 아님을 원칙으로 한다. 이는 자국민이 외국에서 불리한 재판을 받는 것을 방지하기 위한 목적이며 대륙법계나 샤리아는 속지주의와 속인주의를 모두 채택하고 있기 때문이다.

7. 부정규 인도

국가 관할권의 한계를 극복하고 외국에 소재한 범인의 신병확보를 위해서는 범죄인 인도상의 절차만 있는 것은 아니다. 예를 들어 소재지국 정부와 교섭하여 대상자의 체류허가를 더는 연장해주지 않도록 하거나, 대상자를 국외로 추방하도록 협조하는 방안도 있다.

주권국가는 국내법에 따라 외국인의 입국을 거부하거나 추방할 수 있기 때문에 실제로 이러한 방법을 사용하는 경우도 자주 있다. 이러한 과정에서 인터폴이 자주 활용된다.

"문제는 범죄인 인도 제도 속에는 인도 대상자의 인권을 보호하기 위한 여러 가지 장치가 있으나 비정규적 인도가 실시되는 과정에는 아무런 장치가 없다는 것이다."[24)]

범죄인 인도조약

제1장 총칙

제1조 (목적) 이 법은 범죄인 인도에 관하여 그 범위와 절차 등을 정함으로써 범죄진압에 있어서의 국제적인 협력을 증진함을 목적으로 한다.

제2조 (정의) 이 법에서 사용하는 용어의 정의는 다음과 같다.
1. "인도조약"이라 함은 대한민국과 외국간에 체결된 범죄인의 인도에 관한 조약·협정 등의 합의를 말한다.
2. "청구국"이라 함은 범죄인의 인도를 청구한 국가를 말한다.
3. "인도범죄"라 함은 범죄인의 인도청구에 있어서 그 대상이 되는 범죄를 말한다.
4. "범죄인"이라 함은 인도범죄에 관하여 청구국에서 수사 또는 재판을 받고 있는 자 또는 유죄의 재판을 받은 자를 말한다.
5. "긴급인도구속"이라 함은 도망할 염려 등 긴급하게 범죄인을 체포·구금하여야 할 필요가 있는 경우 범죄인인도청구가 뒤따를 것을 전제로 하여 범죄인을 체포·구금하는 것을 말한다.

---

24) 『신 국제법 입문』, 정인섭 저, pp.126~127

제3조 (범죄인인도사건의 전속관할) 이 법에 규정된 범죄인의 인도심사 및 그 청구와 관련된 사건은 서울고등법원과 서울고등검찰청의 전속관할로 한다.

제3조의2 (인도조약과의 관계) 범죄인인도에 관하여 인도조약에 이 법과 다른 규정이 있는 경우에는 그 규정에 따른다.
[본조신설 2005.12.14]

제4조 (상호주의) 인도조약이 체결되어 있지 아니한 경우에도 범죄인의 인도를 청구하는 국가가 동종의 또는 유사한 인도범죄에 대한 대한민국의 범죄인인도청구에 응한다는 보증이 있는 경우에는 이 법을 적용한다.

제2장 외국으로의 범죄인 인도

제1절 인도사유와 인도의 제한

제5조 (인도에 관한 원칙) 대한민국 영역 안에 있는 범죄인은 이 법이 정하는 바에 따라 청구국의 인도청구에 의하여 소추, 재판 또는 형의 집행을 위하여 청구국에 인도할 수 있다.

제6조 (인도범죄) 대한민국과 청구국의 법률에 의하여 인도범죄가 사형·무기·장기 1년 이상의 징역 또는 금고에 해당하는 경우에 한하여 범죄인을 인도할 수 있다.

제7조 (절대적 인도거절사유) 다음 각호의 어느 하나에 해당하는 경우에는 범죄인을 인도하여서는 아니 된다.

1. 대한민국 또는 청구국의 법률에 의하여 인도범죄에 관한 공소시효 또는 형의 시효가 완성된 경우
2. 인도범죄에 관하여 대한민국 법원에서 재판계속중이거나 재판이 확정된 경우
3. 범죄인이 인도범죄를 행하였다고 의심할만한 상당한 이유가 없는 경우. 다만, 인도범죄에 관하여 청구국에서 유죄의 재판이 있는 때에는 그러하지 아니하다.
4. 범죄인이 인종·종교·국적·성별·정치적 신념 또는 특정 사회단체에 속함 등을 이유로 처벌되거나 그 밖의 불이익한 처분을 받을 염려가 있다고 인정되는 경우

제8조 (정치적 성격을 지닌 범죄 등의 인도거절) (1) 인도범죄가 정치적 성격을 지닌 범죄이거나 그와 관련된 범죄인 경우에는 범죄인을 인도하여서는 아니 된다. 다만, 인도범죄가 다음 각호의 어느 하나에 해당하는 경우에는 그러하지 아니하다.

1. 국가원수·정부수반 또는 그 가족의 생명·신체를 침해하거나 위협하는 범죄
2. 다자간 조약에 의하여 대한민국이 범죄인에 대하여 재판권을 행사하거나 범죄인을 인도할 의무를 부담하고 있는 범죄
3. 다수인의 생명·신체를 침해·위협하거나 이에 대한 위험을 야기하는 범죄

(2) 인도청구가 범죄인이 행한 정치적 성격을 지닌 다른 범죄에 대하여 재

판을 하거나 그러한 범죄에 대하여 이미 확정된 형을 집행할 목적으로 행하여진 것이라고 인정되는 경우에는 범죄인을 인도하여서는 아니 된다.

제9조 (임의적 인도거절사유) 다음 각호의 어느 하나에 해당하는 경우에는 범죄인을 인도하지 아니할 수 있다.

1. 범죄인이 대한민국 국민인 경우
2. 인도범죄의 전부 또는 일부가 대한민국 영역 안에서 행하여진 경우
3. 범죄인이 인도범죄외의 범죄에 관하여 대한민국 법원에 재판이 계속중인 경우 또는 형의 선고를 받고 그 집행을 종료하지 아니하거나 면제받지 아니한 경우
4. 범죄인이 인도범죄에 관하여 제3국(청구국이 아닌 외국을 말한다. 이하 같다)에서 재판을 받고 처벌되었거나 처벌받지 아니하기로 확정된 경우
5. 인도범죄의 성격과 범죄인이 처한 환경 등에 비추어 범죄인을 인도함이 비인도적이라고 인정되는 경우

⓬
형사사법공조

■■■

1. 국가 간 형사사법공조

국제형사사법공조는 형사사건의 수사 및 재판에 있어 외국과의 협력을 의미하는 것으로 국제형사사법공조법과 조약에 기초하여 이루어지고 있다. 조약이 국제형사사법공조법과 다른 경우 조약이 우선한다. 우리나라는 미국, 중국, 러시아, 일본 등 총 73개국과 형사사법공조 조약을 체결하였다.

형사사법 공조조약이 체결되어 있지 않은 국가들과도 상호주의 원칙에 따라 공조가능하다. 이러한 협력은 외교경로를 거치는 것이 원칙이나 미국, 호주, 캐나다 등의 경우는 개별 조약에 따라서는 양국 법무부 간 직접 청구가 가능하기도 하다.

형사사법 공조조약

제1조 (목적) 이 법은 형사사건의 수사 또는 재판과 관련하여 외국의 요청에 따라 실시하는 공조(共助) 및 외국에 대하여 요청하는 공조의 범위와 절차 등을 정함으로써 범죄를 진압하고 예방하는 데에 국제적인 협력을 증진함을 목적으로 한다.

제2조 (정의) 이 법에서 사용하는 용어의 뜻은 다음과 같다.
1. "공조"란 대한민국과 외국 간에 형사사건의 수사 또는 재판에 필요한 협조를 제공하거나 제공받는 것을 말한다.
2. "공조조약"이란 대한민국과 외국 간에 체결된 공조에 관한 조약·협정 등을 말한다.
3. "요청국"이란 대한민국에 공조를 요청한 국가를 말한다.
4. "공조범죄"란 공조의 대상이 되어 있는 범죄를 말한다.

제4조 (상호주의) 공조조약이 체결되어 있지 아니한 경우에도 동일하거나 유사한 사항에 관하여 대한민국의 공조요청에 따른다는 요청국의 보증이 있는 경우에는 이 법을 적용한다.

2. 공조의 범위

공조의 범위는 사람 또는 물건의 소재수사, 서류·기록의 제공, 서류 등의 송달, 증거수집, 압수·수색·검증, 증거물 등 물건의 인도, 진술청취 기타 요청국에서 증언하게 하거나 수사에 협조하게 하는 조치 등이 해당된다.

※ 외국에서 발부된 체포영장의 집행은 사법공조 대상이 아닌 범죄인 인도의 문제

제5조 (공조의 범위) 공조의 범위는 다음 각호와 같다.

1. 사람 또는 물건의 소재에 대한 수사

2. 서류·기록의 제공

3. 서류 등의 송달

4. 증거 수집, 압수·수색 또는 검증

5. 증거물 등 물건의 인도(引渡)

6. 진술 청취, 그 밖에 요청국에서 증언하게 하거나 수사에 협조하게 하는 조치

3. 공조의 제한

대한민국의 주권, 국가안전보장, 안녕질서 또는 미풍양속을 해할 우려가 있는 경우, 공조범죄가 정치적 성격을 지닌 범죄이거나 공조요청이 정치적 성격을 지닌 다른 범죄에 대한 수사 또는 재판을 목적으로 행하여진 경우, 공조범죄가 대한민국 법률에 의해 범죄를 구성하지 아니하는 경우 등에는 공조가 제한된다.

제6조 (공조의 제한) 다음 각호의 어느 하나에 해당하는 경우에는 공조를 하지 아니할 수 있다.

1. 대한민국의 주권, 국가안전보장, 안녕질서 또는 미풍양속을 해칠 우려가 있는 경우

2. 인종, 국적, 성별, 종교, 사회적 신분 또는 특정 사회단체에 속한다는 사실이나 정치적 견해를 달리한다는 이유로 처벌되거나 형사상 불리한 처분을 받을 우려가 있다고 인정되는 경우

3. 공조범죄가 정치적 성격을 지닌 범죄이거나, 공조요청이 정치적 성격을 지닌 다른 범죄에 대한 수사 또는 재판을 할 목적으로 한 것이라고 인정되는 경우

4. 공조범죄가 대한민국의 법률에 의하여는 범죄를 구성하지 아니하거나 공소를 제기할 수 없는 범죄인 경우

5. 이 법에 요청국이 보증하도록 규정되어 있음에도 불구하고 요청국의 보증이 없는 경우

4. 인터폴의 적극적인 활용

국제공조 수사를 위한 제도에는 각국과 체결한 '범죄인 인도조약' 및 형사사법공조조약 등이 있으나, 이는 체결국가가 소수이고 절차가 복잡하여 국제범죄자 등에 신속한 대응에는 어려움이 있다.

이에 반해 인터폴은 국제 경찰협력기구로서, 절차나 형식에 구애받지 않고 24시간 운영하는 인터폴 네트워크를 통하여 전 세계 모든 지역을 대상으로 실질적인 공조 수사 가능하다. 1964년 인터폴 가입 후 경찰청은 인터폴 대한민국 국가중앙 사무국(Korean National Central Bureau, NCB Seoul)을 설치 운영하며 전 세계 경찰기관과의 광범위하고 실질적

인 공조수사체제를 통해 국외도피사범 송환, 테러정보 수집 등을 비롯한 각종 국제성 범죄에 대응해 오고 있다. 그럼에도 불구하고 국내 사법권을 실질적으로 행사하기 어려운 외국에서의 사실조사, 도피사범 송환 등 국제 공조수사의 필요성은 꾸준히 증가하고 있다.

최근 3년간 국외도피사범 송환 2배 증가하고 있다. 국외 도피사범의 국내 송환은 증가 추세에 있으며, 국외도피사범의 원활한 송환을 위해 인터폴 회원국, 경찰 주재관 및 정부 관련 부처와 적극적인 공조 활동을 전개하고 있다.

⓭
국적법

■■■

1. 국적법의 개정 방향

국제화가 진행됨에 따라 복수국적을 인정할 필요성이 발생하였다. 2010년 5월, 정부는 국적법을 개정하여 제한된 범위 내에서 복수국적을 허용하기 시작하였다.

주요 내용은 외국에서 태어난 우리 국민에 대한 복수국적 인정과 65세 이상의 해외 동포에 대한 복수 국적 인정이다. 해외 동포가 많거나 다른 국가 국민들과의 통혼이 일반적인 경우 복수국적을 인정하는 국가들이 있다.

2. 국적의 의미

국적이란 어떤 사람을 특정한 국가에 귀속시키는 법적 대우이다. 즉, 국민으로서의 신분 또는 국민 되는 자격을 의미한다.

국적법은 어느 한 개인이 대한민국 국민인지 여부를 정하는 준거법이 되는 동시에 대한민국 국민의 범위를 정하는 기능을 갖고 있다.

3. 국적법의 기본원칙

부모 양계혈통주의에 의하여 부 또는 모의 일방이 대한민국 국민인 자는 대한민국 국적을 취득한다.

단일 국적주의 원칙에 따라 대한민국 국민은 한국 국적 외에 외국 국적을 보유하지 않는 것을 원칙(외국 국적을 취득 시 한국 국적 상실)으로 하되 복수국적을 예외적으로 허용한다.

부부 및 가족의 개별국적주의에 따라 외국인이 대한민국 국민과 혼인한 경우라도 허가를 받아야만 국적취득이 가능하다. 부부, 가족 간에도 개별적인 국적 보유가 가능하다.

4. 대한민국 국적의 취득

1) 출생에 의한 국적취득(국적법 제2조)

출생당시 부 또는 모가 대한민국 국민인 자(부모 양계 혈통주의)는 대한민국 국적을 취득한다. 부 및 모 모두가 대한민국 국민이거나 부가 대한민국 국민일 필요는 없다.

제2조(출생에 의한 국적 취득)

① 다음 각호의 어느 하나에 해당하는 자는 출생과 동시에 대한민국 국적
(國籍)을 취득한다.

1. 출생 당시에 부(父)또는 모(母)가 대한민국의 국민인 자

2. 출생하기 전에 부가 사망한 경우에는 그 사망 당시에 부가 대한민국
의 국민이었던 자

3. 부모가 모두 분명하지 아니한 경우나 국적이 없는 경우에는 대한민
국에서 출생한 자

② 대한민국에서 발견된 기아(棄兒)는 대한민국에서 출생한 것으로 추정
한다.

출생신고 여부나 출생지가 우리 국적의 보유를 결정하는 것이 아닌 바,
국외에서 태어나 출생신고를 하지 않더라도 대한민국 국민의 자이면 된다.

미국의 경우는 우리와는 달리 속지주의이다. 혈통주의에 반대되는 개
념으로 부 또는 모의 혈통(국적)과 관계없이 출생지에 따라 국적이 결정
된다.

2) 인지에 의한 국적취득

우리 국민인 부 또는 모에 의해 인지된 자가 민법에 의해 미성년(19세
미만)이고 출생한 당시에 그 부 또는 모가 우리 국민일 경우 대한민국 국
적을 취득하는 절차이다.

인지는 법률혼 부부가 아닌 사이에서 출생한 자녀를 생부 또는 생모가

자신의 자로서 인정하는 행위를 의미한다. 국적취득의 효과는 법무부장관에게 신고를 한 때 발생한다.

제3조(인지에 의한 국적 취득)

① 대한민국의 국민이 아닌 자(이하 "외국인"이라 한다)로서 대한민국의 국민인 부 또는 모에 의하여 인지(認知)된 자가 다음 각호의 요건을 모두 갖추면 법무부장관에게 신고함으로써 대한민국 국적을 취득할 수 있다.

　　1. 대한민국의 「민법」상 미성년일 것

　　2. 출생 당시에 부 또는 모가 대한민국의 국민이었을 것

② 제1항에 따라 신고한 자는 그 신고를 한 때에 대한민국 국적을 취득한다.

③ 제1항에 따른 신고 절차와 그 밖에 필요한 사항은 대통령령으로 정한다.

3) 귀화에 의한 국적취득

제4조(귀화에 의한 국적 취득)

① 대한민국 국적을 취득한 사실이 없는 외국인은 법무부장관의 귀화허가(歸化許可)를 받아 대한민국 국적을 취득할 수 있다.

② 법무부장관은 귀화허가 신청을 받으면 제5조부터 제7조까지의 귀화 요건을 갖추었는지를 심사한 후 그 요건을 갖춘 사람에게만 귀화를 허가한다.

③ 제1항에 따라 귀화허가를 받은 사람은 법무부장관 앞에서 국민선서를 하고 귀화증서를 수여받은 때에 대한민국 국적을 취득한다. 다만, 법무부장관은 연령, 신체적·정신적 장애 등으로 국민선서의 의미를 이해할

수 없거나 이해한 것을 표현할 수 없다고 인정되는 사람에게는 국민선
서를 면제할 수 있다.

④ 법무부장관은 제3항 본문에 따른 국민선서를 받고 귀화증서를 수여
하는 업무와 같은 항 단서에 따른 국민선서의 면제 업무를 대통령령으
로 정하는 바에 따라 지방출입국·외국인관서의 장에게 대행하게 할
수 있다.

⑤ 제1항부터 제4항까지에 따른 신청절차, 심사, 국민선서 및 귀화증서 수
여와 그 대행 등에 관하여 필요한 사항은 대통령령으로 정한다.

일반귀화는 5년 이상 계속하여 대한민국 주소를 가진 민법상 성년으로
품행이 단정하고 자신의 자산이나 기능 또는 가족에 의해 생계를 유지할
능력이 있으며 기본소양을 갖춘 자에게 부여된다.

제5조(일반귀화 요건) 외국인이 귀화허가를 받기 위해서는 제6조나 제7조
에 해당하는 경우 외에는 다음 각호의 요건을 갖추어야 한다.
1. 5년 이상 계속하여 대한민국에 주소가 있을 것
   1의2. 대한민국에서 영주할 수 있는 체류자격을 가지고 있을 것
2. 대한민국의 「민법」 상 성년일 것
3. 법령을 준수하는 등 법무부령으로 정하는 품행 단정의 요건을 갖출 것

간이귀화는 3년 이상 계속해 대한민국 주소를 가진 자로서 부 또는 모
가 대한민국 국민이었던 자이거나, 대한민국에서 출생한 자로서 부 또는
모가 대한민국에서 출생한 자 또는 대한민국 국민의 양자로서 입양 당시

민법상 성년인 자에게 부여된다.

　대한민국 국민인 배우자와 혼인한 상태로 대한민국에 2년 이상 계속해 주소가 있는 자 또는 그 배우자와 혼인한 후 3년이 지나고 혼인한 상태로 1년 이상 계속해 주소가 있는 자도 해당된다.

　상기 혼인에 의한 간이귀화에서 기간을 채우지 못하였거나 그 배우자와 혼인한 상태로 대한민국에 주소를 두고 있던 중 배우자 사망이나 실종으로 정상적인 혼인생활을 할 수 없는 자 또는 혼인에 의해 출생한 미성년의 자를 양육하거나 양육하여야 할 자로서 잔여기간을 채웠고 법무부장관이 상당하다고 인정하는 자도 해당된다.

제6조(간이귀화 요건)

① 다음 각호의 어느 하나에 해당하는 외국인으로서 대한민국에 3년 이상 계속하여 주소가 있는 사람은 제5조 제1호 및 제1호의2의 요건을 갖추지 아니하여도 귀화허가를 받을 수 있다.

　1. 부 또는 모가 대한민국의 국민이었던 사람

　2. 대한민국에서 출생한 사람으로서 부 또는 모가 대한민국에서 출생한 사람

　3. 대한민국 국민의 양자(養子)로서 입양 당시 대한민국의 「민법」상 성년이었던 사람

② 배우자가 대한민국의 국민인 외국인으로서 다음 각호의 어느 하나에 해당하는 사람은 제5조 제1호 및 제1호의2의 요건을 갖추지 아니하여도 귀화허가를 받을 수 있다.

　1. 그 배우자와 혼인한 상태로 대한민국에 2년 이상 계속하여 주소가

있는 사람

2. 그 배우자와 혼인한 후 3년이 지나고 혼인한 상태로 대한민국에 1년 이상 계속하여 주소가 있는 사람

3. 제1호나 제2호의 기간을 채우지 못하였으나, 그 배우자와 혼인한 상태로 대한민국에 주소를 두고 있던 중 그 배우자의 사망이나 실종 또는 그 밖에 자신에게 책임이 없는 사유로 정상적인 혼인 생활을 할 수 없었던 사람으로서 제1호나 제2호의 잔여기간을 채웠고 법무부장관이 상당(相當)하다고 인정하는 사람

4. 제1호나 제2호의 요건을 충족하지 못하였으나, 그 배우자와의 혼인에 따라 출생한 미성년의 자(子)를 양육하고 있거나 양육하여야 할 사람으로서 제1호나 제2호의 기간을 채웠고 법무부장관이 상당하다고 인정하는 사람

부 또는 모가 대한민국의 국민인 자로서 대한민국에 특별한 공로가 있는 자 또는 과학·경제·문화·체육 등 특정분야에서 매우 우수한 능력을 보유한 자로서 대한민국 국익에 기여할 것으로 인정되는 자에 대하여는 특별귀화가 허용된다.

제7조(특별귀화 요건)

1. 부 또는 모가 대한민국의 국민인 사람. 다만, 양자로서 대한민국의 「민법」상 성년이 된 후에 입양된 사람은 제외한다.

2. 대한민국에 특별한 공로가 있는 사람

3. 과학·경제·문화·체육 등 특정 분야에서 매우 우수한 능력을 보유한 사

람으로서 대한민국의 국익에 기여할 것으로 인정되는 사람

4) 수반 취득

부 또는 모가 귀화나 국적 회복으로 대한민국 국적을 취득할 때, 그 미성년 자녀는 별도의 심사를 거칠 필요 없이 곧바로 부 또는 모와 함께 국적을 취득한다.

제8조(수반 취득)
  ① 외국인의 자(子)로서 대한민국의 「민법」상 미성년인 사람은 부 또는 모가 귀화허가를 신청할 때 함께 국적 취득을 신청할 수 있다.
  ② 제1항에 따라 국적 취득을 신청한 사람은 부 또는 모가 대한민국 국적을 취득한 때에 함께 대한민국 국적을 취득한다.

5) 국적회복에 의한 국적취득

과거 한때 대한민국의 국민이었으나 대한민국 국적을 상실 또는 이탈하고 현재는 외국 국적 또는 무국적인 자가 다시 법무무장관의 허가를 받아 우리국적을 취득하는 제도이다. 국가 또는 사회에 위해를 끼친 사실, 품행 미단정, 병역기피 목적으로 국적상실 또는 이탈한 자, 국가안전보장·질서 유지·공공복리를 위해 국적회복허가가 적당하지 않은 자에 대하여는 국적회복을 제한할 수 있다.
외국에서 태어난 선천적 복수 국적자가 국적이탈 신고를 하여 외국 국

적(시민권)만 있는 상태에서 국적회복을 하더라도 복수국적이 허용되지 않는 것이 원칙이므로 국적회복 허가일로부터 1년 내에 외국 국적 포기 증명서를 제출해야 한다.

제9조(국적회복에 의한 국적 취득)

① 대한민국의 국민이었던 외국인은 법무부장관의 국적회복허가(國籍回復許可)를 받아 대한민국 국적을 취득할 수 있다.

② 법무부장관은 국적회복허가 신청을 받으면 심사한 후 다음 각호의 어느 하나에 해당하는 사람에게는 국적회복을 허가하지 아니한다.

1. 국가나 사회에 위해(危害)를 끼친 사실이 있는 사람

2. 품행이 단정하지 못한 사람

3. 병역을 기피할 목적으로 대한민국 국적을 상실하였거나 이탈하였던 사람

4. 국가안전보장·질서유지 또는 공공복리를 위하여 법무부장관이 국적회복을 허가하는 것이 적당하지 아니하다고 인정하는 사람

제10조(국적 취득자의 외국 국적 포기 의무)

① 대한민국 국적을 취득한 외국인으로서 외국 국적을 가지고 있는 자는 대한민국 국적을 취득한 날부터 1년 내에 그 외국 국적을 포기하여야 한다.

② 제1항에도 불구하고 다음 각호의 어느 하나에 해당하는 자는 대한민국 국적을 취득한 날부터 1년 내에 외국 국적을 포기하거나 법무부장관이 정하는 바에 따라 대한민국에서 외국 국적을 행사하지 아니하겠다는 뜻을 법무부장관에게 서약하여야 한다.

1. 귀화허가를 받은 때에 제6조 제2항 제1호·제2호 또는 제7조 제1항

제2호·제3호의 어느 하나에 해당하는 사유가 있는 자

2. 제9조에 따라 국적회복허가를 받은 자로서 제7조 제1항 제2호 또는 제3호에 해당한다고 법무부장관이 인정하는 자

3. 대한민국의 「민법」상 성년이 되기 전에 외국인에게 입양된 후 외국 국적을 취득하고 외국에서 계속 거주하다가 제9조에 따라 국적회복 허가를 받은 자

4. 외국에서 거주하다가 영주할 목적으로 만 65세 이후에 입국하여 제 9조에 따라 국적회복허가를 받은 자

5. 본인의 뜻에도 불구하고 외국의 법률 및 제도로 인하여 제1항을 이 행하기 어려운 자로서 대통령령으로 정하는 자

③ 제1항 또는 제2항을 이행하지 아니한 자는 그 기간이 지난 때에 대한민 국 국적을 상실(喪失)한다.

6) 국적의 재취득

외국인이 한국 국적을 취득하였으나, 외국 국적 포기 의무기간 내에 절 차를 마치지 못해 한국 국적이 상실된 사람 중 상실일로부터 1년 내에 그 외국 국적을 포기하고 대한민국 국적을 다시 취득하는 절차이다.

제11조(국적의 재취득)

① 제10조 제3항에 따라 대한민국 국적을 상실한 자가 그 후 1년 내에 그 외국 국적을 포기하면 법무부장관에게 신고함으로써 대한민국 국적을 재취득할 수 있다.

② 제1항에 따라 신고한 자는 그 신고를 한 때에 대한민국 국적을 취득한다.

③ 제1항에 따른 신고 절차와 그 밖에 필요한 사항은 대통령령으로 정한다.

7) 국적상실

우리 국민이 자진해 외국 국적을 취득하는 등 국적법에 규정된 국적상실 사유에 해당하는 사유 발생 시 국적을 상실한다.

그 이외에 국적을 상실하는 사유로는 복수 국적자가 국적선택명령을 받고도 국적선택을 하지 아니한 경우, 복수 국적자가 대한민국 국적을 이탈한 경우, 귀화, 국적회복 등으로 우리 국적 취득 후 1년 내 외국 국적을 포기하지 아니한 경우 등이다.

우리나라 국민이 외국인과 결혼 후 외국 국적을 취득한 경우: 외국인과 결혼한 사실 자체로 그 나라 국적을 가지게 된 것이 아니라 그 후에 별도의 귀화절차를 거쳐 그 나라 국적을 가지게 된 사람은 기본적으로 '자진하여 외국 국적을 취득한 경우'에 해당해 그 외국 국적을 취득한 때에 우리 국적을 자동 상실한다.

제15조(외국 국적 취득에 따른 국적 상실)

① 대한민국의 국민으로서 자진하여 외국 국적을 취득한 자는 그 외국 국적을 취득한 때에 대한민국 국적을 상실한다.

② 대한민국의 국민으로서 다음 각호의 어느 하나에 해당하는 자는 그 외국 국적을 취득한 때부터 6개월 내에 법무부장관에게 대한민국 국적을 보유할 의사가 있다는 뜻을 신고하지 아니하면 그 외국 국적을 취득한

때로 소급(遡及)하여 대한민국 국적을 상실한 것으로 본다.

1. 외국인과의 혼인으로 그 배우자의 국적을 취득하게 된 자

2. 외국인에게 입양되어 그 양부 또는 양모의 국적을 취득하게 된 자

3. 외국인인 부 또는 모에게 인지되어 그 부 또는 모의 국적을 취득하게 된 자

4. 외국 국적을 취득하여 대한민국 국적을 상실하게 된 자의 배우자나 미성년의 자(子)로서 그 외국의 법률에 따라 함께 그 외국 국적을 취득하게 된 자

③ 외국 국적을 취득함으로써 대한민국 국적을 상실하게 된 자에 대하여 그 외국 국적의 취득일을 알 수 없으면 그가 사용하는 외국 여권의 최초 발급일에 그 외국 국적을 취득한 것으로 추정한다.

5. 복수국적제도

1) 복수국적

동시에 2개 또는 그 이상의 국적을 보유하는 것으로 선천적 복수국적과 후천적 복수국적으로 구분한다.

우리 국적법은 후천적 복수국적을 원칙적으로 불허하되, 선천적 복수국적은 '일정기간 허용' 하고 '외국 국적 불행사 서약방식' 하에 허용하고 있다.

제11조의2(복수국적자의 법적 지위 등)

① 출생이나 그 밖에 이 법에 따라 대한민국 국적과 외국 국적을 함께 가지게 된 사람으로서 대통령령으로 정하는 사람[이하 "복수국적자"(複數國籍者)라 한다]은 대한민국의 법령 적용에서 대한민국 국민으로만 처우한다.

② 복수국적자가 관계 법령에 따라 외국 국적을 보유한 상태에서 직무를 수행할 수 없는 분야에 종사하려는 경우에는 외국 국적을 포기하여야 한다.

③ 중앙행정기관의 장이 복수국적자를 외국인과 동일하게 처우하는 내용으로 법령을 제정 또는 개정하려는 경우에는 미리 법무부장관과 협의하여야 한다.

우리 국민이 후천적 자발적으로 외국 국적을 취득한 경우에는 우리 국적법은 그 외국 국적을 취득한 때에 대한민국 국적을 상실한 것으로 규정하고 있기 때문에, 비록 국적 상실신고를 하지 아니해 가족관계등록부(구 호적부)에 남아 있더라도 복수국적자가 아니다.

외국인이 대한민국 국적을 취득한 경우 1년간의 외국 국적 포기의무기간 동안에는 2개의 국적을 가지고 있는 것은 사실이나, 이 경우 국적법에서 인정하는 복수국적자가 아니며 외국 국적을 포기할 수 있는 준비기간을 준 것에 불과하다.

2) 복수국적자의 국적선택 의무

복수국적자는 법이 정한 기한 내에 반드시 하나의 국적을 선택하여야 한다. 한국에서 출생한 순수 한국인이 이민 후, 자진해 외국 국적(시민권)을 취득한 경우에는 그 외국 국적을 취득한 때에 대한민국 국적이 법률상 당연히 상실되므로 복수국적이 허용되지 않는다. 국적선택 불이행 시에는 국적선택명령을 받게 된다.

3) 국적선택기간

20세 전에 복수국적을 가지게 된 자는 22세 전까지, 20세 이후에 복수국적을 가지게 된 자는 그 때부터 2년 내, 병역의무 남자는 병역의무 해소 후 2년까지 국적선택기간을 연장한다.

다만, 영주 목적 없이 출생한 자는 국적이탈의 제한을 받는다. 18세 이상(18세 4월)의 남자는 병역을 해소한 날부터 국적이탈이 가능하며, 대한민국 국적을 선택하려는 경우에는 제한이 없다.

제12조(복수국적자의 국적선택의무)

① 만 20세가 되기 전에 복수국적자가 된 자는 만 22세가 되기 전까지, 만 20세가 된 후에 복수국적자가 된 자는 그때부터 2년 내에 제13조와 제14조에 따라 하나의 국적을 선택하여야 한다. 다만, 제10조 제2항에 따라 법무부장관에게 대한민국에서 외국 국적을 행사하지 아니하겠다는 뜻을 서약한 복수국적자는 제외한다.

② 제1항 본문에도 불구하고 「병역법」 제8조에 따라 병역준비역에 편입된 자는 편입된 때부터 3개월 이내에 하나의 국적을 선택하거나 제3항 각 호의 어느 하나에 해당하는 때부터 2년 이내에 하나의 국적을 선택하

여야 한다. 다만, 제13조에 따라 대한민국 국적을 선택하려는 경우에는 제3항 각호의 어느 하나에 해당하기 전에도 할 수 있다.

③ 직계존속(直系尊屬)이 외국에서 영주(永住)할 목적 없이 체류한 상태에서 출생한 자는 병역의무의 이행과 관련하여 다음 각호의 어느 하나에 해당하는 경우에만 제14조에 따른 국적이탈신고를 할 수 있다.

  1. 현역·상근예비역 또는 보충역으로 복무를 마치거나 마친 것으로 보게 되는 경우

  2. 전시근로역에 편입된 경우

  3. 병역면제처분을 받은 경우

4) 국적선택절차

o 국적선택신고
- 국적선택기간 내에 법무부장관에게 대한민국 국적을 선택하겠다는 뜻을 신고

o 국적선택방식
- 외국 국적포기, 외국 국적 불행사 서약
※ '외국 국적 불행사 서약'이라 함은 대한민국에서 외국 국적을 행사하지 않겠다는 뜻을 법무부장관에게 서약하는 것

o 외국 국적 불행사 서약을 할 수 있는 경우
- 기본선택기간 내에 국적선택하려는 복수국적자

- 기본선택기간 내에 국적선택하려는 자 중 병역을 필한 복수국적자

o 외국 국적을 포기해야만 하는 경우
- 원정출산자(출생 당시 모가 자녀에게 외국 국적취득 목적 외국 체류)
- 기본선택기간 후에 국적을 선택하려는 자

※ 복수국적 허용범위에서 제외되는 원정출산자는 '출생 당시에 모가 자녀에게 외국 국적을 취득하게 할 목적으로 외국에서 체류 중이었던 사실이 인정되는 자'
- 기본적으로 국내에 생활기반을 두고 있는 모가 임신한 후 자녀의 외국 국적 취득을 목적으로 출국해 외국에서 출생한 자가 이에 해당. 다만, 부 또는 모가 다음 하나에 해당하는 경우는 그러하지 아니함.
  ① 자녀의 출생 전후를 합산해 2년 이상 계속 외국에서 체류한 경우
  ② 자녀의 출생 전후에 외국의 영주권 또는 국적을 취득한 경우
  ③ 자녀의 출생 당시 유학, 공무파견, 해외주재, 취업 등 사회통념상 상당한 사유로 법무부 장관이 정하는 기간 동안 외국에서 체류한 경우

제13조(대한민국 국적의 선택 절차)
① 복수국적자로서 제12조 제1항 본문에 규정된 기간 내에 대한민국 국적을 선택하려는 자는 외국 국적을 포기하거나 법무부장관이 정하는 바에 따라 대한민국에서 외국 국적을 행사하지 아니하겠다는 뜻을 서약하고 법무부장관에게 대한민국 국적을 선택한다는 뜻을 신고할 수 있다.

② 복수국적자로서 제12조 제1항 본문에 규정된 기간 후에 대한민국 국적을 선택하려는 자는 외국 국적을 포기한 경우에만 법무부장관에게 대한민국 국적을 선택한다는 뜻을 신고할 수 있다. 다만, 제12조 제3항 제1호의 경우에 해당하는 자는 그 경우에 해당하는 때부터 2년 이내에는 제1항에서 정한 방식으로 대한민국 국적을 선택한다는 뜻을 신고할 수 있다.

③ 제1항 및 제2항 단서에도 불구하고 출생 당시에 모가 자녀에게 외국 국적을 취득하게 할 목적으로 외국에서 체류 중이었던 사실이 인정되는 자는 외국 국적을 포기한 경우에만 대한민국 국적을 선택한다는 뜻을 신고할 수 있다.

제14조의2(복수국적자에 대한 국적선택명령)

① 법무부장관은 복수국적자로서 제12조 제1항 또는 제2항에서 정한 기간 내에 국적을 선택하지 아니한 자에게 1년 내에 하나의 국적을 선택할 것을 명하여야 한다.

② 법무부장관은 복수국적자로서 제10조 제2항, 제13조 제1항 또는 같은 조 제2항 단서에 따라 대한민국에서 외국 국적을 행사하지 아니하겠다는 뜻을 서약한 자가 그 뜻에 현저히 반하는 행위를 한 경우에는 6개월 내에 하나의 국적을 선택할 것을 명할 수 있다.

③ 제1항 또는 제2항에 따라 국적선택의 명령을 받은 자가 대한민국 국적을 선택하려면 외국 국적을 포기하여야 한다.

④ 제1항 또는 제2항에 따라 국적선택의 명령을 받고도 이를 따르지 아니한 자는 그 기간이 지난 때에 대한민국 국적을 상실한다.

6. 국적이탈 제도

1) 제도의 의의

복수국적자가 국적선택기간 내에 외국 국적을 선택하기 위해 대한민국 국적을 적극적으로 포기(이탈)하는 것을 의미한다. 외국에 주소가 있는 경우에만 재외공관을 통해 국적이탈신고가 가능하다.

제14조(대한민국 국적의 이탈 요건 및 절차)
① 복수국적자로서 외국 국적을 선택하려는 자는 외국에 주소가 있는 경우에만 주소지 관할 재외공관의 장을 거쳐 법무부장관에게 대한민국 국적을 이탈한다는 뜻을 신고할 수 있다.

2) 국적이탈신고 기한

남자는 제1국민역에 편입되는 만 18세가 되는 해의 3월 이내 또는 병역의무 해소 이후 국적이탈을 신고할 수 있다.
다만, 직계존속이 외국에서 영주할 목적 없이 체류한 상태에서 출생한 남자는 병역의무를 해소한 경우에만 국적이탈이 가능하다.

3) 선천적 복수국적자의 국적이탈

국외에 거주하고 있는 선천적 복수국적자인 대한민국 남성은 출생 시

부터 18세가 되는 해 3월말까지의 사이에 거주지 재외공관을 통해 국적이탈 신고를 할 수 있다. 그렇지 않을 경우 병역을 마치거나 면제를 받지 않는 한 37세(79년 이전 출생자는 35세)까지 국적이탈이 제한되므로 불이익이 발생하지 않도록 주의하여야 한다.

4) 복수국적자의 법적지위

복수국적자는 대한민국의 법령 적용에서 대한민국 국민으로만 처우한다. 국내 거주 시 주민등록을 원칙으로 하고 외국인 등록은 제한된다. 또한 대한민국에서 국가안보, 보안, 외교 등 특정분야에 종사하는 경우에는 외국 국적을 포기하도록 한다.

제16조(국적상실자의 처리)
① 대한민국 국적을 상실한 자(제14조에 따른 국적이탈의 신고를 한 자는 제외한다)는 법무부장관에게 국적상실신고를 하여야 한다.
② 공무원이 그 직무상 대한민국 국적을 상실한 자를 발견하면 지체 없이 법무부장관에게 그 사실을 통보하여야 한다.
③ 법무부장관은 그 직무상 대한민국 국적을 상실한 자를 발견하거나 제1항이나 제2항에 따라 국적상실의 신고나 통보를 받으면 가족관계등록관서와 주민등록 관서에 통보하여야 한다.
④ 제1항부터 제3항까지의 규정에 따른 신고 및 통보의 절차와 그 밖에 필요한 사항은 대통령령으로

■■■

1. 여권의 정의

여권은 소지자의 국적 등 신분을 증명하고 국적국이 소지자에 대한 외
교적 보호권을 행사할 수 있는 공문서의 일종이다. 대한민국 여권은 대
한민국 국민임을 입증하는 신분증명서로 여권소지자는 해외에서 영사
조력을 받을 권리가 있으며, 외국을 여행하는 국민은 여권을 소지하여
야 할 의무가 있다.

"A passport is a travel document, usually issued by a country's
government, that certifies the identity and nationality of its holder
for the purpose of International travel (Wikipedia)"

2. 여권의 종류

1) 사용목적에 따른 종류

(1) 일반여권

복수여권은 사용 가능 횟수에 따라 유효기간 만료일까지 횟수 제한 없이 사용 가능한 여권이며 사증란은 48페이지(알뜰여권은 24페이지)이다.

단수여권은 발급지를 기준으로 왕복 1회 사용하면 효력이 상실되는 여권이다. 단수여권은 본인의 요청이 있는 경우, 병역 미필자로 국외여행허가 기간이 6개월 미만인 경우, 국외여행 중 여권을 분실하였으나 체류국가가 여행증명서를 인정하지 않는 경우 등 여권법 제6조 및 여권법 시행령 제13조에 규정된 자에게 발급된다.

(2) 관용여권

공무로 국외에 여행하는 공무원, 공공기관 소속 직원, 재외공관 행정직원등 여권법 시행령 제7조에 규정된 대상자들에게 발급된다.

(3) 외교관여권

대통령, 국무총리, 대법원장, 헌법재판소장, 국회의장, 외교부장관 및 외교부소속 공무원 등 여권법 시행령 제10조에 규정된 대상자들에게 발급된다.

제4조(여권의 종류)

① 여권의 종류는 일반여권·관용여권과 외교관여권으로 하되, 이를 각각 1회에 한하여 외국여행을 할 수 있는 여권(이하 "단수여권"이라 한다)과 유효기간 만료일까지 횟수에 제한 없이 외국여행을 할 수 있는 여권(이하 "복수여권"이라 한다)으로 구분할 수 있다.② 관용여권과 외교관여권의 발급대상자는 대통령령으로 정한다.

2) 제작방식에 따른 종류

(1) 사진부착식(photo stick-in) 여권

여권사진을 신원정보면에 부착하는 방식으로 사진교체 등 위변조에 상대적으로 취약하다.

(2) 사진전사식(photo digitalized) 여권

여권사진이 신원정보면에 전사되는 방식으로 사진교체 등을 통한 위변조가 더 어려워진다.

(3) 전자여권(e-passport)

여권 내 전자칩에 여권종류, 발행국, 성명, 여권번호, 생년월일, 성별, 기간만료일, 주민등록번호, 얼굴이미지 기록한다. 여권정보보호와 여권 위·변조 방지를 위해 ICAO 국제표준에 따라 최신 보안기술을 적용하여 제작한다. 현재 우리나라의 여권은 전자여권이 기본이다.

제7조(여권의 수록 정보와 수록 방법)

자료

① 여권에 수록하는 정보는 다음 각호와 같다.

    1. 여권의 종류, 발행국, 여권번호, 발급일, 기간만료일과 발급관청

    2. 여권의 명의인(名義人)의 성명, 국적, 성별, 생년월일, 주민등록번호
      와 사진

② 제1항 각호의 정보는 대통령령으로 정하는 바에 따라 여권에 인쇄하고
전자적으로 수록한다. 다만, 재외공관에서의 여권발급 등 대통령령으
로 정하는 부득이한 사유가 있는 경우에는 전자적으로 수록하지 아니
할 수 있다.

(4) 여행증명서(Travel Certificate)

'여권에 갈음하는 증명서'로서 긴급히 출국할 필요가 있는 자, 분실 등
으로 유효한 여권이 없고, 새 여권 발급을 기다릴 시간적 여유도 없는 경
우, 귀국하는 신원부적합자 및 행정제재자 등 여권법 시행령 제16조에 해
당하는 경우 예외적으로 발급하는 여행증서이다.

3. 여권사용에 대한 제재

일정한 요건에 해당하는 국민에 대하여는 여권발급을 제한하거나 거
부할 수 있다. 중요한 범죄를 저지른 경우나 국외에서 대한민국의 안전보
장, 질서유지나 통일·외교정책에 중대한 침해를 야기할 우려가 있는 경
우이다.

제12조(여권의 발급 등의 거부·제한)

① 외교부장관은 다음 각호의 어느 하나에 해당하는 사람에 대하여는 여권의 발급 또는 재발급을 거부할 수 있다.

  1. 장기 2년 이상의 형(刑)에 해당하는 죄로 인하여 기소(起訴)되어 있는 사람 또는 장기 3년 이상의 형에 해당하는 죄로 인하여 기소중지되거나 체포영장·구속영장이 발부된 사람 중 국외에 있는 사람

  2. 제24조부터 제26조까지에 규정된 죄를 범하여 형을 선고받고 그 집행이 종료되지 아니하거나 집행을 받지 아니하기로 확정되지 아니한 사람

  3. 제2호 외의 죄를 범하여 금고 이상의 형을 선고받고 그 집행이 종료되지 아니하거나 그 집행을 받지 아니하기로 확정되지 아니한 사람

  4. 국외에서 대한민국의 안전보장·질서유지나 통일·외교정책에 중대한 침해를 야기할 우려가 있는 경우로서 다음 각 목의 어느 하나에 해당하는 사람

  가. 출국할 경우 테러 등으로 생명이나 신체의 안전이 침해될 위험이 큰 사람

  나. 「보안관찰법」 제4조에 따라 보안관찰처분을 받고 그 기간 중에 있으면서 같은 법 제22조에 따라 경고를 받은 사람

② 외교부장관은 제1항 제4호에 해당하는 사람인지의 여부를 판단하려고 할 때에는 미리 법무부장관과 협의하고 제18조에 따른 여권정책심의위원회의 심의를 거쳐야 한다.

③ 외교부장관은 다음 각호의 어느 하나에 해당하는 사람에 대하여는 그 사실이 있는 날부터 1년 이상 3년 이하의 기간 동안 여권의 발급 또는

재발급을 제한할 수 있다.

1. 제1항 제2호에서 규정하는 죄를 범하여 그 형의 집행을 종료하거나 그 형의 집행을 받지 아니하기로 확정된 사람
2. 외국에서의 위법한 행위 등으로 국위(國威)를 크게 손상시킨 사실이 재외공관 또는 관계 행정기관으로부터 통보된 사람

④ 외교부장관은 제1항이나 제3항에 따라 여권의 발급 또는 재발급이 거부되거나 제한된 사람에 대하여 긴급한 인도적 사유 등 대통령령으로 정하는 사유가 있는 경우에는 해당 사유에 따른 여행목적에만 사용할 수 있는 여권을 발급할 수 있다.

제13조(여권의 효력상실)

① 여권은 다음 각호의 어느 하나에 해당하는 때에는 그 효력을 잃는다.

1. 여권의 유효기간이 끝난 때
2. 여권이 발급된 날부터 6개월이 지날 때까지 신청인이 그 여권을 받아가지 아니한 때
3. 여권을 잃어버려 그 명의인이 대통령령으로 정하는 바에 따라 분실을 신고한 때
4. 여권의 발급 또는 재발급을 신청하기 위하여 반납된 여권의 경우에는 신청한 여권이 발급되거나 재발급된 때
5. 발급된 여권이 변조된 때
6. 여권이 다른 사람에게 양도되거나 대여되어 행사된 때
7. 여권의 발급이나 재발급을 받은 사람이 외국 국적을 취득하여「국적법」에 따라 국적을 상실한 때

8. 제19조에 따라 여권의 반납명령을 받고도 지정한 반납기간 내에 정당한 사유 없이 여권을 반납하지 아니한 때

9. 단수여권의 경우에는 여권의 명의인이 귀국한 때

② 제1항 제2호부터 제8호까지의 규정에 따른 여권의 효력상실 사유를 알게 된 지방자치단체의 소속 공무원 중 여권의 발급이나 재발급에 관한 사무를 담당하는 사람, 국가경찰공무원, 자치경찰공무원, 출입국관리나 세관업무에 종사하는 사람으로서 사법경찰관리의 직무를 행하는 사람은 그 사실을 외교부장관에게 통보하여야 한다.

4. 여권을 갈음하는 증명서

여행 중 여권을 분실한 사람에 대하여는 여행증명서를 발급할 수 있다. 유효기간이 1년 이내이고 발급목적이 이루어지면 증명서의 효력은 상실된다. 여행자는 정식여권을 재발급받아야 한다.

제14조(여권을 갈음하는 증명서)

① 외교부장관은 국외 체류 중에 여권을 잃어버린 사람으로서 여권의 발급을 기다릴 시간적 여유가 없는 사람 등 대통령령으로 정하는 사람에게 여행목적지가 기재된 여권을 갈음하는 증명서(이하 "여행증명서"라 한다)를 발급할 수 있다.

② 여행증명서의 유효기간은 1년 이내로 하되, 그 여행증명서의 발급 목적을 이루면 그 효력을 잃는다.

15
사증제도 및 입국허가

■■■

1. 사증의 정의

사증(査證) 또는 비자(visa)는 외국인에 대한 입국 허가 증명이다.

개인이 다른 나라에 가기 위해서는 여권과 함께 사증이 있어야 한다. 사증은 일반적으로 출발 국에서 또는 제3국에 위치한 대상국의 대사관 또는 총영사관으로부터 받으며 다른 나라에서 받을 수도 있다.

하지만 사증은 입국을 위한 전제 조건이고 다른 나라에 입국하기 위해서는 그 나라에서 입국 심사를 통해 최종 입국 허가를 받아야 한다. 각국은 사증에 대해 외국인에 대하여 그 나라에 입국할 수 있음을 인정하는 "입국허가 확인"의 의미로 보고 있는 국가와 외국인의 입국허가신청에 대한 영사의 "입국추천행위"의 의미로 보고 있는 국가로 대별된다.

우리나라의 경우, 사증발급은 "입국추천행위"로 외국인이 사증을 소지한 경우에도 입국심사 결과 입국허가 요건에 부합하지 아니한 경우 입국을 불허할 수 있다. 사증을 우리나라에 입국할 수 있는 충분조건이 아니라 필요조건으로 보는 것이다.

사증은 제1차 세계대전 이후 자국에 침입하는 스파이를 막을 목적으로 도입되었으며, 현재는 이민 문제와 일자리 등에 대한 문제 때문에 입국을 제한하기 위해 사증 제도를 시행하고 있다.

2. 무사증 입국

관광 산업 진흥, 세계 여러 국가와의 우호 증진 등의 목적으로 단기간 체류할 경우 특정 국가의 국민에게 사증 없이 입국을 허가해주기도 한다. 몰디브, 세이셸과 같이 모든 국가의 국민에게 사증 없이 입국을 허용하기도 하고, 싱가포르, 아이티, 이집트와 같이 일부 국가의 국민에게만 사증을 요구하는 경우도 있다. 동티모르와 지부티는 일정 액수의 수수료를 지불하면 도착 시 사증을 발급한다.

3. 사증의 종류

1) 기간에 의한 구분

(1) 단수사증

유효기간 내에 1회에 한하여 입국할 수 있으며 유효기간은 발급일로부터 3개월이다.

(2) 더블사증

유효기간 내에 2회에 한하여 입국할 수 있으며 유효기간은 발급일로부터 6개월이다.

(3) 복수사증

유효기간 내에 2회 이상 횟수에 제한 없이 입국할 수 있으며 유효기간은 발급일로부터 1년, 3년, 5년 등

사증 구성요소: 사증 종류(단수, 더블, 복수), 체류자격, 체류기간, 사증발급일

사증에는 발급한 날짜(발급일)가 있고, 그 사증의 유효기간이 만료일이며 만료일까지 입국이 가능하며, 체류기간은 일단 입국하여 체류할 수 있는 기간을 나타내며 입국한 다음날부터 계산

> 예) 사증 발급일이 2015.4.27. 유효기간이 3개월, 체류기간이 90일인 단수
> 사증을 소지한 경우 2015.7.27.까지 입국할 수 있으며 입국허용이 되면
> 90일이 되는 2015.10.15.까지 국내 체류가능

2) 체류자격에 따른 사증 유형

체류자격이란 모 든 외국인은 체류자격(status)을 갖고 있어야 하며, 체류 자격별로 활동의 범위를 정해 체류자격에 따른 활동만 하도록 허

용한다.

현재 출입국관리법 시행령 12조에 따라 36개 체류자격의 종류가 있으며, 관리 및 정책목적 차원에서 각 체류자격마다 세분화되어 있다.

사증면제협정 체결국가 국민이 사증없이 입국하는 경우 체류자격 B-1으로 입국 허가되고 그 범위에 해당되는 활동을 해야 한다.

외교·공무·협정 수행자 및 그 가족에 대한 사증
외교(A-1), 공무(A-2), 협정(A-3)

비영리목적 단기체류자에 대한 사증(단기사증)
일시취재(C-1), 단기방문(C-2)

취업활동 가능 체류자격 해당자에 대한 사증(취업사증)
단기취업(C-4), 교수(E-1), 회화지도(E-2), 연구(E-3), 기술지도(E-4), 전문직업(E-5), 예술흥행(E-6), 특정활동(E-7), 연수취업(E-8), 비전문취업(E-9), 선원취업(E-10), 관광취업(H-1), 방문취업(H-2)

단 취업(E-4)내지 특정활동(E-7), 비전문취업(E-9), 선원취업(E-10) 사증발급 시에는 사증 비고란에 반드시 근무처를 입력

기타사증(일반사증)

문화예술(D-1), 유학(D-2), 기술연수(D-3), 일반연수(D-4), 취재(D-

5), 종교(D-6), 주재(D-7), 기업투자(D-8), 무역경영(D-9), 구직(D-10), 방문동거(F-1),거주(F-2), 동반(F-3), 재외동포(F-4), 영주(F-5), 결혼이민(F-6), 기타(G-1) 사증

문화예술(D-1)내지 무역경영D(-9)의 사증발급 시에는 사증비고란에 근무처, 연수장소, 학교명 등을 입력

4. 사증심사

공관장 재량으로 발급할 수 있는 사증인지 여부, 여권 및 제출 서류의 진위여부, 입국규제 대상 여부, 규정에 의한 첨부 서류의 적정성, 해당 체류자격별로 허가된 체류기간 내 귀국 가능성 여부, 신원이 의심스러운 자에 대하여는 직접 면담 실시 또는 관계 기관 등을 통한 신원 확인을 기준으로 사증을 발급한다.

5. 일반적 유의사항

사증 발급에 관한 규정을 숙지하여야 한다. 법무부장관의 승인을 받아 발급해야 할 사증을 재외공관장 재량으로 발급하거나, 재외공관장에게 발급권한이 위임된 사증을 승인 요청하는 등 사증발급 관련 규정 미숙지로 인하여 규정에 어긋나게 사증을 발급하는 일이 없도록 유의하여야 한다.

유효한 사증을 가지고 있는 자에 대하여 입국목적, 기타 사정의 변경

으로 새로이 사증을 발급하는 경우 종전의 사증에 "CANCELLED" 인을 날인한다. 통합사증정보시스템에 사증신청 및 허가(승인)내용, 인적사항, 체류자격, 근무처, 사증발급 인정번호, 법무부장관 승인사항 등을 빠짐없이 입력한다.

불법체류 다발국(21개국) 또는 테러지원국(4개국) 국민에 대한 사증발급 시에는 원칙적으로 자국소재 공관에 사증신청 및 사증 발급을 한다. 단, 제3국에서 영주권·재입국허가서·재입국허가를 받은 장기체류자는 제3국 소재 공관에서 사증신청 및 발급이 가능하다.

16

재외동포법

■■■

1. 재외동포 정의

재외동포재단법(제2조)은 재외동포를 "대한민국 국민으로서 외국에 장기 체류하거나 외국의 영주권을 취득한 사람과 국적에 관계없이 한민족(韓民族)의 혈통을 지닌 사람으로서 외국에서 거주·생활하는 사람"으로 규정하고 있다.

재외동포의 출입국과 법적 지위에 관한 법률(제2조)에서는 "대한민국 국민으로서 외국의 영주권을 취득한 자 또는 영주할 목적으로 외국에 거주하고 있는 자는 재외국민으로, 대한민국의 국적을 보유하였던 자(대한민국 정부 수립 전에 국외로 이주한 동포를 포함) 또는 그 비속(直系卑屬)으로서 외국 국적을 취득한 자 중 대통령령으로 정하는 자를 외국 국적 동포로 정의하고 있다.

재외동포의 출입국과 법적 지위에 관한 법률시행령(제3조)에서는 대한민국의 국적을 보유하였던 자(대한민국 정부 수립 이전에 국외로 이주한 동포를 포함)로서 외국 국적을 취득한 자 또는 부모의 일방 또는 조부모의 일방이 대한민국의 국적을 보유하였던 자로서 외국 국적을 취득한 자로 규정하고 있다.

2. 재외동포에 대한 인식

재외동포를 지칭하는 용어는 지역이나 시대변화 등에 따라 다양한 양상을 보여왔으며, 이는 각국에 진출, 거주하게 된 역사적 배경이나 동포사회를 구성하게 된 과정이 상이하고 복잡하기 때문이라 볼 수 있다. 이런 상황 때문에 재외동포의 정체성을 대변할 수 있는 용어의 정립이 요구되고 있지만, 하나의 통일된 표현을 도출하기에는 적지 않은 어려움이 있는 것도 현실이다. 현재 정부는 '재외동포'를 공식 사용하고 있다.

3. 재외동포에 대한 인식 변화 원인

우리나라의 발전과 재외동포들의 위상 제고가 이뤄지면서 우리 국민들의 재외동포에 대한 인식 또한 긍정적인 변화를 보여 왔다.

2013년 재외동포재단이 실시한 재외동포에 대한 국민인식조사에 따르면 우리 국민의 56.3%는 재외동포의 한국발전 기여도에 대해 긍정적으로 평가하고 있으며, 67.2%가 재외동포(Overseas Korean)에 대해 한국민으로서의 동질감을 느끼고 있는 것으로 나타났다.

한편, 재외동포들은 국제무대에서 모국의 정치·경제적 위상이 높아짐에 따라 점차 한민족으로서의 자긍심을 가지게 되었으며, 모국과 거주국 간의 가교 역할을 수행하면서 우리 기업의 해외 진출과 한류 전파에도 크게 기여하고 있다.

4. 재외동포 정책 방향

우리 재외동포 정책은 1990년대 이후에 본격적으로 시작되었다고 볼 수 있다. 이는 1988년 서울올림픽개최로 소련이나 중국 등 사회주의권 거주 동포들이 한국을 모국으로 인식하기 시작했고, 1990년대 초 냉전 종식과 함께 재외동포 수가 대폭 증가한 데 기인한다. 이와 함께 재외동 포사회의 모국에 대한 기대수요가 급속히 증가하면서 재외동포를 위한 전담기구 설치의 필요성이 제기되었다.

1998년 IMF 위기를 맞이하여 국민 경제가 풍전등화의 위기를 맞이하였다. 우리 정부는 외화의 절대 부족 상황에서 미국, 일본 등을 비롯한 해외 동포들의 국내 투자를 유치하였다. 이러한 사건을 계기로 우리 정부는 국적법을 개정하여 제한된 범위에서 복수 국적을 인정하는 방안을 모색하였다.

이와 함께 해외거주 동포 중 우리 국적을 갖고 있는 동포들에게 투표권을 행사하도록 하는 방안이 추진되었다. 그 결과 2009년 재외국민 선거 제도가 도입되었고 2012년 제19대 국회의원선거 때부터 적용되었다.

이런 과정을 통하여 재외동포들과 모국이 서로 갖고 있던 부정적인 시각들이 현저하게 해소되기 시작하였다. 해외 동포 신세대들의 한국어 교육과 한국 문화에 대한 관심도 상승하였다.

한편 정부는 1996년 총리 직속의 재외동포 정책위원회와 1997년 재외동포재단을 설립하였다. 정부는 1999년 '재외동포 출입국과 법적지위에 관한 법률'을 행하였다.

1) 재외동포 정책의 목적

재외동포재단법(제1조)
재외동포들이 민족적 유대감을 유지하면서 거주국에서 그 사회의 모범적인 구성원으로 살아갈 수 있도록 하는 데 이바지한다고 규정하고 있다.
재외동포사회와 모국 간 호혜·상생(원-원) 발전을 목표로 하여 모국정부, 동포사회의 거주국 내 안정적인 정착·발전을 지원한다. 동포사회, 거주국에서의 지위 향상, 영향력 강화사업을 시행하고 동포사회가 모국과 거주국 간 가교 역할을 수행하면서 모국에 발전적 기여를 하도록 한다.

2) 역대 재외동포 정책

해방 이후 1950년대에는 조선적(籍) 재일동포의 포섭 차원에서 재외국민등록법을 제정하였다. 조선적은 친북 동포를 의미한다. 1960~70년대에는 정부 정책차원에서 해외이주를 장려하기 위해 1962년 해외이주법을 제정하였다. 1980년대에는 재외동포의 안정적인 정착과 주류사회로의 진입을 지원하는 방향으로 발전하였다. 종전의 해외이주 관련 제한을 폐지, 해외이민 확대정책 시행을 시행하기 시작하였다. 1989년 여권법 개정 및 해외여행을 자유화하였으며 1990년대 이후에는 모국과 동포사회

간 호혜적 발전관계 구축, 글로벌 한민족 네트워크 확충, 국익증진을 위한 외교적 자산, 국민행복 실현을 위한 파트너, 통일 시대 대비를 대비하는 재외동포 정책을 추진하고 있다.

재외동포 정책을 종합적으로 심의·조정하기 위하여 총리실 산하에 재외동포 정책위원회 설치하고 1997년에는 재외동포에 대한 종합적인 지원을 위해 재외동포재단 설립하였다.

1999년에는 재외동포 출입국과 법적지위에 관한 법률을 제정하였고, 2007년에는 방문취업제를 시행, 2012년부터 재외선거제도를 도입하였다.

3) 현재의 주요 재외동포 정책

(1) 권역별 맞춤형 재외동포 정책

북미, 중국, 러시아·CIS, 일본, 기타지역의 5대 권역별로 특화된 정책을 추진 중인데 서로 다른 이주 역사 및 동포사회의 발전과정에 따른 동포사회의 가치와 역할이 상이하다.

(2) 글로벌 한민족 네트워크 확충

재외동포 간, 국내외 동포 간, 온/오프라인, 직능별, 지역별 네트워킹을 강화하고 있다. 세계한인회장대회, 한상대회, 차세대대회, 코리안넷, 스터디코리안 등이 그것이다.

재외동포 민족교육을 강화하기 위해 우리말 및 역사·문화 교육 프로그램을 확대하여 차세대 동포들의 민족정체성 유지를 위해 노력하고 있다. 전세계 한글학교는 117개국 1,855개교이며, 학생 수는 약 10만 명에 이르고 있다.

재외국민이 실생활에서 겪는 애로사항을 파악, 이에 대응함으로써 현장중심의 생활 밀착형 영사서비스를 제공한다.

4) 권역별 맞춤형 재외동포 정책

(1) 북미 지역

북미 지역은 경제력은 괄목할 만한 성장을 하였으나 그에 걸맞은 정치력 부족으로 주류사회 내 확고한 입지 구축이 미흡한 상황이다. 동포사회의 전반적인 지지를 확보하는 방안을 강구해야 결속력을 기대할 수 있다. 또한 차세대들의 동포사회와 모국에 대한 관심과 기여할 수 있는 방안이 낮은 상황이다.

우리 정부는 미국 동포들이 거주국 주류사회 정착, 한민족 정체성 유지, 모국에 대한 기여에 이바지하도록 유도하고 있다. 구체적으로는 한인사회 문화의 올바른 방향 변화 모색하고 차세대 및 직능단체 중심구도로 동포사회 대표성 문제 해결을 모색하고 있다. 전략적인 접근을 통한 차세대 육성 및 역량 강화를 추진하고 공공외교 참여 확대를 위한 효율적인 지원 시스템 구축을 지원하고 있다.

앞으로 미국 사회 여론 조성 및 정책 결정에 있어 영향력을 발휘할 수 있는 구조를 만들어 가는 것이 중요하다. 2002년 주 뉴욕 총영사관의 발의로 1.5세대 동포단체(Korea America Community Foundation)를 출범시킨 것은 중요한 변화이다.

과거와는 달리 수백만 달러의 자발적 기부금이 모금되었다. 이 기금을 바탕으로 동포사회의 독거노인, 결손가정 및 청소년 문제 단체 등에 보조금을 지원하여 동포사회 문제 솔루션을 강구해 나가고 있다. 이러한 단체 출범을 위해서 유대인, 중국, 인도 등의 사례를 비교 분석하였다.

이러한 변화를 바탕으로 미국거주 동포 단체들은 미국에 대한 공공외교 수행과 관련 중요한 일익을 담당할 수 있을 것으로 기대된다. 복수국적법과 관련 제도를 통해 모국 경제의 안정과 발전을 위한 의미 있는 역할도 수행할 것이다.

재미 동포사회가 미국 주류사회와의 연결성을 높여야 한다는 지적이 있다. 세계 제1의 정치적, 경제적 힘을 갖고 있고 우리의 군사 동맹국이 미국이다. 미국과의 관계는 우리의 안보와 경제성장에도 커다란 영향력을 미치기 때문에 그러한 기대감이 큰 것이다.

우리 정부나 동포사회는 유대인들의 미국 내 위상에 주목한다. 우리 동포사회의 단체들이나 가정들이 유대인들을 벤치마킹하여 미국 내 영향력을 확대하려는 노력도 한다.

유대인의 미국 내에서의 정치, 경제, 문화, 언론계에서의 영향력은 탁월하다. 유대인들은 2천년 넘는 세월 동안 국가를 건설하지 못하고 전 세계를 떠돌아다녔다. 북아프리카 지역의 셈족을 기원으로 하는 유대인을 세파라드라 한다. 동구권 등을 중심으로 하는 유럽계 유대인은 아스케나지라고 한다.

유대인은 모계 중심사회이다. 원칙적으로 어머니가 유대인이어야 자녀들도 유대인이 된다. 그렇지 않은 경우에는 탈무드교육을 받은 정도와 유태교에 대한 신앙심 등을 평가받아 유대인으로 인정받는다.

유대인들은 공공정책위원회(AIPAC: American Israel Public

Affairs Committee)를 통해 미국 정계에 자신들의 이익을 로비한다. 재미 유대인 7명이 주도하여 1953년 정식 로비 단체로 출범하였다. 유대인의 단결을 통해 미국의 친이스라엘 정책을 유지하고 확대하는 것을 목표로 한다. 435개 연방 하원선거구에 모두 조직을 갖고 있다. 연례총회 마지막 날에는 그동안 미국 의회 내 활동을 분석해 AIPAC에 우호적인 활동을 벌인 의원들을 성적순으로 발표한다. 4년 임기의 회장은 미국 대선보다 1년 먼저 선출해서 미국 대선과 긴밀하게 연결되도록 한다. 650만 재미 유대인 가운데 2만여 명이 핵심적으로 재정기여를 하고 100달러 이상의 기부금을 내는 회원도 30만 명에 달하는 것으로 알려져 있다.

(2) 일본지역

일본 동포사회에는 역사적 특수성에 기인한 강한 보상 심리가 존재한다. 시대의 변화에 따라 동포사회의 특수성에 대한 도전이 대두되고, 재일민단의 적극적인 변화와 개혁 필요성이 증대하고 있다. 또한 일본사회로의 동화에 따른 한인 정체성 약화 현상이 가속화되고 있다.

정부로서는 한일관계의 특수성을 감안한 보호와 배려를 해나갈 필요가 있다. 재일 동포사회는 한일관계 회복 및 발전을 위한 역할을 수행할 수 있으며, 향후 통일과정에서 우리 정부를 지지하는 역량을 결집할 수 있다.

주요 과제로는 일본 국적 취득 동포들에 대한 배척 분위기를 불식시키고, 차세대 정체성 함양 및 경쟁력 제고를 위한 민족교육을 강화할 필요가 있다. 재일민단 중심 체제를 유지하면서도 민단 조직 및 운영의 개혁을 추진해 나가야 한다.

(3) 중국지역

중국지역에는 조선족 동포사회와 한인사회 간 갈등이 내재되어 있다. 역사적 경위에 따른 복잡한 정치적 성향이 존재하고 있으며 인구감소 등에 따른 조선족 동포사회의 약화 현상이 지속되고 있다. 한편 국내 체류 조선족 동포들의 모국 사회에 대한 불만도 증가하고 있다.

역사적 특수성을 감안한 조선족 동포에 대한 포용정책이 필요하다. 조선족 동포들의 이중적 정체성의 활용이 가능하며, 통일 과정에서 의미 있는 역할 수행을 기대할 수 있다.

(4) 러시아·CIS지역

역사의 최대 피해자인 고려인 동포에 대한 모국의 특별한 배려가 필요하다. 과거 소련의 소수민족 동화정책(한국 교육, 한국어 교육 금지 등)에 따른 정체성 약화 현상이 강하다. 고려인 동포사회 내 생활 수준의 극심한 격차가 존재하며 열악한 상황의 국내 거주 고려인들에 대한 처우 문제가 대두되고 있다.

러시아와 중앙아시아 등 구소련 지역 동포들을 '고려인'이라 부른다. 고려인들은 19세기 중반 새로운 삶의 가능성을 찾아 러시아제국의 연해주 지방으로 이주하였다. 쌀농사와 목축업으로 탄탄한 경제 기반을 구축하였다. 그러나 스탈린은 1936~37년간 고려인들이 일본의 스파이가 될 가능성이 있다고 판단하여 중앙아시아 지역으로 강제 이주시켰다. 이들 고려인들 중에는 재산을 모아 조국의 독립을 위해 지원한 최재형을 비롯, 홍범도, 황운정 등의 인사들이 있었다. 스탈린이 한국어 교육을 금지시켰지만 이들은 한국어로 신문을 발행하고, 극장도 운영하였다.

역사의 피해자이자 항일독립운동의 주역인 동포들에 대한 적절한 배려와 지원을 통해 국가의 자존감 확보 및 국민적 통합에 기여해야 한다.

러시아, 카자흐스탄, 우즈베키스탄 등 주재국 내 긍정적 평가를 통해 외교적 자산으로서의 성장 가능성이 크다. 오랜 기간 모국과의 단절로 인해 약화된 고려인 동포사회의 한민족 정체성 회복에 역점을 두는 한편, 궁극적으로 글로벌 시대에 맞는 이상적인 다문화 커뮤니티로 발전해 나갈 수 있도록 지원해 나가야 한다.

(5) 유럽지역

프랑스는 1919년 파리평화회의에 대한 일본의 강점과 조선의 독립 필요성을 호소하게 한 파리 위원부의 활동이 활발했던 지역이다. 상해 임시정부는 1919년 4월 상해의 프랑스 조계에 임시정부를 수립하고 김규식을 외무총장겸 파리강화회의 대한민국 위원으로 파견하였다. 임시정부는 외국의 국가승인을 받지 못해 회의 참석이 불가능했다. 그러나 한일합방의 원천무효와 일본의 만행을 규탄하는 우리 정부 입장을 각국 대표단에 보내는 활약을 하였다. 이 대표단에는 스위스, 독일 등에서 유학생을 포함시키기도 하였다.

독립후 초기 경제건설과정에서 파독광부와 간호사들의 공헌이 컸다. 우리의 인력파견을 근거로 서독 정부로부터 차관을 도입하였다. 유럽지역은 우리 동포 수가 많지는 않으나 유럽과 한국을 연결하는 중요한 역할을 하고 있다. 프랑스, 독일, 영국 등 유럽국가에서 유학 중인 학생들의 숫자도 꾸준히 유지되고 있다.

5. 재외동포 정책 수립·이행 체계

국무총리를 위원장으로 하는 재외동포 정책위원회가 재외동포 정책을 총괄 관리한다.

외교부의 재외동포영사국실은 재외동포에 대한 외교정책의 수립·시행 및 총괄·조정 실무를 담당하고 있다. 재외동포 정책의 수립, 시행 및 총괄, 조정, 재외동포 관련 법령, 제도의 수립 및 총괄, 조정업무를 담당한다. 재외동포 정책과 관련된 정부부처 실무자 간 협의체의 운영 등 동포업무 관계 기관과의 협조를 담당하며 재외동포의 현황 파악 및 재외동포, 동포 단체에 대한 지원, 재외동포재단에 대한 지도, 감독을 담당한다.

재외동포에 대한 포상 및 보훈 등 재외동포의 권익보호에 관한 사항, 이주문제 관련 국제기구 및 국제회의에 관한 사항, 재외국민의 참정권에 관한 사항, 국외 소재 한인 유산의 관리에 관한 관계 기관과의 협조도 담당한다.

재외국민 선거는 대통령 선거, 국회의원선거시에 시행한다. 민주평통자문위원(임기 2년) 위촉업무도 담당한다.

재외동포재단

정부는 1996년 재외동포 정책심의위원회를 국무총리가 위원장이 되는 재외동포 정책위원회로 격상시키고, 제1차 재외동포 정책위원회는 재외동포재단을 설립키로 했다. 이에 따라 1997년 10월 재외동포재단법에 의거하여 발족된 동 재단은 외교부 산하 비영리 공공법인으로 재외동포 지원업무를 수행하고 있다. 재외동포재단의 주요 지원사업 중 재외동포 교육사업과 교류사업을 중심으로 살펴본다.

6. 재외동포재단

1997년 재외동포재단법에 설치되어 재외동포들이 민족적 유대감을 유지하면서 거주국 안에서 그 사회의 모범적인 구성원으로 정착할 수 있도록 지원하고 있다.

사업부는 홍보문화사업부, e-한민족사업부이며 한 해 예산은 2018년 기준 613억원이다.

주요사업으로는 한인회장대회, 차세대대회, 한상대회, 온라인(코리아넷, 한상넷)같은 네트워킹사업, 동포단체지원(지역별권익신장, 교류활성화사업, 행사지원), 교육·문화지원(주말한글학교, 동포학생 장학사업, 전통용품 보급사업 등), 연구·언론지원(재외동포관련 학술회의, 동포언론사 지원) 등이 있다.

17

출입국관리법

■■■

1. 목적

출입국관리법은 대한민국에 입국하거나 출국하는 모든 국민 및 외국인의 출입국 관리를 위한 법이다. 우리나라의 국경을 안전하게 관리하고, 우리나라에 체류하는 외국인에 대해서도 체계적으로 관리하여 국가의 안보와 안정을 꾀하려는 것이 목적이다.

제1조(목적) 이 법은 대한민국에 입국하거나 대한민국에서 출국하는 모든 국민 및 외국인의 출입국관리를 통한 안전한 국경관리, 대한민국에 체류하는 외국인의 체류관리와 사회통합 등에 관한 사항을 규정함을 목적으로 한다.

2. 정의

제2조(정의) 이 법에서 사용하는 용어의 뜻은 다음과 같다.

1. "국민"이란 대한민국의 국민을 말한다.

2. "외국인"이란 대한민국의 국적을 가지지 아니한 사람을 말한다.

3. "난민"이란 「난민법」 제2조 제1호에 따른 난민을 말한다.

4. "여권"이란 대한민국정부·외국정부 또는 권한 있는 국제기구에서 발급한 여권 또는 난민여행증명서나 그 밖에 여권을 갈음하는 증명서로서 대한민국정부가 유효하다고 인정하는 것을 말한다.

5. "선원신분증명서"란 대한민국정부나 외국정부가 발급한 문서로서 선원임을 증명하는 것을 말한다.

6. "출입국항"이란 출국하거나 입국할 수 있는 대한민국의 항구·공항과 그 밖의 장소로서 대통령령으로 정하는 곳을 말한다.

7. "재외공관의 장"이란 외국에 주재하는 대한민국의 대사(大使), 공사(公使), 총영사(總領事), 영사(領事) 또는 영사업무를 수행하는 기관의 장을 말한다.

8. "선박등"이란 대한민국과 대한민국 밖의 지역 사이에서 사람이나 물건을 수송하는 선박, 항공기, 기차, 자동차, 그 밖의 교통기관을 말한다.

9. "승무원"이란 선박등에서 그 업무를 수행하는 사람을 말한다.

10. "운수업자"란 선박등을 이용하여 사업을 운영하는 자와 그를 위하여 통상 그 사업에 속하는 거래를 대리하는 자를 말한다.

10의2. "지방출입국·외국인관서"란 출입국 및 외국인의 체류 관리업무를 수행하기 위하여 법령에 따라 각 지역별로 설치된 관서와 외국인보호소를 말한다.

11. "보호"란 출입국관리공무원이 제46조 제1항 각호에 따른 강제퇴거 대상에 해당된다고 의심할 만한 상당한 이유가 있는 사람을 출국시키기 위하여 외국인보호실, 외국인보호소 또는 그 밖에 법무부장관이 지정하는 장소에 인치(引致)하고 수용하는 집행활동을 말한다.

12. "외국인보호실"이란 이 법에 따라 외국인을 보호할 목적으로 지방출입국·외국인관서에 설치한 장소를 말한다.

13. "외국인보호소"란 지방출입국·외국인관서 중 이 법에 따라 외국인을 보호할 목적으로 설치한 시설로서 대통령령으로 정하는 곳을 말한다.

14. "출입국사범"이란 제93조의2, 제93조의3, 제94조부터 제99조까지, 제99조의2, 제99조의3 및 제100조에 규정된 죄를 범하였다고 인정되는 자를 말한다.

3. 고려사항

출입국관리가 허술하면 불법체류자의 증가와 국내 고용시장의 불안이 야기될 수 있다. 그러나 지나치게 까다롭고 불편하다면 외국인투자, 관광객, 유학생들의 유입에 지장을 초래할 수 있다.

4. 국제적 동향

최근 국제적인 동향을 살펴보면 미국의 신보호주의 대두와 유럽의 난민수용 억제책으로 인하여 통제적인 요소가 강해지고 있다. 유럽연합의 경우는 회원국이 29개국이고 셍겐조약에 가입한 국가들 간에는 국경이

의미가 없어졌다. 그만큼 반테러리즘 등의 위협으로부터의 방어가 어려워진 것이다.

::: 셍겐조약 :::

1) 탄생

이 조약은 벨기에, 프랑스, 독일, 룩셈부르크, 네덜란드 5개국이 1985년 6월 14일에 프랑스, 독일과 국경을 접하고 있는 룩셈부르크의 작은 마을 셍겐에서 조인하였다.

또한 5년 후에 서명한 셍겐조약 시행 협정은 셍겐조약을 보충하는 내용이며, 협정 참가국 사이의 국경을 철폐할 것을 규정하고 있었다. 셍겐조약이라는 용어는 이 두 문서를 총칭하는 것으로도 사용된다.

아일랜드와 영국을 제외한 모든 유럽 연합 가입국과 유럽 연합 비가입국인 EFTA 가입국 아이슬란드, 노르웨이, 스위스, 리히텐슈타인 등 총 26개국이 조약에 서명하였다.

셍겐조약 가맹국들은 국경 검사소 및 국경 검문소가 철거되었고, 공통의 셍겐 사증을 사용하여 여러 나라에 입국할 수 있다. 이 조약은 EU 이외 국민의 거주 및 취업 허가는 포함하지 않는다.

조약의 목표는 셍겐 국가(Schengenland)란 이름으로 알려진 셍겐 영역 안에서 국경 검문소, 국경 검사소를 폐지하는 것이다. 셍겐 국가는 유럽 연합과는 별개이다. 또한 셍겐 지역 내에서는 4개의 EU 비가입국이 있고 영국이나 아일랜드 등 참여를 안 하는 EU 국가 등도 있다.

2) 솅겐조약의 내용

인적, 물적 이동의 자유

솅겐조약의 주된 내용은 유럽 각국이 공통의 출입국 관리 정책을 사용하여 국경 시스템을 최소화해 조약 가입국 간 인적, 물적 이동을 자유롭게 하는 것이다.

솅겐조약이 제정되기 전, 서유럽 여러 나라 국민은 국민 ID카드와 여권을 국경에서 제시한 뒤에 주변국으로 이동할 수 있었다. 타지역의 국민은 여권에 추가로 비자가 필요한 상황에서는 방문하는 유럽의 각 국가별로 취득하지 않으면 안 되었다. 국경 검사소의 비대해진 네트워크가 대륙을 길게 둘러싸면서, 필요한 서류작성 겸 그에 따른 심사로 인해 인적 및 물류에 의한 교류 및 교역에 시간이 걸림에 따라 막대한 비용이 발생하게 되었다.

솅겐조약에 의해 가입국 간의 국경 검사는 폐지할 필요가 없어진 것에 머무르지 않고, 가입국의 솅겐 바깥에 대한 국경 검사 정책을 통일한다는 의미도 있다. 이것은 이 국가가 받아들이는 것은 가능하더라도 타국에는 들어갈 수 없는 인물이 편법을 이용하면 양쪽에 입국 가능하기 때문에 매우 곤란한 문제이기도 하다. 예를 들어 만약 입국 기준이 통일된 것으로 간주하면 이민자는 가장 입국이 쉬운 국경을 통과하여, 직접 입국하려던 나라로 아무 제한 없이 갈 수 있다.

솅겐 정보 시스템(SIS)과 범죄 예방

솅겐 지역 내에서 발생한 범죄수사에 대응하기 위해 가입국 각국 경찰들은 스트라스부르에 설치된 셴겐 정보 시스템(SIS)을 통해서 범죄자, 행방불명자 등의 정보를 공유하였다. 이로 인해 각국이 등록인물의 배경에 대해서 정보를 갖게 되어, 그 인물이 특정 가입국에서 다른 나라로 이동하더라도 각국 경찰들은 정보를 계속 얻을 수 있게 되었다.

이전에는 경찰의 긴급추적을 받게 된 범죄자는 어떻게든 국경을 넘으면 경찰이 더 이상 추적할 수 없다는 것을 알고 있었기에 도주에 대한 가능성이 많았다. 그러나 셴겐조약 아래에서 경찰은 그대로 국경을 넘어 추적을 계속할 수 있게 되었다.

셴겐조약은 범죄자에 의한 느슨한 국경검사의 악용을 최소화하기 위해 이것에 관련 정책영역에서 각국 법령을 일치시키는 것을 목표로 하고 있다. 예를 들어 마약에 관련해서 네덜란드와 프랑스의 정책은 서로 달랐기에, 네덜란드에서 마약을 구입해 프랑스로 운반해 가서 암시장 등에서 판매하는 것은 두 국가 간에 국경 검사소가 있지 않다면 매우 간단한 일이었다. 이 마약 관련 정책이 달랐기에 프랑스는 조약 실시 후에도 일정 기간 베네룩스 여러 나라에서 프랑스로 입국하는 입국자에 대해 국경 검사소를 유지하자는 주장을 했었다.

또한 예외적으로, 가입국이 만약 자국 국가의 안전에 관련한 것으로 보이는 상황과 판단이 생기면 단기적으로 국경 검사소를 설치하는데, 조약 2.2항에 의해 인정되었다.

3) 체류 규정과 비자

셴겐 비가입국의 국민은 셴겐 지역 내에서의 체류 기간이 제한되어 있다. 일반적인 규칙에서는 최초 입국한 날부터 헤아려 180일 사이에서 최대 90일간의 체류가 인정된다. 180일 사이에 여러 번 셍겐 지역을 출입하는 가능성이 생기는 경우, 몇 차례 비자의 공여가 승인된다. 다만 이 시기 셍겐 지역에서의 체류는 총 90일까지 밖에는 할 수 없다.

셍겐 가입국은 하나, 아니면 복수지역에서 모든 가맹국에 대해 3개월을 초과하지 않는 단기체류를 위해 통일된 비자에 관련된 상세한 규칙을 가지고 있다. 셍겐 비자에서는 통과용과 단기체류, 여행용이 있고, 나라에 따라서는 비자면제국도 있다.

비자를 필요로 하는 나라의 사람들은 셍겐지역과 기타 지역과의 국경에 이르러 공여된 비자를 제시하여 비자의 형식에 응하여 통과 및 체류를 요구받게 된다. 이 공통비자는 패스포트, 여행문서 및 소지자에게 국경을 통과하는 권리를 부여하는 기타 유효한 문서상으로 가맹국에 의해 첨부된 스티커 형식으로 부여받는다.

다만 공통비자를 단순히 신청하여 소지하는 것이 좋은 것만은 아니다. 만약 소유자의 체류목적과 조건이 동일하면, 특히 그 인물이 가지고 있을 법한 또는 그 사람이 체류 중 필요한 최소한의 생활수단이 셍겐조약이 규정하는 통과, 입국조건에 일치하는 것이 필요로 하다.

4) 셍겐조약의 문제점

셍겐조약의 결과와 효과에 대해서는 1980년대부터 시민인권단체로부터 비판이 제기되어 왔다. 조약 국가간 국경통제의 폐지는 불법이민자들에 대한 외부 국경의 강화를 요구했다. 예를 들어, 폴란드의 유럽 연합 가입 전까지 독일의 동쪽 국경은 엄격히 통제되었다. 이러한 국경을 넘어가기 위해 자신들의 목숨을 걸고 비싸고 위험한 방법을 선택했다.

또한 한 국가가 외부 국경 통제를 소홀히 하면 다른 국가들에게도 피해가 가기 때문에 셍겐조약 체결 국가 간의 분쟁도 있었다. 이탈리아 같은 경우에는 람페두사섬으로 들어온 불법 이민자들을 해방시킴으로써 그들이 독일, 오스트리아 그리고 다른 이웃 국가로 나아가게 방치하였다. 2011년 북아프리카에서 아랍의 봄 폭동이 있고 난 후 프랑스와 이탈리아 간 셍겐조약에 대한 긴장감이 맴돌았다. 2011년 이탈리아는 2만 명이 넘는 아프리카인들에게 6개월간 거주 허가를 부여했고, 그해 중순 프랑스는 이탈리아에서 출발한 이민자를 실은 기차를 막기 위해 국경을 봉쇄해 버렸다. 이탈리아는 프랑스가 셍겐조약을 위반했다며 고발했고, 두 국가 모두 셍겐조약 내부 구경에 관한 사항들을 수정할 수 있도록 촉구했다. 2011년에 또다시 약 5만 명이 넘는 아시아 불법 이민자가 그리스 국경 지역을 통해 들어와 문제가 되었다.

테러와 관련해서도 문제점들이 제기되고 있다. 셍겐 지역 내에서는 사람들이 국경을 넘어 자유롭게 이동할 수 있기 때문에 테러리스트가 쉽게 확산할 우려가 있어 국가 안보의 관점에서 심각한 문제가 있다. 일단 테러리스트가 입국하면 완만한 국경 심사로 인해 추적이 거의 불가능하다. 또한 테러리스트가 유럽 연합 회원국의 여권을 소지하고 있으면 더욱 자유롭게 왕래할 수 있었다.

2015년 11월 파리 테러의 주범인 모로코계 벨기에인 압델하미드

아바우드(Abdelhamid Abboud)의 경우에는 이슬람 무장 조직인 이슬람 국가에서 활동하고 있는 사진이 언론에 노출되었음에도 불구하고 국경 심사대를 여러 번 무사히 통과하였다는 사실이 밝혀지면서 솅겐조약이 수정되어야 한다는 시민단체의 목소리가 더욱 커졌다.

이같은 비판들에 대한 요구를 수용하여 앞으로 유럽연합은 솅겐조약의 동일한 해석, 적용과 더불어 테러범과 불법 이민자의 유입을 막기 위해 몇 가지 조약의 사안을 수정할 것으로 보인다.[25]

5. 국민의 출입국

대한민국 국민이 출입국을 위해서는 여권의 소지가 필요하다. 출입국에 제한을 가하려 할 때는 여권의 사용을 제한하기도 한다.

제2장 제3조(국민의 출국)

① 대한민국에서 대한민국 밖의 지역으로 출국(이하 "출국"이라 한다)하려는 국민은 유효한 여권을 가지고 출국하는 출입국항에서 출입국관리공무원의 출국심사를 받아야 한다. 다만, 부득이한 사유로 출입국항으로 출국할 수 없을 때에는 관할 지방출입국·외국인관서의 장의 허가를 받아 출입국항이 아닌 장소에서 출입국관리공무원의 출국심사를 받은 후 출국할 수 있다.

---

25) 위키백과

제4조(출국의 금지)

① 법무부장관은 다음 각호의 어느 하나에 해당하는 국민에 대하여는 6개월 이내의 기간을 정하여 출국을 금지할 수 있다.

1. 형사재판에 계속(係屬) 중인 사람

2. 징역형이나 금고형의 집행이 끝나지 아니한 사람

3. 대통령령으로 정하는 금액 이상의 벌금이나 추징금을 내지 아니한 사람

4. 대통령령으로 정하는 금액 이상의 국세·관세 또는 지방세를 정당한 사유 없이 그 납부기한까지 내지 아니한 사람

5. 그 밖에 제1호부터 제4호까지의 규정에 준하는 사람으로서 대한민국의 이익이나 공공의 안전 또는 경제질서를 해칠 우려가 있어 그 출국이 적당하지 아니하다고 법무부령으로 정하는 사람

제6조(국민의 입국)

① 대한민국 밖의 지역에서 대한민국으로 입국(이하 "입국"이라 한다)하려는 국민은 유효한 여권을 가지고 입국하는 출입국항에서 출입국관리공무원의 입국심사를 받아야 한다. 다만, 부득이한 사유로 출입국항으로 입국할 수 없을 때에는 지방출입국·외국인관서의 장의 허가를 받아 출입국항이 아닌 장소에서 출입국관리공무원의 입국심사를 받은 후 입국할 수 있다.

6. 외국인의 출입국

외국인이 우리나라에 출입국 하기 위해서는 유효한 사증을 소지하여야 한다. 사증에는 1회의 출입국을 허용하는 단기 사증과 반복 출입국이 가능한 복수사증이 있다. 여행객을 포함하여 주재하는 경우에는 체류자격도 획득하여야 한다. 체류자격에는 일반 체류자격과 영주자격이 있다. 일반체류자격에는 90일 이하의 단기 체류자격과 그를 초과하는 장기 체류자격이 있다. 장기 체류는 유학, 연수, 투자, 주재, 결혼 등의 목적으로 체류하는 경우이다.

법무장관은 감염병환자, 마약중독자 등 공중위생에 위해를 끼칠 가능성이 있는 자, 대한민국의 공공안전에 위해를 가할 가능성이 있는 자, 경제질서, 사회질서를 해칠 가능성이 있는 자에 대해서 입국을 제한할 수 있다. 외국인의 입국을 위해서는 입국심사를 시행한다. 유효한 여권과 사증을 소지하고 입국목적이 체류자격에 부합하여야 한다.

제7조(외국인의 입국)

① 외국인이 입국할 때에는 유효한 여권과 법무부장관이 발급한 사증(査證)을 가지고 있어야 한다.

② 다음 각호의 어느 하나에 해당하는 외국인은 제1항에도 불구하고 사증 없이 입국할 수 있다.

　1. 재입국허가를 받은 사람 또는 재입국허가가 면제된 사람으로서 그 허가 또는 면제받은 기간이 끝나기 전에 입국하는 사람

　2. 대한민국과 사증면제협정을 체결한 국가의 국민으로서 그 협정에 따

라 면제대상이 되는 사람

3. 국제친선, 관광 또는 대한민국의 이익 등을 위하여 입국하는 사람으로서 대통령령으로 정하는 바에 따라 따로 입국허가를 받은 사람

4. 난민여행증명서를 발급받고 출국한 후 그 유효기간이 끝나기 전에 입국하는 사람

③ 법무부장관은 공공질서의 유지나 국가이익에 필요하다고 인정하면 제2항 제2호에 해당하는 사람에 대하여 사증면제협정의 적용을 일시 정지할 수 있다.

④ 대한민국과 수교(修交)하지 아니한 국가나 법무부장관이 외교부장관과 협의하여 지정한 국가의 국민은 제1항에도 불구하고 대통령령으로 정하는 바에 따라 재외공관의 장이나 지방출입국·외국인관서의 장이 발급한 외국인입국허가서를 가지고 입국할 수 있다.

제8조(사증)

① 제7조에 따른 사증은 1회만 입국할 수 있는 단수사증(單數査證)과 2회 이상 입국할 수 있는 복수사증(複數査證)으로 구분한다.

제9조(사증발급인정서)

① 법무부장관은 제7조 제1항에 따른 사증을 발급하기 전에 특히 필요하다고 인정할 때에는 입국하려는 외국인의 신청을 받아 사증발급인정서를 발급할 수 있다.

제10조(체류자격) 입국하려는 외국인은 다음 각호의 어느 하나에 해당하

는 체류자격을 가져야 한다.

1. 일반체류자격: 이 법에 따라 대한민국에 체류할 수 있는 기간이 제한되는 체류자격

2. 영주자격: 대한민국에 영주(永住)할 수 있는 체류자격

제10조의2(일반체류자격)

① 제10조 제1호에 따른 일반체류자격(이하 "일반체류자격"이라 한다)은 다음 각호의 구분에 따른다.

　　1. 단기체류자격: 관광, 방문 등의 목적으로 대한민국에 90일 이하의 기간(사증면제협정이나 상호주의에 따라 90일을 초과하는 경우에는 그 기간) 동안 머물 수 있는 체류자격

　　2. 장기체류자격: 유학, 연수, 투자, 주재, 결혼 등의 목적으로 대한민국에 90일을 초과하여 법무부령으로 정하는 체류기간의 상한 범위에서 거주할 수 있는 체류자격

제10조의3(영주자격)

① 제10조 제2호에 따른 영주자격(이하 "영주자격"이라 한다)을 가진 외국인은 활동범위 및 체류기간의 제한을 받지 아니한다.

② 영주자격을 취득하려는 사람은 대통령령으로 정하는 영주의 자격에 부합한 사람으로서 다음 각호의 요건을 모두 갖추어야 한다.

　　1. 대한민국의 법령을 준수하는 등 품행이 단정할 것

　　2. 본인 또는 생계를 같이하는 가족의 소득, 재산 등으로 생계를 유지할 능력이 있을 것

3. 한국어능력과 한국사회·문화에 대한 이해 등 대한민국에서 계속 살아가는 데 필요한 기본소양을 갖추고 있을 것

제11조(입국의 금지 등)

① 법무부장관은 다음 각호의 어느 하나에 해당하는 외국인에 대하여는 입국을 금지할 수 있다.

　1. 감염병환자, 마약류중독자, 그 밖에 공중위생상 위해를 끼칠 염려가 있다고 인정되는 사람

　2. 「총포·도검·화약류 등의 안전관리에 관한 법률」에서 정하는 총포·도검·화약류 등을 위법하게 가지고 입국하려는 사람

　3. 대한민국의 이익이나 공공의 안전을 해치는 행동을 할 염려가 있다고 인정할 만한 상당한 이유가 있는 사람

　4. 경제질서 또는 사회질서를 해치거나 선량한 풍속을 해치는 행동을 할 염려가 있다고 인정할 만한 상당한 이유가 있는 사람

　5. 사리 분별력이 없고 국내에서 체류활동을 보조할 사람이 없는 정신장애인, 국내 체류비용을 부담할 능력이 없는 사람, 그 밖에 구호(救護)가 필요한 사람

　6. 강제퇴거명령을 받고 출국한 후 5년이 지나지 아니한 사람

제12조(입국심사)

① 외국인이 입국하려는 경우에는 입국하는 출입국항에서 출입국관리공무원의 입국심사를 받아야 한다.

③ 출입국관리공무원은 입국심사를 할 때에 다음 각호의 요건을 갖추었는

지를 심사하여 입국을 허가한다.

1. 여권과 사증이 유효할 것. 다만, 사증은 이 법에서 요구하는 경우만을 말한다.

2. 입국목적이 체류자격에 맞을 것

3. 체류기간이 법무부령으로 정하는 바에 따라 정하여졌을 것

7. 선진 출입국 관리 서비스 제공

법무부는 우리나라의 공공안전을 해치지 않는 범위내에서 내외국인에 대하여 양질의 출입국 서비스 제공을 하고 있다. 미국을 비롯한 선진국의 경우보다 편리하고 간단한 양질의 서비스이다. 인천국제공항이 10여 년 동안 세계 제1의 공항으로 평가받는 데는 쾌적한 시설뿐만 아니라 편리한 서비스가 있기 때문이다.[26]

• 출입국절차 간소화

출입국절차 간소화를 통한 승객 편의 제고를 위해 국민의 입·출국 시 신고서 제출과 심사인 날인을 생략하고 있으며, 외국인의 경우 입국 시에만 신고서를 제출(등록외국인은 생략)하고 심사인을 날인하고 있다.

• 외국인 신원 확인

여권 위변조 사범 등 우범 외국인의 입국을 차단하고, 외국인 범죄 및 각종 사고 시 신속한 신원 확인을 위해 2012년 1월부터 외국인 지문 및

---

26) 법무부 홈 페이지

얼굴 정보 확인제도를 시행하고 있습니다.

• 밀입국 방지

항만의 경우 관계 기관 간 원활한 공조를 위해 선박 입항 전 사전 정보 분석을 통해 요주의 선박에 대하여 관계 기관과 정보를 공유하고, 우범 선박에 대하여는 감시원 배치를 지시하는 등 밀입국 방지를 위한 다양한 정책을 시행하고 있다. 공항의 경우에는 출입국심사장에 경보시스템을 구축하는 등 보안시설을 강화하고, 인천공항에 보안관리를 전담하는 부서를 설치·운영하고 있으며 사전에 승객정보를 분석하여 불법입국 가능성이 높은 환승객을 별도 관리하는 체제를 마련·운영하고 있다.

• 탑승자 사전확인제도

법무부는 2005년 5월부터 대한민국으로 입항하는 항공기 도착 전 항공사로부터 승객명부를 제출받아 규제자 여부 확인을 통하여 우범승객의 입국을 차단하는 '사전 승객정보분석(APIS)제도'를 도입하여 운용해 오고 있었으나, 2014년 3월 말레이시아 항공기 실종사고의 원인으로 도난·분실여권 소지자에 의한 테러 가능성이 제기됨에 따라 출발지 공항에서 우범승객의 항공기 탑승을 원천 차단할 수 있는 '탑승자 사전확인제도'를 도입하게 되었다.

탑승자 사전확인제도는 외국의 출발지 공항에서 탑승권 발권 전 항공사로부터 승객정보를 전송받아 입국규제자, 분실여권 소지자 등 여부를 검색하여 그 결과를 항공사에 통보함으로써 우범승객의 탑승을 원천 차단하는 제도이다.

• 자동출입국심사

대한민국을 방문하는 승객의 출입국 편의를 위해 2008년 6월 국민을 대상으로 인천공항에서 처음 자동출입국심사 서비스를 시작하였으며, 2008년 8월에는 제한된 범위 내의 외국인으로 그 대상을 확대하였다.

기존에는 자동출입국심사대 이용을 위해서 사전에 출입국·외국인 관서를 방문하여 사전등록절차를 마쳐야 하였으나, 2017년 3월부터 만 17세 이상 국민의 경우 경찰청 보유 지문 정보를 이용하여 사전등록 절차 없이 자동출입국심사대에서 바로 본인 확인으로 출입국심사가 종료되도록 개선하였다.

국내에서 뿐만 아니라 해외에서도 우리 국민이 자동출입국심사서비스를 이용할 수 있도록 미국('12.6.), 홍콩('13.12.), 마카오('16.12.), 대만('18.6.), 독일('18.6.)과 자동출입국심사 상호이용 협약을 체결하였다

• 출입국우대카드 제도

국가와 사회발전에 공헌한 자에 대해 사회적 예우를 다하고, 교통약자 배려 및 국제교류 증진 등에 기여하기 위하여 출입국우대카드 제도를 운영하고 있으며, 출입국우대카드를 소지한 자는 동반 3인까지 전국 공·항만 전용 보안검색대 및 출입국 우대심사대를 이용하여 편리하고 신속하게 출입국심사서비스를 제공 받을 수 있다.

18

다문화가족 지원법_(약칭: 다문화가족법)

■■■

우리나라의 다문화 가정의 인원이 30만 명을 넘어섰다. 젊은 인구의 농촌 지역 이탈이 심화되면서 농촌지역 청년들이 결혼대상자는 구하지 못하는 현상도 심화되었다. 이에 따라 중앙아시아, 동남아시아 지역과의 국제결혼이 증가하였다. 정부는 결혼에 의한 이민자들이 우리 사회에서 안정적인 가족생활을 영위하고 사회구성원으로서 역할과 책임을 다할 수 있도록 하는 제도를 마련 운영하고 있다.

제1조(목적) 이 법은 다문화가족 구성원이 안정적인 가족생활을 영위하고 사회구성원으로서의 역할과 책임을 다할 수 있도록 함으로써 이들의 삶의 질 향상과 사회통합에 이바지함을 목적으로 한다.

다문화가족의 삶의 질 향상과 사회통합에 관한 중요 사항을 심의·조정하기 위하여 국무총리 소속으로 다문화가족정책위원회를 둔다. 여성가족부 장관은 매 5년마다 다문화가족정책에 관한 기본 계획을 수립한다. 또한 국가와 지방자치단체가 관련 책무를 다하도록 규정하여 다문화가정의 사회통합 기반을 마련하였다.

제3조(국가와 지방자치단체의 책무)

① 국가와 지방자치단체는 다문화가족 구성원이 안정적인 가족생활을 영위하고 경제·사회·문화 등 각 분야에서 사회구성원으로서의 역할과 책임을 다할 수 있도록 필요한 제도와 여건을 조성하고 이를 위한 시책을 수립·시행하여야 한다.

제3조의2(다문화가족 지원을 위한 기본계획의 수립)

① 여성가족부장관은 다문화가족 지원을 위하여 5년마다 다문화가족정책에 관한 기본계획(이하 "기본계획"이라 한다)을 수립하여야 한다.

② 기본계획에는 다음 각호의 사항을 포함하여야 한다. 〈개정 2015. 12. 22.〉

1. 다문화가족 지원 정책의 기본 방향

2. 다문화가족 지원을 위한 분야별 발전시책과 평가에 관한 사항

3. 다문화가족 지원을 위한 제도 개선에 관한 사항

3의2. 다문화가족 구성원의 경제·사회·문화 등 각 분야에서 활동 증진에 관한 사항

4. 다문화가족 지원을 위한 재원 확보 및 배분에 관한 사항

5. 그 밖에 다문화가족 지원을 위하여 필요한 사항

제3조의4(다문화가족정책위원회의 설치)

① 다문화가족의 삶의 질 향상과 사회통합에 관한 중요 사항을 심의·조정하기 위하여 국무총리 소속으로 다문화가족정책위원회(이하 "정책위원회"라 한다)를 둔다.

② 정책위원회는 다음 각호의 사항을 심의·조정한다.

　1. 제3조의2에 따른 다문화가족정책에 관한 기본계획의 수립 및 추진에 관한 사항

　2. 제3조의3에 따른 다문화가족정책의 시행계획의 수립, 추진실적 점검 및 평가에 관한 사항

　3. 다문화가족과 관련된 각종 조사, 연구 및 정책의 분석·평가에 관한 사항

　4. 각종 다문화가족 지원 관련 사업의 조정 및 협력에 관한 사항

　5. 다문화가족정책과 관련된 국가 간 협력에 관한 사항

　6. 그 밖에 다문화가족의 사회통합에 관한 중요 사항으로 위원장이 필요하다고 인정하는 사항

③ 정책위원회는 위원장 1명을 포함한 20명 이내의 위원으로 구성하고, 위원장은 국무총리가 되며, 위원은 다음 각호의 사람이 된다.

정부는 다문화가족에 대한 국민들의 이해를 높이고, 생활정보제공, 교육지원, 의료, 건강관리, 아동 청소년 보육과 교육지원을 한다. 여성가족부는 다문화가족 종합정보 전화센터를 설치·운영한다.

국가와 지방자치단체는 다문화가족지원센터를 설치·운영한다. 이 센터를 통해 다문화가족을 위한 교육상담, 결혼이민자 등에 대한 한국어교육,

다문화가족 지원서비스 정보제공 및 홍보, 다문화가족 지원 관련 기관, 단체와의 서비스 연계, 일자리에 관한 정보제공 및 일자리의 알선한다.

이러한 제도들은 유럽 각국들에 유입되는 난민과 이민자들이 사회에 통합되지 못하여 생기는 부정적 사회현상에 비추어 볼 때 필수불가결한 것이다.

그러나 우리 사회에는 외국인을 백안시하는 오래된 인식이 뿌리 깊게 남아있다. 정부 각 부처가 다문화 가족 지원정책을 실시함과 동시에 사회전반에 유연한 수용태도가 자리 잡을 수 있도록 꾸준히 정책을 추진해 나가야 할 것이다.

제4조(실태조사 등)

① 여성가족부장관은 다문화가족의 현황 및 실태를 파악하고 다문화가족 지원을 위한 정책수립에 활용하기 위하여 3년마다 다문화가족에 대한 실태조사를 실시하고 그 결과를 공표하여야 한다.

제5조(다문화가족에 대한 이해증진)

① 국가와 지방자치단체는 다문화가족에 대한 사회적 차별 및 편견을 예방하고 사회구성원이 문화적 다양성을 인정하고 존중할 수 있도록 다문화 이해교육을 실시하고 홍보 등 필요한 조치를 하여야 한다.

제6조(생활정보 제공 및 교육 지원)

① 국가와 지방자치단체는 결혼이민자 등이 대한민국에서 생활하는데 필요한 기본적 정보(아동·청소년에 대한 학습 및 생활지도 관련 정보를 포

함한다)를 제공하고, 사회적응교육과 직업교육·훈련 및 언어소통 능력
향상을 위한 한국어교육 등을 받을 수 있도록 필요한 지원을 할 수 있다.

② 국가와 지방자치단체는 결혼이민자 등의 배우자 및 가족구성원이 결혼
이민자 등의 출신 국가 및 문화 등을 이해하는 데 필요한 기본적 정보를
제공하고 관련 교육을 지원할 수 있다.

③ 국가와 지방자치단체는 제1항 및 제2항에 따른 교육을 실시함에 있어
거주지 및 가정환경 등으로 인하여 서비스에서 소외되는 결혼이민자 등
과 배우자 및 그 가족구성원이 없도록 방문교육이나 원격교육 등 다양
한 방법으로 교육을 지원하고, 교재와 강사 등의 전문성을 강화하기 위
한 시책을 수립·시행하여야 한다.

제7조(평등한 가족관계의 유지를 위한 조치) 국가와 지방자치단체는 다문
화가족이 민주적이고 양성평등한 가족관계를 누릴 수 있도록 가족상담,
부부교육, 부모교육, 가족생활교육 등을 추진하여야 한다. 이 경우 문화의
차이 등을 고려한 전문적인 서비스가 제공될 수 있도록 노력하여야 한다.

제8조(가정폭력 피해자에 대한 보호·지원)

① 국가와 지방자치단체는 「가정폭력방지 및 피해자보호 등에 관한 법률」
에 따라 다문화가족 내 가정폭력을 예방하기 위하여 노력하여야 한다.

② 국가와 지방자치단체는 가정폭력으로 피해를 입은 결혼이민자 등을 보
호·지원할 수 있다.

제9조(의료 및 건강관리를 위한 지원)

① 국가와 지방자치단체는 결혼이민자 등이 건강하게 생활할 수 있도록 영양·건강에 대한 교육, 산전·산후 도우미 파견, 건강검진 등의 의료서비스를 지원할 수 있다.

② 국가와 지방자치단체는 결혼이민자 등이 제1항에 따른 의료서비스를 제공받을 경우 외국어 통역 서비스를 제공할 수 있다.

제10조(아동·청소년 보육·교육)

① 국가와 지방자치단체는 아동·청소년 보육·교육을 실시함에 있어서 다문화가족 구성원인 아동·청소년을 차별하여서는 아니 된다.

② 국가와 지방자치단체는 다문화가족 구성원인 아동·청소년이 학교생활에 신속히 적응할 수 있도록 교육지원 대책을 마련하여야 하고, 특별시·광역시·특별자치시·도·특별자치도의 교육감은 다문화가족 구성원인 아동·청소년에 대하여 학과 외 또는 방과 후 교육 프로그램 등을 지원할 수 있다.

③ 국가와 지방자치단체는 다문화가족 구성원인 18세 미만인 사람의 초등학교 취학 전 보육 및 교육 지원을 위하여 노력하고, 그 구성원의 언어발달을 위하여 한국어 및 결혼이민자 등인 부 또는 모의 모국어 교육을 위한 교재지원 및 학습지원 등 언어능력 제고를 위하여 필요한 지원을 할 수 있다.

④ 「영유아보육법」 제10조에 따른 어린이집의 원장, 「유아교육법」 제7조에 따른 유치원의 장, 「초·중등교육법」 제2조에 따른 각급 학교의 장, 그 밖에 대통령령으로 정하는 기관의 장은 아동·청소년 보육·교육을 실시함에 있어 다문화가족 구성원인 아동·청소년이 차별을 받지 아니하

도록 필요한 조치를 하여야 한다.

제11조(다국어에 의한 서비스 제공) 국가와 지방자치단체는 제5조부터 제10조까지의 규정에 따른 지원정책을 추진함에 있어서 결혼이민자 등의 의사소통의 어려움을 해소하고 서비스 접근성을 제고하기 위하여 다국어에 의한 서비스 제공이 이루어지도록 노력하여야 한다.

제11조의2(다문화가족 종합정보 전화센터의 설치·운영 등)
① 여성가족부장관은 다국어에 의한 상담·통역 서비스 등을 결혼이민자 등에게 제공하기 위하여 다문화가족 종합정보 전화센터(이하 "전화센터"라 한다)를 설치·운영할 수 있다.

제12조(다문화가족지원센터의 설치·운영 등)
① 국가와 지방자치단체는 다문화가족지원센터(이하 "지원센터"라 한다)를 설치·운영할 수 있다.
④ 지원센터는 다음 각호의 업무를 수행한다.
  1. 다문화가족을 위한 교육·상담 등 지원사업의 실시
  2. 결혼이민자 등에 대한 한국어교육
  3. 다문화가족 지원서비스 정보제공 및 홍보
  4. 다문화가족 지원 관련 기관·단체와의 서비스 연계
  5. 일자리에 관한 정보제공 및 일자리의 알선
  6. 다문화가족을 위한 통역·번역 지원사업
  7. 그 밖에 다문화가족 지원을 위하여 필요한 사업

19
영사서비스 제도

■■■

지난 10여년은 우리나라의 공공서비스 수준이 비약적으로 발전한 시기이다. 관의 문턱을 국민들의 눈높이에 맞추고 국민들이 원하는 서비스 개발에 심혈을 기울여 왔다. 공항 입국절차부터, 구청, 경찰서, 세무서 등에 이르기까지 공공서비스의 질적 수준 향상은 가히 혁명적이라고 할 수 있겠다. 외교부가 제공하는 영사서비스도 질적, 양적으로 업그레이드되어 왔다.

영사서비스는 국민이 외교부를 들여다보는 창이자, 정부가 국민과 소통할 수 있는 장이라는 점에서 중요하다. 또한 국민과 유리될 수 있는 외교부의 특성상, 영사업무는 국민에게 한 걸음 더 다가갈 수 있는 최적의 기회를 제공하기도 한다.

외교부는 최근 마련된 '영사민원24'라는 통합 사이트를 운영하고 있다. 해외에 거주하면서도 처리해야 하는 각종 민원사항을 손쉽게 처리하도록 안내하는 것이다. 해외에서도 필요한 민원서류를 처리할 수 있다. 국내 관련 부처와 연계하여 편리한 서비스를 제공하는 것이다.

1. 영사서비스마인드 함양

2004년 이라크에서 미군에 각종 물건을 납품하던 한국 군납업체 직원 김선일 씨가 이라트 무장단체 알 타우히드 왈 하드에 납치당한 뒤 참수·살해당한 사건이 발생하였다. 석방 교섭과정에서 한국 정부의 대응에 문제점이 있다는 주장이 제기됐고, 전반적인 외교력 부재라는 비판도 있었다. 이를 계기로 영사서비스마인드 전환과 제도 개선의 필요성이 제기되었다.

외교부는 그동안 상대적으로 소홀했던 재외국민보호 시스템을 정비하고 체계화 작업에 본격적으로 나섰다. 외교부는 정부부처 가운데 우리 국민을 직접 대하는 민원 서비스에 가장 취약점을 보여 왔다.

재외동포대사직을 신설하고 재외동포영사국 조직(3개과 → 5개과)을 확대하는 것과 함께 재외국민보호 업무를 체계화로 영사서비스 품질을 제고하고 경찰영사 파견을 확대하였다.

이때 영사 콜센터 설립(2005.4.), 신속대응팀 창설(2005.4.) 등이 이루어졌는데 인지도가 높을 뿐만 아니라 지금까지 더욱 효과적인 모습으로 진화되어온 대표적인 제도이다.

외교부도 친절과 성의로 신속한 민원처리를 하고, 민원인 입장에서 적극적이고 공정한 민원처리를 하며, 국민의 의견을 수렴하여 민원서비스를 개선하기 시작하였다.

재외국민보호에 있어서는 주재국법령 준수 및 내정불간섭, 수혜자부담 및 사적관계 불개입, 개인정보보호 및 법적 형평성이라는 원칙이 확립되었다. 재외국민의 보호 체계는 제도적 체계화로 전환하여 ①전직원의 영사화, ②영사시스템 개선, ③재외국민 편의 제공 등이 이루어졌다.

선진국형 영사보호 체계가 도입되어 신속대응팀 제도가 영국 다음으로 도입되어 국제무대에서 영사분야 선도국가를 지향하게 되었다. 2005년 9월 미국 남부지방의 카트리나 태풍피해 등에 신속대응팀을 파견하여 우리 동포들 구조에 나섬으로써 외교부가 달라지고 있다는 평가가 나오기 시작하였다. 그 이후 아덴만의 여명작전, 일본 동북대지진 등 주요 사건마다 신속대응팀이 파견되었다. 119 구조대 등 관계부처에서도 신속대응팀에 적극 참여하여 국민을 보호하고, 우리 정부의 신뢰도 제고에 기여하고 있다.

또한 기존의 공관중심업무 체제에서 진일보하여 수요자 중심의 예방적 영사서비스 2006년 독일월드컵 개최도시 2곳(라이프찌히, 하노버), 2010년 남아공 월드컵시 영사사무소를 개설하여 민원서비스를 실시하였다.

2. 해외여행 영사서비스 강화

1) e-Consul 시스템 강화 및 개선

재외국민 가족관계신고의 전자화, 사건·사고 및 수감자 DB 구축 운영, 신원조사(범죄경력)증명서 전자적 발급이 이루어졌다.

2) 통합정보관리 체계 구축

외교부와 재외공관 그리고 관계부처(법무부, 경찰청) 간 출입국관리기록, 입국규제자 및 전과자 전산시스템조회, 사증신청서 조회 등의 정보가 공유되고 있다.

3) 재외공관 공인인증서 발급 서비스

전재외공관(164개 공관)으로 서비스 확대

4) 여권 업무의 전산화

여권 발급신청서의 간소화와 전자 서명제 실시(2015.6.30.)
여권발급 진전 상황을 문자 메세지로 통보하는 서비스를 제공한다.

5) 영사서비스 확대 추진

e-아포스티유 서비스를 확대운영하고 있다. 재외공관 영사민원서비스 혁신(민원업무 효율 제고)을 통해 영사민원 통합업무 포탈 구축, 유관기관 연계 강화, 재외국민 민원 포탈 구축, 재외공관 수집 정보체계화를 이루었다.

6) 재외국민등록 개선 및 연계 서버 개선 관리

재외국민 등록과정을 개선하여 온라인 재외국민등록 기능 개선, 재외국민등록 신청서 외 민원신청 서류 저장, 관계 기관 간 연계 기능 개선, 전자서명 기능을 도입하였다.

7) 영사민원 24

'영사민원 24'는 온라인을 통한 재외국민등록부 등본 및 해외이주신고 확인서 발급, 주요 민원서류 8개 외국어 번역 서식 제공 등의 업무를 지원하고 있다.

3. 영사서비스 외교 추진

1) 다자 및 양자 외교

2008년 11월 17일부터 가입한 미국 비자면제프로그램(Visa Waiver Program) 가입국 지위를 지속 연장(2년 단위)하고 있다.

2013년 출범한 다자협의체 세계영사포럼에서 영사분야 신규 의제 논의 및 경험 공유를 하고 있다.

매년 또는 격년제로 한·중·일 영사국장회의를 개최하여 자국민 보호 관련 각국의 우수사례(긴급사태 시 자국민 철수 경험, 최신 IT 기술을 활용한 해외안전여행 홍보 정책 등) 정보공유 및 3국 협력 사업(위난 상황 발생 시 피해 현황 관련 정보 공유 등)을 추진하고 있다.

2) 영사분야 협정 체결

국민 편익을 제고하기 위해 사증면제 협정, 운전면허 상호인정 협정, 워킹 홀리데이 협정, 체류지원 협정, 한미 범죄예방협력협정, 한·중 영사협정 등을 체결하였다.

3) 비자신청센터 설립

비자 신청이 폭주하는 중국(광저우, 칭다오), 인도(뉴델리, 콜카타), 나이지리아(아부자) 3개국 5개 도시에 설치 운영하고 있다. 중국주재 우리 대사관과 총영사관은 매년 10만 건 이상의 비자 발급 업무를 하고 있다. 과중한 업무처리를 위해 필요서류를 접수받아 분류하는 단순 작업까지는 외주를 주는 것이다. 이 과정에서도 문서 위조 등의 사안이 발생할 수 있어 신중을 기하고 있다. 유럽국가들 사이에서도 이러한 시도들이 추진 중이다.

  * 스위스 소재 VFS(Visa Facilitation Service)도 유사한 기능 수행

4. 주요 영사서비스 제도

1) 재외국민 등록

재외국민등록은 외국에 거주하고 있는 우리 국민의 국내외 활동의 편익을 제공하고 재외국민보호정책을 수립하기 위한 제도로서, 그 등록은 법적의무 사항(재외국민등록법 제2조)이다.

우리 국민 사건·사고 발생시, 우리 재외공관이 재외국민등록부등본 상의 연락처를 통해 소재지 및 연락처 파악이 용이해져 실질적 보호가 가능하다. 재외국민등록부등본은 재외국민용 주민등록증 발급, 해외이주자의 국민연금 환급 신청 등에 있어 해외체류사실 증명 자료로 활용 가능하다.

재외국민등록법은 "외국의 일정한 지역에 계속하여 90일 이상 거주하거나 체류할 의사를 가지고 그 지역에 체류하는 대한민국 국민은 일정한 지역에 주소나 거소를 정한 날부터 30일 이내에 재외국민등록을 실시하여야 하며, 등록사항 변경 시 14일 이내에 변경신고를 하여야 한다"고 규정하고 있다.

재외국민등록을 하지 않고 이미 귀국하여 국내에 체류하거나 타국 공관 관할지로 거소지를 옮긴 경우에는 과거 거소지 공관에 대하여 재외국민등록을 할 수 없으므로, 재외국민등록 대상자는 반드시 해당지역 체류 중에 재외국민등록을 할 필요가 있다.

재외국민등록과 재외국민보호

2011년 3.11 일본 동북 대지진이 발생하였다. 외교부 영사 콜센터와 재외국민보호과, 주센다이 총영사관, 주일본 대사관에는 친지 가족들이 실종되었을지 모른다는 피해신고 전화가 빗발쳤다. 이 지진과 쓰나미로 2만 명 이상이 사망하고 5만 명 이상의 이재민이 발생하였다. 외교부는 재일 민단 조직을 통해 동북지역에 거주 중인 우리 동포들의 주소를 파악하고 반복되어 걸려오는 전화인지를 확인하여 신속하게 우리 동포 사상자 수를 파악할 수 있었다. 우리 동포들은 다행히도 바닷가 거주자는 거의 없고 내륙에서 농업에 종사하는 사람들이 많았다. 사상자는 10명 이내였다. 일본 지역이 상대적으로 높은 재외국민 등록을 한 결과이다. 천재지변 발생 시에는 재외국민등록이 긴요한 역할을 한다는 교훈을 남긴 사건이다.

2) 해외이주

1962년 '해외이주법' 제정 이후 50여 년 동안 약 100만 명에 가까운 우리 국민이 해외에 이주하였다. 그러나 각 수민국의 보호주의적 수민정책, 우리나라의 경제 발전으로 해외이주자는 감소 추세이며, 오히려 80년대부터 역이민 사례가 증가하고 있다.

1992년 해외이주적격심사 제도를 폐지하고, 신고제를 실시하고 있다. 해외이주는 원칙적으로 이주 희망자의 자발적 결정사항으로 정부가 이를 적극 권장하거나, 제한할 성격은 아니다. 정부는 수민국과의 협력을 통하여 해외 이주 희망자에 대한 편의 제공, 해외이주 절차 간소화 및 해외 이주자의 취업 등 안정적 정착을 지원하고 있다.

3) 워킹홀리데이 제도 확대(청년해외 진출 지원)

워킹홀리데이란 협정 체결 국가 청년(만 18~30세)들에게 상대 국가에서 체류하면서 관광, 취업, 어학연수 등을 병행하며 현지의 문화와 생활을 경험할 수 있는 제도이다.

우리 청년들의 해외 진출 및 글로벌 인재로의 성장을 지원하기 위해 주요국가지역과 워킹홀리데이 협정을 체결하였으며, 그 국가수를 확대하기 위해 계속 노력하고 있다. 우리나라는 현재 20개 국가·지역과 워킹홀리데이 협정 및 1개 국가와 청년교류제도(YMS) 협정을 체결하였다.

우리 청년들은 호주, 캐나다, 뉴질랜드, 일본, 프랑스, 독일, 아일랜드, 스웨덴, 덴마크, 홍콩, 대만, 체코, 오스트리아, 헝가리, 포르투갈, 네덜란드, 이탈리아, 이스라엘, 벨기에, 칠레와 워킹홀리데이로 갈 수 있고 영국 청년교류제도(YMS)에 참여할 수 있으며, 이들 국가 청년들도 우리 워킹홀리데이 제도에 참여가 가능하다.

우리 워킹홀리데이 참가자를 지원하기 위해 출국 전 사전 지원으로 국가별 설명회(워홀톡톡), 찾아가는 설명회, 상담(방문, 전화, 이메일, SNS 등) 워홀프렌즈(대학생 홍보단), 해외통신원, 준비동아리 홈페이지, 페이스북, 네이버 카페 운영, 설문조사를 통한 실태 파악 및 개선방안 마련, 동영상, 수기집, 가이드북(호주), 팸플릿 등 홍보자료 제작 및 배포를 하고 있다.

워킹홀리데이로 도착한 현지에서의 체류 지원도 이루어진다. (호주) 워홀러 상담원, 헬로워홀센터, 무료법률상담서비스, 노동법 강연, 간담회 개최, 일자리정보 제공, 사건·사고 대응을 현지 공관에서 제공하고 있다.

웹 사이트 주소: http://whic.mofa.go.kr

4) 비자 면제 확대

2017년 현재 우리나라 국민들은 사증면제협정에 의거하여, 혹은 일방주의 및 상호주의에 의해 총 146개 국가/지역들에 사증 없이 입국 가능하다. 소지 여권 종류에 따라 무사증 입국 가능 여부가 상이하다. 사증(비자) 발급은 해당 국가의 주권 사항이므로 반드시 해당 주한대사관을 통해 문의해야 한다.

사증면제국가 여행 시 주의할 점으로는 사증면제제도는 대체로 관광, 상용, 경유일 때 적용된다. 사증면제기간 이내에 체류할 계획이라 하더라도 국가에 따라서는 방문 목적에 따른 별도의 사증을 요구하는 경우가 많으므로 입국 전에 꼭 방문할 국가의 주한공관 홈페이지 등을 통해 확인하여야 한다. 특히, 취재기자의 경우 무사증입국 허용이라 하더라도 사증취득이 필요한 경우가 있다.

특히, 미국 입국/경유 시에는 ESTA라는 전자여행허가를, 캐나다 입국/경유 시에는 eTA라는 전자여행허가를 꼭 받아야하며, 영국 입국 시에는 신분증명서, 재직증명서, 귀국항공권, 숙소정보, 여행계획을 반드시 지참해야 한다.

5) 운전면허 상호인정 확대

전 세계 137개국에서 우리나라 운전면허증을 유효하게 인정받고 있으므로 우리 국민들은 우리 운전면허증으로 그 나라에서 운전할 수 있으며, 정부는 그 국가 수를 확대하기 위해 계속 노력 중이다.

'운전면허 상호인정'이란 18세 이상 유효한 운전면허를 소지한 상대국가 국민에게 (국가별로 다소 상이하나) 별도의 교육, 학과·실기시험을 면제하고 적성검사만 실시한 뒤 주재국의 운전면허를 발급하는 제도이다.

단, 일시 체류자 및 여행자, 또는 주재국 운전면허증으로 교부받기 전 1년 이내의 기간 동안 운전하기 위해서는 출국 전 전국 운전면허시험장 및 경찰서, 공항 등에서 국제운전면허증으로 발급받아 지참하는 것이 필요하다.

※ 한국운전면허 인정국가(지역) (총 137개)(2017.4. 기준)
- 중동 (16개), 아시아(25개), 아메리카(24개), 유럽(37개), 아프리카 (35개)
- 경찰청장 고시에 의한 상호인정 115개 국가/지역, 양자 간 협정 또는

약정체결 22개 국가/지역

국제운전면허증(International Driving Permit, IDP)은 자동차 운전면허를 소유한 국가 또는 지역 이외에서 자동차 운전을 가능하게 하는 면허이다. 1949년 스위스 제네바에서 체결된 '도로교통에 관한 협약'에 기초한 것으로 국제운전면허증 소지자는 가맹국에서 운전 가능하다. 한국은 1971년부터 실시되었으며 제네바 협약국에서 발급받은 국제면허증으로 한국 내에서 입국일로부터 1년간 운전이 가능하다.

참고문헌

『국제법의 역사』(아르투어 누스바움), 김영석 편역, 박영사, 2019

『국제관계와 세계정치』(Andrew, Heywood), 김계동 옮김, 명인 문화사, 2017

『무역의 세계사』(윌리엄 번스타인), 박홍경 옮김, 라이팅하우스

『외교론』, 신복룡 옮김, 평민사, 2018(Harold Nicolson,Diplomacy,London,Oxford University Press, 1969)

『신 국제법 입문』, 정인섭, 박영사, 2018

프랑스 한인 100년사 편찬위원회, 프랑스 한인 100년사, 코레드 기획, 2019

Jan Mellissen, Ana mar Fernandez, 『Consular Affairs and Diplomacy』, Leiden, Boston, Martinus Njjhoff Publishers, 2011

■ 외교관계에 관한 비엔나협약 ■

본 협약의 당사국은, 고대로부터 모든 국가의 국민이 외교관의 신분을 인정하였음을 상기하고, 국가의 주권평등, 국제평화와 안전의 유지 및 국가간의 우호관계의 증진에 관한 국제연합헌장의 목적과 원칙을 명심하고, 외교교섭, 특권 및 면제에 관한 국제 협약의 여러 국가의 상이한 헌법체계와 사회제도에도 불구하고, 국가간의 우호관계의 발전에 기여할 것임을 확신하고, 이러한 특권과 면제의 목적이 개인의 이익을 위함이 아니라 국가를 대표하는 외교공관직무의 효율적 수행을 보장하기 위한 것임을 인식하고, 본 협약의 규정에 명시적으로 규제되지 아니한 문제에는 국제관습법의 규칙이 계속 지배하여야 함을 확인하며, 다음과 같이 합의하였다.

제1조

본 협약의 적용상 하기 표현은 다음에서 정한 의미를 가진다.

(a) "공관장"이라 함은 파견국이 그러한 자격으로 행동할 임무를 부여한 자를 말한다.

(b) "공관원"이라 함은 공관장과 공관직원을 말한다.

(c) "공관직원"이라 함은 공관의 외교직원, 행정 및 기능직원 그리고 노무직원을 말한다.

(d) "외교직원"은 외교관의 직급을 가진 공관직원을 말한다.

(e) "외교관"이라 함은 공관장이나 공관의 외교직원을 말한다.

(f) "행정 및 기능직원"이라 함은 공관의 행정 및 기능업무에 고용된 공관직원을 말한다.

(g) "노무직원"이라 함은 공관의 관내역무에 종사하는 공관직원을 말한다.

(h) "개인 사용인"이라 함은 공관직원의 가사에 종사하며 파견국의 피고용인이 아닌자를 말한다.

(i) "공관지역"이라 함은 소유자 여하를 불문하고, 공관장의 주거를 포함하여 공관의 목적으로 사용되는 건물과 건물의 부분 및 부속토지를 말한다.

제2조

국가간의 외교관계의 수립 및 상설 외교공관의 설치는 상호 합의에 의하여 이루어진다.

제3조

1. 외교공관의 직무는 특히 아래와 같은 것을 포함한다.

   (a) 접수국에서의 파견국의 대표

   (b) 접수국에 있어서, 국제법이 허용하는 한도내에서, 파견국과 파견국 국민의 이익 보호

   (c) 접수국 정부와의 교섭

   (d) 모든 합법적인 방법에 의한 접수국의 사정과 발전의 확인 및 파견국 정부에 대한 상기 사항의 보고

   (e) 접수국과 파견국간의 우호관계 증진 및 양국간의 경제, 문화 및 과학관계의 발전

2. 본 협약의 어떠한 규정도 외교공관에 의한 영사업무의 수행을 방해하는 것으로 해석되지 아니한다.

제4조

1. 파견국은 공관장으로 파견하고자 제의한 자에 대하여 접수국의 "아그레망

(agreement)"이 부여되었음을 확인하여야 한다.

2. 접수국은 "아그레망"을 거절한 이유를 파견국에 제시할 의무를 지지 아니한다.

제5조

1. 파견국은 관계접수국들에 적절한 통고를 행한 후 접수국중 어느 국가의 명백한 반대가 없는 한, 사정에 따라서 1개국이상의 국가에 1인의 공관장을 파견하거나 외교직원을 임명할 수 있다.

2. 파견국이 1개국 또는 그이상의 국가에 1인의 공관장을 파견하는 경우, 파견국은 공관장이 상주하지 아니하는 각국에 대사대리를 장으로 하는 외교공관을 설치할 수 있다.

3. 공관장이나 공관의 외교직원은 어떠한 국제기구에 대하여서도 파견국의 대표로서 행동할 수 있다.

제6조

2개국 또는 그이상의 국가는 접수국의 반대가 없는 한, 동일한 자를 공관장으로 타국에 파견할 수 있다.

제7조

제5조, 제8조, 제9조 및 제11조의 규정에 따를 것을 조건으로, 파견국은 자유로이 공관직원을 임명할 수 있다. 육·해·공군의 무관인 경우, 접수국은 그의 승인을 위하여 사전에 그들의 명단 제출을 요구할 수 있다.

제8조

1. 공관의 외교직원은 원칙적으로 파견국의 국적을 가진 자이어야 한다.

2. 공관의 외교직원은 언제라도 철회할 수 있는 접수국측의 동의가 있는 경우를 제

외하고는 접수국의 국적을 가진 자중에서 임명하여서는 아니 된다.

3. 접수국은 파견국의 국민이 아닌 제3국의 국민에 관하여서도 동일한 권리를 유
보할 수 있다.

제9조

1. 접수국은, 언제든지 그리고 그 결정을 설명할 필요없이, 공관장이나 또는 기타 공
관의 외교직원이 불만한 인물(PERSONA NON GRATA)이며, 또는 기타의 공
관직원을 받아들일 수 없는 인물이라고 파견국에 통고할 수 있다. 이와 같은 경
우에, 파견국은 적절히 관계자를 소환하거나 또는 그의 공관직무를 종료시켜야
한다. 접수국은 누구라도 접수국의 영역에 도착하기 전에 불만한 인물 또는 받
아들일 수 없는 인물로 선언할 수 있다.

2. 파견국이 본조 제1항에 의한 의무의 이행을 거절하거나 또는 상당한 기일내
에 이행하지 못하는 경우에는, 접수국은 관계자를 공관원으로 인정함을 거부
할 수 있다.

제10조

1. 접수국의 외무부 또는 합의되는 기타 부처는 다음과 같은 통고를 받는다.

   (a) 공관원의 임명, 그들의 도착과 최종 출발 또는 그들의 공관 직무의 종료

   (b) 공관원의 가족에 속하는 자의 도착 및 최종 출발 그리고 적당한 경우 어떤 사
   람이 공관원의 가족의 일원이 되거나 또는 되지 않게 되는 사실

   (c) 본항(a)에 언급된 자에게 고용된 개인 사용인의 도착과 최종 출발 그리고, 적
   당한 경우 그들의 고용인과 해약을 하게 되는 사실

   (d) 특권 및 면제를 받을 권리를 가진 공관원이나 개인 사용인으로서 접수국에
   거주하는 자의 고용 및 해고

2. 가능하면 도착과 최종 출발의 사전 통고도 하여야 한다.

제11조

1. 공관 규모에 관한 특별한 합의가 없는 경우에는, 접수국은 자국의 사정과 조건 및 당해 공관의 필요성을 감안하여, 합리적이며, 정상적이라고 인정되는 범위내에서 공관의 규모를 유지할 것을 요구할 수 있다.

2. 접수국은 또한 유사한 범위내에서 그리고 무차별의 기초 위에서, 특정 범주에 속하는 직원의 접수를 거부할 수 있다.

제12조

파견국은 접수국의 명시적인 사전 동의가 없이는 공관이 설립된 이외의 다른 장소에 공관의 일부를 구성하는 사무소를 설치할 수 없다.

제13조

1. 공관장은 일률적으로 적용되는 접수국의 일반적 관행에 따라 자기의 신임장을 제정하였을 때 또는 그의 도착을 통고하고 신임장을 제정하였을 때 또는 그의 도착을 통고하고 신임장의 진정등본을 접수국의 외무부 또는 합의된 기타 부처에 제출하였을 때에 접수국에서 그의 직무를 개시한 것으로 간주된다.

2. 신임장이나 또는 신임장의 진정등본 제출순서는 공관장의 도착 일자와 시간에 의하여 결정한다.

제14조

1. 공관장은 다음의 3가지 계급으로 구분된다.

(a) 국가원수에게 파견된 대사 또는 교황청대사, 그리고 동등한 계급을 가진 기타의 공관장

(b) 국가원수에게 파견된 공사 또는 교황청 공사

(c) 외무부장관에게 파견된 대리공사

2. 서열 및 의례에 관계되는 것을 제외하고는, 그들의 계급으로 인한 공관장간의 차별이 있어서는 아니 된다.

제15조

공관장에게 부여되는 계급은 국가 간의 합의로 정한다.

제16조

1. 공관장은 제13조의 규정에 의거하여 그 직무를 개시한 일자와 시간의 순서로 각자의 해당계급내의 서열이 정하여진다.
2. 계급의 변동에 관련되지 아니한 공관장의 신임장 변경은 그의 서열에 영향을 미치지 아니한다.
3. 본조는 교황청대표의 서열에 관하여 접수국에 의하여 승인된 어떠한 관행도 침해하지 아니한다.

제17조

공관장은 공관의 외교직원의 서열을 외무부 또는 합의되는 기타 부처에 통고한다.

제18조

공관장의 접수를 위하여 각국에서 준수되는 절차는 각 계급에 관하여 일률적이어야 한다.

제19조

1. 공관장이 공석이거나 또는 공관장이 그의 직무를 수행할 수 없을 경우에는 대사대리가 잠정적으로 공관장으로서 행동한다. 대사대리의 성명은 공관장이나 또는 공관장이 할 수 없는 경우에는, 파견국의 외무부가 접수국의 외무부 또는 합

의된 기타 부처에 통고한다.

2. 접수국에 공관의 외교직원이 없는 경우에는, 파견국은 접수국의 동의를 얻어 행
   정 및 기능직원을, 공관의 일상 관리 사무를 담당하도록 지명할 수 있다.

제20조

공관과 공관장은 공관장의 주거를 포함한 공관지역 및 공관장의 수송수단에 파견
국의 국기 및 문장을 사용할 권리를 가진다.

제21조

1. 접수국은, 그 법률에 따라, 파견국이 공관을 위하여 필요로 하는 공관지역을 접
   수국의 영토에서 취득함을 용이하게 하거나 또는 기타 방법으로 파견국이 시설
   을 획득하는데 있어서 이를 원조하여야 한다.

2. 접수국은 또한 필요한 경우, 공관이 그들의 관원을 위하여 적당한 시설을 획득
   하는데 있어서 이를 원조하여야 한다.

제22조

1. 공관지역은 불가침이다. 접수국의 관헌은, 공관장의 동의없이는 공관지역에 들
   어가지 못한다.

2. 접수국은, 어떠한 침입이나 손해에 대하여도 공관지역을 보호하며, 공관의 안녕
   을 교란시키거나 품위의 손상을 방지하기 위하여 모든 적절한 조치를 취할 특별
   한 의무를 가진다.

3. 공관지역과 동 지역 내에 있는 비품류 및 기타 재산과 공관의 수송수단은 수색,
   징발, 차압 또는 강제집행으로부터 면제된다.

제23조

1. 파견국 및 공관장은, 특정 용역의 제공에 대한 지불의 성격을 가진 것을 제외하고는, 소유 또는 임차여하를 불문하고 공관지역에 대한 국가, 지방 또는 지방자치단체의 모든 조세와 부과금으로부터 면제된다.

2. 본조에 규정된 조세의 면제는, 파견국 또는 공관장과 계약을 체결하는 자가 접수국의 법률에 따라 납부하여야 하는 조세나 부과금에는 적용되지 아니한다.

제24조

공관의 문서 및 서류는 어느 때나 그리고 어느 곳에서나 불가침이다.

제25조

접수국은 공관의 직무수행을 위하여 충분한 편의를 제공하여야 한다.

제26조

접수국은 국가안전을 이유로 출입이 금지되어 있거나 또는 규제된 지역에 관한 법령에 따를 것을 조건으로 하여 모든 공관원에게 대하여, 접수국 영토 내에서의 이동과 여행의 자유를 보장하여야 한다.

제27조

1. 접수국은 공용을 위한 공관의 자유로운 통신을 허용하며 보호하여야 한다. 공관은 자국 정부 및 소재여하를 불문한 기타의 자국 공관이나 영사관과 통신을 함에 있어서, 외교신서사 및 암호 또는 부호로 된 통신문을 포함한 모든 적절한 방법을 사용할 수 있다. 다만, 공관은 접수국의 동의를 얻어야만 무선송신기를 설치하고 사용할 수 있다.

2. 공관의 공용 통신문은 불가침이다. 공용 통신문이라 함은 공관 및 그 직무에 관

련된 모든 통신문을 의미한다.

3. 외교행낭은 개봉되거나 유치되지 아니한다.

4. 외교행낭을 구성하는 포장물은 그 특성을 외부에서 식별할 수 있는 표지를 달아야 하며 공용을 목적으로 한 외교문서나 물품만을 넣을 수 있다.

5. 외교신서사는 그의 신분 및 외교행낭을 구성하는 포장물의 수를 표시하는 공문서를 소지하여야 하며, 그의 직무를 수행함에 있어서 접수국의 보호를 받는다. 외교신서사는 신체의 불가침을 향유하며 어떠한 형태의 체포나 구금도 당하지 아니한다.

6. 파견국 또는 공관은 임시 외교신서사를 지정할 수 있다. 이러한 경우에는 본조 제5항의 규정이 또한 적용된다. 다만, 동신서사가 자신의 책임 하에 있는 외교행낭을 수취인에게 인도하였을 때에는 제5항에 규정된 면제가 적용되지 아니한다.

7. 외교행낭은 공인된 입국항에 착륙하게 되어 있는 상업용 항공기의 기장에게 위탁할 수 있다.동 기장은 행낭을 구성하는 포장물의 수를 표시하는 공문서를 소지하여야 하나 외교신서사로 간주되지는 아니한다. 공관은 항공기 기장으로부터 직접으로 또는 자유롭게 외교행낭을 수령하기 위하여 공관직원을 파견할 수 있다.

제28조

공관이 자신의 공무를 수행함에 있어서 부과한 수수료와 요금은 모든 부과금과 조세로부터 면제된다.

제29조

외교관의 신체는 불가침이다. 외교관은 어떠한 형태의 체포 또는 구금도 당하지 아니한다. 접수국은 상당한 경의로서 외교관을 대우하여야 하며 또한 그의 신체, 자유 또는 품위에 대한 여하한 침해에 대하여도 이를 방지하기 위하여 모든 적절한 조치를 취하여야 한다.

제30조

1. 외교관의 개인주거는 공관지역과 동일한 불가침과 보호를 향유한다.

2. 외교관의 서류, 통신문 그리고 제31조 제3항에 규정된 경우를 제외한 그의 재산도 동일하게 불가침권을 향유한다.

제31조

1. 외교관은 접수국의 형사재판관할권으로부터의 면제를 향유한다. 외교관은 또한, 다음 경우를 제외하고는 접수국의 민사 및 행정재판관할권으로부터의 면제를 향유한다.

   (a) 접수국의 영역 내에 있는 개인부동산에 관한 부동산 소송. 단, 외교관이 공관의 목적을 위하여 파견국을 대신하여 소유하는 경우는 예외이다.

   (b) 외교관이 파견국을 대신하지 아니하고 개인으로서 유언집행인, 유산관리인, 상속인 또는 유산수취인으로서 관련된 상속에 관한 소송

   (c) 접수국에서 외교관이 그의 공적직무 이외로 행한 직업적 또는 상업적 활동에 관한 소송

2. 외교관은 증인으로서 증언을 행할 의무를 지지 아니한다.

3. 본조 제1항(a), (b) 및 (c)에 해당되는 경우를 제외하고는, 외교관에 대하여 여하한 강제 집행조치도 취할 수 없다. 전기의 강제 집행조치는 외교관의 신체나 주거의 불가침을 침해하지 않는 경우에 취할 수 있다.

4. 접수국의 재판관할권으로부터 외교관을 면제하는 것은 파견국의 재판관할권으로부터 외교관을 면제하는 것은 아니다.

제32조

1. 파견국은 외교관 및 제37조에 따라 면제를 향유하는 자에 대한 재판관할권의 면제를 포기할 수 있다.

2. 포기는 언제나 명시적이어야 한다.

3. 외교관과 제37조에 따라 재판관할권의 면제를 향유하는 자가 소송을 제기한 경우에는 본소에 직접 관련된 반소에 관하여 재판관할권의 면제를 원용할 수 없다.

4. 민사 또는 행정소송에 관한 재판관할권으로부터의 면제의 포기는 동 판결의 집행에 관한 면제의 포기를 의미하는 것으로 간주되지 아니한다. 판결의 집행으로부터의 면제를 포기하기 위하여서는 별도의 포기를 필요로 한다.

제33조

1. 본조 제3항의 규정에 따를 것을 조건으로 외교관은 파견국을 위하여 제공된 역무에 관하여 접수국에서 시행되는 사회보장의 제 규정으로부터 면제된다.

2. 본조 제1항에 규정된 면제는 아래의 조건으로 외교관에게 전적으로 고용된 개인사용인에게도 적용된다.

   (a) 개인사용인이 접수국의 국민이거나 또는 영주자가 아닐 것

   (b) 개인사용인이 파견국이나 또는 제3국에서 시행되는 사회보장규정의 적용을 받고 있을 것

3. 본조 제2항에 규정된 면제가 적용되지 아니하는 자를 고용하는 외교관은 접수국의 사회보장규정이 고용주에게 부과하는 제 의무를 준수하여야 한다.

4. 본조 제1항 및 제2항에 규정된 면제는, 접수국의 승인을 받는다는 조건으로 접수국의 사회보장제도에 자발적으로 참여함을 방해하지 아니한다.

5. 본조의 규정은 사회보장에 관하여 이미 체결된 양자 또는 다자협정에 영향을 주지 아니하며, 또한 장차의 이러한 협정의 체결도 방해하지 아니한다.

제34조

외교관은 다음의 경우를 제외하고는 국가, 지방 또는 지방자치단체의 모든 인적 또는 물적 부과금과 조세로부터 면제된다.

(a) 상품 또는 용역의 가격에 통상 포함되는 종류의 간접세

(b) 접수국의 영역 내에 있는 사유 부동산에 대한 부과금 및 조세. 단, 공관의 목적을 위하여 파견국을 대신하여 소유하는 경우는 예외이다.

(c) 제39조 제4항의 규정에 따를 것을 조건으로, 접수국이 부과하는 재산세, 상속세 또는 유산세

(d) 접수국에 원천을 둔 개인소득에 대한 부과금과 조세 및 접수국에서 상업상의 사업에 행한 투자에 대한 자본세

(e) 특별한 용역의 제공에 부과된 요금

(f) 제23조의 규정에 따를 것을 조건으로 부동산에 관하여 부과되는 등기세, 법원의 수수료 또는 기록수수료, 담보세 및 인지세

제35조

접수국은, 외교관에 대하여 모든 인적역무와 종류여하를 불문한 일체의 공공역무 및 징발, 군사상의 기부 그리고 숙사제공 명령에 관련된 군사상의 의무로부터 면제하여야 한다.

제36조

1. 접수국은, 동국이 제정하는 법령에 따라서, 하기 물품의 반입을 허용하며 모든 관세 및 조세와 기타 관련되는 과징금을 면제한다. 단, 보관, 운반 및 이와 유사한 역무에 대한 과징금은 그러하지 아니하다.

   (a) 공관의 공용을 위한 물품

   (b) 외교관의 거주용 물품을 포함하여 외교관이나 또는 그의 세대를 구성하는 가족의 개인사용을 위한 물품

2. 외교관의 개인수하물은 검열에서 면제된다. 단, 본조 제1항에서 언급한 면제에 포함되지 아니하는 물품이 있거나, 또는 접수국의 법률로서 수출입이 금지되어

있거나, 접수국의 검역규정에 의하여 통제된 물품을 포함하고 있다고 추정할만한 중대한 이유가 있는 경우에는 그러하지 아니하다. 전기의 검열은 외교관이나 또는 그가 권한을 위임한 대리인의 입회하에서만 행하여야 한다.

제37조

1. 외교관의 세대를 구성하는 그의 가족은, 접수국의 국민이 아닌 경우, 제29조에서 제36조까지 명시된 특권과 면제를 향유한다.

2. 공관의 행정 및 기능직원은, 그들의 각 세대를 구성하는 가족과 더불어, 접수국의 국민이나 영주자가 아닌 경우, 제29조에서 제35조까지 명시된 특권과 면제를 향유한다. 단, 제31조 제1항에 명시된 접수국의 민사 및 행정재판관할권으로부터의 면제는 그들의 직무 이외에 행한 행위에는 적용되지 아니한다. 그들은 또한 처음 부임할 때에 수입한 물품에 관하여 제36조 제1항에 명시된 특권을 향유한다.

3. 접수국의 국민이나 영주자가 아닌 공관의 노무직원은, 그들의 직무 중에 행한 행위에 관하여 면제를 향유하며 그들이 취업으로 인하여 받는 보수에 대한 부과금이나 조세로부터 면제되고, 제33조에 포함된 면제를 향유한다.

4. 공관원의 개인사용인은, 접수국의 국민이나 영주자가 아닌 경우, 그들이 취업으로 인하여 받는 보수에 대한 부과금이나 조세로부터 면제된다. 그 이외의 점에 대하여, 그들은 접수국이 인정하는 범위에서만 특권과 면제를 향유할 수 있다. 단, 접수국은 공관의 직무수행을 부당하게 간섭하지 않는 방법으로 이러한 자에 대한 관할권을 행사하여야 한다.

제38조

1. 접수국이 추가로 특권과 면제를 부여하는 경우를 제외하고는 접수국의 국민이나 영주자인 외교관은 그의 직무 수행 중에 행한 공적 행위에 대하여서만 재판관할권 면제 및 불가침권을 향유한다.

2. 접수국의 국민이나 영주자인 기타의 공관직원과 개인사용인은 접수국이 인정하는 범위에서만 특권과 면제를 향유한다. 단, 접수국은 공관의 직무수행을 부당하게 간섭하지 않는 방법으로 이러한 자에 대한 관할권을 행사하여야 한다.

제39조

1. 특권 및 면제를 받을 권리가 있는 자는, 그가 부임차 접수국의 영역에 들어간 순간부터, 또는 이미 접수국의 영역내에 있을 경우에는, 그의 임명을 외무부나 또는 합의되는 기타 부처에 통고한 순간부터 특권과 면제를 향유한다.

2. 특권과 면제를 향유하는 자의 직무가 종료하게 되면, 여사한 특권과 면제는 통상 그가 접수국에서 퇴거하거나 또는 퇴거에 요하는 상당한 기간이 만료하였을 때에 소멸하나, 무력분쟁의 경우일지라도 그 시기까지는 존속한다. 단, 공관원으로서의 직무 수행 중에 그가 행한 행위에 관하여는 재판관할권으로부터의 면제가 계속 존속한다.

3. 공관원이 사망하는 경우에, 그의 가족은 접수국을 퇴거하는데 요하는 상당한 기간이 만료할 때까지 그들의 권리인 특권과 면제를 계속 향유한다.

4. 접수국의 국민이나 영주자가 아닌 공관원이나 또는 그의 세대를 구성하는 가족이 사망하는 경우에, 접수국은 자국에서 취득한 재산으로서 그 수출이 그의 사망 시에 금지된 재산을 제외하고는 사망인의 동산의 반출을 허용하여야 한다. 사망자가 공관원 또는 공관원의 가족으로서 접수국에 체재하였음에 전적으로 연유하여 동국에 존재하는 동산에는 재산세, 상속세 및 유산세는 부과되지 아니한다.

제40조

1. 외교관이 부임, 귀임 또는 본국으로 귀국하는 도중, 여권사증이 필요한 경우 그에게 여권사증을 부여한 제3국을 통과하거나 또는 제3국의 영역 내에 있을 경우

에, 제3국은 그에게 불가침권과 그의 통과나 귀국을 보장함에 필요한 기타 면제를 부여하여야 한다. 동 규정은 특권이나 면제를 향유하는 외교관의 가족이 동 외교관을 동반하거나 그와 합류하거나 자국에 귀국하기 위하여 별도로 여행하는 경우에도 적용된다.

2. 본조 제1항에 명시된 것과 유사한 사정 하에서 제3국은, 공관의 행정 및 기능직원 또는 노무직원과 그들 가족이 그 영토를 통과함을 방해하여서는 아니 된다.

3. 제3국은 암호 또는 부호로 된 통신문을 포함하여 통과중인 공문서와 기타 공용통신에 대하여 접수국이 허여하는 동일한 자유와 보호를 부여하여야 한다. 제3국은 사증이 필요한 경우 여권사증이 부여된 외교신서사와 통과중인 외교행낭에 대하여 접수국이 부여하여야 하는 동일한 불가침권과 보호를 부여하여야 한다.

4. 본조 제1항, 제2항, 및 제3항에 따른 제3국의 의무는 전기 각항에서 언급한 자와 공용통신 및 외교행낭이 불가항력으로 제3국의 영역 내에 들어간 경우에도 적용된다.

제41조

1. 그들의 특권과 면제를 침해하지 아니하는 한, 접수국의 법령을 존중하는 것은 이와 같은 특권과 면제를 향유하는 모든 자의 의무이다. 그들은 또한 접수국의 내정에 개입하여서는 아니될 의무를 진다.

2. 파견국이 공관에 위임한 접수국과의 모든 공적 사무는 접수국의 외무부 또는 합의되는 기타 부처를 통해서 행하여진다.

3. 공관지역은 본 협약, 일반국제법상의 기타 규칙 또는 파견국과 접수국간에 유효한 특별 협정에 규정된 공관의 직무와 양립할 수 없는 여하한 방법으로도 사용되어서는 아니 된다.

제42조

외교관은 접수국에서 개인적 영리를 위한 어떠한 직업적 또는 상업적 활동도 하여
서는 아니 된다.

제43조

외교관의 직무는 특히 다음의 경우에 종료한다.

(a) 파견국이 당해 외교관의 직무가 종료되었음을 접수국에 통고한 때

(b) 접수국이 제9조 제2항에 따라 당해 외교관을 공관원으로서 인정하기를 거
부함을 파견국에 통고한 때

제44조

접수국은, 무력충돌의 경우에라도, 접수국의 국민이 아닌 자로서 특권과 면제를 향
유하는 자와 국적에 관계없이 이러한 자의 가족이 가능한 한 조속히 퇴거할 수 있
도록 편의를 제공하여야 한다. 특히 필요한 경우에는, 그들 자신과 그들의 재산을
위하여 필요한 수송수단을 수의로 사용할 수 있도록 제공하여야 한다.

제45조

2개국간의 외교관계가 단절되거나, 또는 공관이 영구적으로 또는 잠정적으로 소
환되는 경우에,

(a) 접수국은 무력충돌의 경우에라도, 공관의 재산 및 문서와 더불어 공관지역을
존중하고 보호하여야 한다.

(b) 파견국은 공관의 재산 및 문서와 더불어 공관지역의 보관을 접수국이 수락할
수 있는 제3국에 위탁할 수 있다.

(c) 파견국은 자국 및 자국민의 이익보호를, 접수국이 수락할 수 있는 제3국에
위탁할 수 있다.

제46조

파견국은 접수국의 사전 동의를 얻고, 또한 그 접수국에 공관을 가지지 아니한 제3국의 요청에 따라 제3국과 그 국민의 이익을 잠정적으로 보호할 수 있다.

제47조

1. 접수국은 본 협약의 조항을 적용함에 있어서 국가간에 차별을 두어서는 아니된다.
2. 다만, 다음의 경우에는 차별을 두는 것으로 간주되지 아니한다.
   (a) 파견국이 본 협약의 어느 조항을 파견국내에 있는 접수국의 공관에 제한적으로 적용한다는 것을 이유로, 접수국이 동 조항을 제한적으로 적용하는 경우
   (b) 관습이나 합의에 의하여 각 국이 본 협약의 조항이 요구하는 것보다 더욱 유리한 대우를 상호 부여하는 경우

제48조

본 협약은, 모든 국제연합 회원국 또는 국제연합 전문기구의 회원국과 국제사법재판소 규정의 당사국, 그리고 국제연합총회가 본 협약의 당사국이 되도록 초청한 기타 국가에 의한 서명을 위하여 다음과 같이 즉, 1961년 10월 31일까지는 오스트리아외무성에서 그리고 그후 1962년 3월 31일까지는 뉴욕에 있는 국제연합본부에서 개방된다.

제49조

본 협약은 비준되어야 한다. 비준서는 국제연합 사무총장에게 기탁된다.

제50조

본 협약은 제48조에 언급된 4개의 범주 중 어느 하나에 속하는 국가의 가입을 위

하여 개방된다. 가입서는 국제연합 사무총장에게 기탁된다.

제51조

1. 본 협약은, 22번째 국가의 비준서 또는 가입서가 국제연합 사무총장에게 기탁된 일자로부터 30일이 되는 날에 발효한다.

2. 22번째 국가의 비준서 또는 가입서가 기탁된 후에 본 협약을 비준하거나 이에 가입하는 각 국가에 대하여는, 본 협약은 이러한 국가가 비준서나 가입서를 기탁한 일자로부터 30일이 되는 날에 발효한다.

제52조

국제연합 사무총장은 제48조에 언급된 4개의 범주 중 어느 하나에 속하는 모든 국가에 대하여 다음 사항을 통고하여야 한다.

  (a) 제48조, 제49조 및 제50조에 따른 본 협약에 대한 서명과 비준서 또는 가입서의 기탁

  (b) 제51조에 따른 본 협약의 발효 일자

제53조

중국어, 영어, 불어, 노어 및 서반아어본이 동등히 정본인 본 협약의 원본은 국제연합 사무총장에게 기탁되어야 하며, 국제연합 사무총장은 본 협약의 인증등본을 제48조에 언급된 4개의 범주 중 어느 하나에 속하는 모든 국가에 송부하여야 한다.
이상의 증거로서 각기 자국정부에 의하여 정당한 권한을 위임받은 하기 전권위원은 본 협약에 서명하였다.

1961년 4월 18일 비엔나에서 작성하였다.

▓ 영사관계에 관한 비엔나 협약 ▓

영사관계에관한 비엔나협약이 협약의 당사국은, 영사관계가 고래로부터 제국민간에
확립되어 왔음을 상기하고, 국가의 주권평등, 국제평화와 안전의 유지 및 제국가간의
우호관계의 증진에 관한 국제연합 헌장의 목적과 원칙을 유념하며, 외교 교섭과 면제
에 관한 국제연합 회의는 1961년4월 18일 서명을 위하여 개방되었던 외교관계에 관한
비엔나협약을 채택하였음을 고려하며, 영사관계 및 특권과 면제에 관한 국제협약은,
제국가가 협의한 헌법상 및 사회적 제도에 관계없이, 제국가간의 우호관계에 기여하고
또한 기여할 것임을 확신하며, 그러한 특권과 면제의 목적은, 개인에게 혜택을 부여함
에 있지 아니하고, 각자의 국가를 대표하는 영사기관에 의한 기능의 효과적 수행을 확
보함에 있음을 인식하며, 관습 국제법의 제 규칙은 이 협약의 제 규정에 의하여 명시적
으로 규제되지 아니하는 문제들을 계속 규율함을 확인하여, 다음과 같이 합의하였다.

제1조 정의

1. 이 협약의 목적상 하기의 표현은 아래에서 정한 의미를 가진다.

  (a) "영사기관"이라 함은 총영사관, 영사관, 부영사관, 또는 영사대리사무소를 의
     미한다.

  (b) "영사관할구역"이라 함은 영사기능의 수행을 위하여 영사기관에 지정된 지
     역을 의미한다.

  (c) "영사기관장'이라 함은 그러한 자격으로 행동하는 임무를 맡은 자를 의미한다.

  (d) "영사관원"이라 함은 영사기관장을 포함하여 그러한 자격으로 영사직무의 수
     행을 위임받은 자를 의미한다.

  (e) "사무직원"이라 함은 영사기관의 행정 또는 기술업무에 종사하는 자를 의
     미한다.

  (f) "업무직원"이라 함은 영사기관의 관내 업무에 종사하는 자를 의미한다.

(9) "영사기관원"이라 함은 영사관원, 사무직원 및 업무직원을 의미한다.

(h) "영사직원"이라 함은 영사기관장 이외의 영사관원, 사무직원 및 업무직원을 의미한다.

(i) "개인사용인"이라 함은 영사기관원의 사용노무에만 종사하는 자를 의미한다.

(j) "영사관사"라 함은 소유권에 관계없이 영사기관의 목적에만 사용되는 건물 또는 그 일부와 그에 부속된 토지를 의미한다.

(k) "영사문서"라 함은 영사기관의 모든 문건서류, 서한, 서적, 필름, 녹음테이프, 등록대장, 전신암호와 기호 색인카드 및 이들을 보존하거나 또는 보관하기 위한 용기를 포함한다.

2. 영사관원은 직업영사관원과 명예영사관원의 두 가지 카테고리로 구분된다. 이 협약 제2장의 규정은 직업영사관원을 장으로 하는 영사기관에 적용되며, 또한 제3장의 규정은 명예 영사관원을 장으로 하는 영사기관을 규율한다.

3. 접수국의 국민 또는 영주자인 영사기관원의 특별한 지위는 이 협약 제71조에 의하여 규율된다.

제1장 영사관계 일반

제1절 영사관계의 수립 및 수행

제2조 영사관계의 수립

1. 국가간의 영사관계의 수립은 상호동의에 의하여 이루어진다.

2. 양국간의 외교관계의 수립에 부여된 동의는, 달리 의사를 표시하지 아니하는 한 영사관계의 수립에 대한 동의를 포함한다.

3. 외교관계의 단절은 영사관계의 단절을 당연히 포함하지 아니한다.

제3조 영사기능의 수행

영사기능은 영사기관에 의하여 수행된다. 영사기능은 또한 이 협약의 규정에 따라 외교공관에 의하여 수행된다.

제4조 영사기관의 설치

1. 영사기관은 접수국의 동의를 받는 경우에만 접수국의 영역내에 설치될 수 있다.

2. 영사기관의 소재지, 그 등급 및 영사관할구역은 파견국에 의하여 결정되며 또한 접수국의 승인을 받아야 한다.

3. 영사기관의 소재지, 그 등급 또는 영사관할구역은 접수국의 동의를 받는 경우에만 파견국에 의하여 추후 변경될 수 있다.

4. 총영사관 또는 영사관이, 그 총영사관 또는 영사관이 설치되어 있는 지방 이외의 다른 지방에, 부영사관 또는 영사대리사무소의 개설을 원하는 경우에는 접수국의 동의가 필요하다.

5. 영사기관의 소재지 이외의 다른 장소에 기존 영사기관의 일부를 이루는 사무소를 개설하기 위해서도 접수국의 명시적 사전 동의가 필요하다.

제5조 영사기능

영사기능은 다음과 같다.

(a) 국제법이 인정하는 범위내에서 파견국의 이익과 개인 및 법인을 포함한 그 국민의 이익을 접수국내에서 보호하는 것.

(b) 파견국과 접수국간의 통상, 경제, 문화 및 과학관계의 발전을 증진하며 또한 기타의 방법으로 이 협약의 규정에 따라 그들간의 우호관계를 촉진하는 것.

(c) 모든 합법적 수단에 의하여 접수국의 통상, 경제, 문화 및 과학적 생활의 제조건 및 발전을 조사하고, 이에 관하여 파견국 정부에 보고하며 또한 이해 관계자에게 정보를 제공하는 것.

(d) 파견국의 국민에게 여권과 여행증서를 발급하며, 또한 파견국에 여행하기를 원하는 자에게 사증 또는 적당한 증서를 발급하는 것.

(e) 개인과 법인을 포함한 파견국 국민을 도와주며 협조하는 것.

(f) 접수국의 법령에 위배되지 아니할 것을 조건으로 공증인 및 민사업무 서기로서 또한 유사한 종류의 자격으로 행동하며, 또한 행정적 성질의 일정한 기능을 수행하는 것.

(g) 접수국의 영역내에서의 사망에 의한 상속의 경우에 접수국의 법령에 의거하여 개인과 법인을 포함한 파견국 국민의 이익을 보호하는 것.

(h) 파견국의 국민으로서 미성년자와 완전한 능력을 결하고 있는 기타의 자들 특히 후견 또는 재산관리가 필요한 경우에, 접수국의 법령에 정해진 범위내에서, 그들의 이익을 보호하는 것.

(i) 접수국내의 관행과 절차에 따를 것을 조건으로 하여, ·파견국의 국민이 부재 또는 기타의 사유로 적절한 시기에 그 권리와 이익의 방어를 맡을 수 없는 경우에 접수국의 법령에 따라, 그러한 국민의 권리와 이익의 보전을 위한 가처분을 받을 목적으로 접수국의 재판소 및 기타의 당국에서 접수국의 국민을 위하여 적당한 대리행위를 행하거나 또는 동 대리행위를 주선하는 것.

(j) 유효한 국제협정에 의거하여 또는 그러한 국제협정이 없는 경우에는 접수국의 법령과 양립하는 기타의 방법으로, 파견국의 법원을 위하여 소송서류 또는 소송이외의 서류를 송달하거나 또는 증거조사 의뢰서 또는 증거조사 위임장을 집행하는 것.

(k) 파견국의 국적을 가진 선박과 파견국에 등록된 항공기 및 그 승무원에 대하여 파견국의 법령에 규정된 감독 및 검사권을 행사하는 것.

(l) 본조 세항(k)에 언급된 선박과 항공기 및 그 승무원에게 협조를 제공하는 것, 선박의 항행에 관하여 진술을 받는 것, 선박의 서류를 검사하고 이에 날인하는 것, 접수국 당국의 권한을 침해함이 없이 항해중에 발생한 사고에 대하여 조사하는

것, 또는 파견국의 법령에 의하여 인정되는 경우에 선장, 직원 및 소속원간의 여하한 종류의 분쟁을 해결하는 것.

(m) 파견국이 영사기관에 위임한 기타의 기능으로서 접수국의 법령에 의하여 금지되지 아니하거나 또는 접수국의 이의를 제기하지 아니하거나 또는 접수국과 파견국간의 유효한 국제협정에 언급된 기능을 수행하는 것.

제6조 영사관할구역외에서의 영사직무의 수행

영사관원은 특별한 사정하에서 접수국의 동의를 받아 그의 영사관할구역외에서 그의 직무를 수행할 수 있다.

제7조

제3국에서의 영사기능의 수행파견국은, 관계국가 중 어느 한 국가의 명시적 반대가 없는 한, 관계 국가에 통고한 후, 특정 국가내에 설치된 영사기관에 대하여 제3국내에서의 영사기능의 수행을 위임할 수 있다.

제8조

제3국을 대표하는 영사기능의 수행파견국의 영사기관은, 접수국이 반대하지 아니하는 한 접수국에 적절히 통고한 후, 제3국을 대표하여 접수국내에서 영사기능을 수행할 수 있다.

제9조 영사기관장의 계급

1. 영사기관장은 다음의 네가지 계급으로 구분된다.

   (a) 총영사

   (b) 영사

   (c) 부영사

(d) 영사대리

2. 본조 1항의 규정은 영사기관장 이외의 기타의 영사관원의 직명을 지정할 수 있는 체약당사국의 권리를 여하한 방법으로도 제한하지 아니한다.

제10조 영사기관장의 임명과 승인

1. 영사기관장은 파견국에 의하여 임명되며 또한 접수국에 의하여 그 직무의 수행이 인정된다.

2. 이 협약의 제규정에 따를 것으로 하여, 영사기관장의 임명 및 인정에 관한 방식은 각기 파견국과 접수국의 법령과 관례에 의하여 결정된다.

제11조 영사위임장 또는 임명통고

1. 영사기관장은, 임명될 때마다 작성되는 위임장 또는 유사한 증서의 형식으로, 그의 자격을 증명하고 또한 그의 성명, 카테고리, 계급, 영사관할구역 및 영사기관의 소재지를 일반적으로 표시하는 문서를 파견국으로부터 받는다.

2. 파견국은, 외교경로 또는 기타의 적절한 경로를 통하여, 영사기관장이 그 영역내에서 그 직무를 수행할 국가의 정부에 위임장 또는 이와 유사한 증서를 전달한다.

3. 파견국은, 접수국이 동의하는 경우에, 위임장 또는 유사한 증서 대신에 본조 1항에 의하여 요구되는 세부사항을 포함하는 통고를 접수국에 송부할 수 있다.

제12조 영사인가장

1. 영사기관장은, 그 인가양식에 관계없이, 영사인가장으로 불리는 접수국의 인가에 의하여 그 직무의 수행이 인정된다.

2. 영사인가장의 부여를 거부하는 국가는 그 거부 이유를 파견국에 제시할 의무를 지지 않는다.

3. 제13조 및 제15조의 제규정에 따를 것으로 하여, 영사기관장은 영사인가장을 접

수할 때까지 그 임무를 개시하여서는 아니 된다.

제13조

영사기관장의 잠정적 인정영사기관장은, 영사인가장을 접수할 때까지, 잠정적으로 그 직무의 수행이 인정될 수 있다. 그 경우에는 이 협약의 규정이 적용된다.

제14조

당국에 대한 영사관할구역의 통고영사기관장이 잠정적으로 그 직무의 수행을 인정받는 경우에도, 접수국은 즉시 권한 있는 당국에 대하여 영사관할구역을 통고하여야 한다. 접수국은 영사기관장이 그 임무를 수행할 수 있게 하며 또한 이 협약의 제규정상의 이익을 향유할 수 있도록 필요한 조치를 취하는 것을 또한 보장하여야 한다.

제15조 영사기관장의 직무의 일시적 수행

1. 영사기관장이 그 직무를 수행할 수 없거나 또는 영사기관장의 직이 공석인 경우에는 기관장대리가 잠정적으로 영사기관장으로서 행동할 수 있다.

2. 기관장대리의 명단은 파견국의 외교공관에 의하여, 또는 접수국내에 외교공관을 두지 아니한 경우에는 영사기관장에 의하여 또는 영사기관장이 통고할 수 없는 경우에는 파견국의 권한 있는 당국에 의하여, 접수국의 외무부 또는 외무부가 지정하는 당국에 통고된다. 이 통고는 일반적으로 사전에 행하여져야 한다. 접수국은 접수국내에 있는 파견국의 외교관도 아니며 또한 영사관원도 아닌 자를, 접수국의 동의에 따를 것을 조건으로, 기관장대리로서 인정할 수 있다.

3. 접수국의 권한 있는 당국은 기관장 대리에 대하여 협조와 보호를 부여하여야 한다. 기관장 대리가 영사기관의 책임을 맡고 있는 동안 이 협약의 제규정은 관계 영사기관장에게 적용되는 것과 동일한 기초위에서 동 대리에게 적용된다. 다만, 접수국은 기관장대리가 충족시키지 못하는 조건에 따를 것만으로 하여 영

사기관장이 향유하는 편의, 특권 또는 면제를 기관장대리에게 부여할 의무를 지지 아니한다.

4. 본조 1항에 언급된 사정하에서, 접수국내에 있는 파견국의 외교공관의 외교직원이 파견국에 의하여 기관장대리로 지정된 경우에, 동 외교직원은 접수국이 반대하지 아니하는 한 외교특권과 면제를 계속 향유한다.

제16 영사기관장간의 석차

1. 영사기관장은 영사인가장의 부여 일자에 따라 각 계급내에서 그 석차가 정하여진다.

2. 다만, 영사인가장을 받기 전에 잠정적으로 영사기관장의 직무의 수행이 인정된 경우에, 그 석차는 동 잠정적 인정일자에 따라 결정된다. 이 석차는 영사인가장의 발급후에도 유지된다.

3. 동일한 일자에 영사인가장 또는 잠정적 인정을 받은 2인 이상의 영사기관장간의 석차순위는 위임장 또는 유사한 증서 또는 제11조 3항에 언급된 통고가 접수국에 제출된 일자에 따라 결정된다.

4. 기관장대리는 모든 영사기관장의 다음에 그 석차를 가지며 또한 기관장대리 상호간에는 제15조 2항에 따른 통고에 표시되어 있는 기관장대리로서 그 직무를 맡은 일자에 따라 그 석차가 정하여 진다.

5. 영사기관장으로서의 명예영사관원은 상기 각항에 규정된 순위와 규칙에 따라 직업 영사기관장의 다음에 각 계급내에서 그 석차가 정하여 진다.

6. 영사기관장은 기관장의 지위를 가지지 아니하는 영사관원에 대하여 상위의 석차를 보유한다.

제17조 영사관원에 의한 외교활동의 수행

1. 파견국이 외교공관을 가지지 아니하고 또한 제3국의 외교공관에 의하여 대표되

지 아니하는 국가내에서 영사관원은, 접수국의 동의를 받아 또한 그의 영사지위에 영향을 미침이 없이, 외교활동을 수행하는 것이 허용될 수 있다. 영사관원에 의한 그러한 활동의 수행은 동 영사관원에게 외교특권과 면제를 요구할 수 있는 권리를 부여하는 것이 아니다.

2. 영사관원은, 접수국에 통고한 후, 정부간 국제기구에 대한 파견국의 대표로서 활동할 수 있다. 영사관원이 그러한 활동을 수행하는 경우에 동 영사관원은 국제관습법 또는 국제협정에 의하여 그러한 대표에게 부여되는 특권과 면제를 향유할 수 있는 권리가 부여된다. 다만, 동 영사관원에 의한 영사직무의 수행에 대하여 그는 이 협약에 따라 영사관원이 부여받을 권리가 있는 것보다 더 큰 관할권의 면제를 부여받지 아니한다.

제18조

2개국 이상에 의한 동일인의 영사관원 임명2개 이상의 국가는 접수국의 동의를 받아 동일인을 동 접수국내의 영사관원으로 임명할 수 있다.

제19조 영사직원의 임명

1. 제20조, 제22조 및 제23조의 제규정에 따를 것으로 하여, 파견국은 영사직원을 자유로이 임명할 수 있다.

2. 영사기관장을 제외한 기타의 모든 영사관원의 명단, 카테고리 및 계급은, 접수국이 원하는 경우에, 제23조 3항에 따른 접수국의 권리를 행사할 수 있는 충분한 시간적 여유를 두고, 파견국에 의하여 접수국에 통고되어야 한다.

3. 파견국은 그 법령상 필요한 경우에 영사기관장을 제외한 기타의 영사관원에게 영사인가장을 부여하도록 접수국에 요청할 수 있다.

4. 접수국은 그 법령상 필요한 경우에 영사기관장을 제외한 기타의 영사관원에게 영사인가장을 부여할 수 있다.

제20조

영사직원의 수영사직원의 수에 관한 명시적 합의가 없을 경우에 접수국은, 영사관 할구역내의 사정과 조건 및 특정 영사기관의 필요성을 고려하여, 동 접수국이 합리적이며 정상적이라고 간주하는 범위내에서 직원의 수를 유지하도록 요구할 수 있다.

제21조

영사기관의 영사기관원간의 석차영사기관의 영사관원간의 석차 순위 및 그 변경은 파견국의 외교공관에 의하여, 또는 파견국이 접수국내에 외교공관을 두지 아니하는 경우에는 그 영사기관장에 의하여, 접수국의 외무부 또는 동 외무부가 지정하는 당국에 통고되어야 한다.

제22조 영사관원의 국적

1. 영사관원은 원칙적으로 파견국의 국적을 가져야 한다.
2. 영사관원은, 언제든지 철회될 수 있는 접수국의 명시적 동의를 받는 경우를 제외하고, 접수국의 국적을 가진 자 중에서 임명되어서는 아니 된다.
3. 접수국은 또한 파견국의 국민이 아닌 제3국의 국민에 대하여 동일한 권리를 유보할 수 있다.

제23조 불만으로 선언된 인물

1. 접수국은 영사관원이 불만스러운 인물이거나 또는 기타의 영사직원이 수락할 수 없는 자임을 언제든지 파견국에 통고할 수 있다. 그러한 통고가 있는 경우에 파견국은 사정에 따라 관계자를 소환하거나 또는 영사기관에서의 그의 직무를 종료시켜야 한다.
2. 파견국이 본조 1항에 따른 의무의 이행을 적당한 기간내에 거부하거나 또는 이해하지 아니하는 경우에, 접수국은 사정에 따라 관계자로부터 영사인가장을 철

회하거나 또는 그를 영사직원으로 간주하지 아니할 수 있다.

3. 영사기관원으로 임명된 자는 접수국의 영역에 도착하기 전에, 또는 이미 접수국 내에 있을 경우에는 영사기관에서의 그의 임무를 개시하기 전에, 수락할 수 없는 인물로 선언될 수 있다. 그러한 경우에 파견국은 그의 임명을 철회하여야 한다.

4. 본조 제 1항 및 제 3항에 언급된 경우에 있어서 접수국은 파견국에 대하여 그 결정의 이유를 제시해야 할 의무를 지지 아니한다.

제24조 접수국에 대한 임명 도착 및 퇴거통고

1. 접수국의 외무부 또는 동 외무부가 지정하는 당국은 다음의 사항에 관하여 통고를 받는다.

   (a) 영사기관원의 임명, 영사기관에 임명된 후의 그 도착, 그 최종퇴거, 그 직무의 종료 및 영사기관에서의 근무중에 발생할 수 있는 기타의 그 지위에 영향을 미치는 변동

   (b) 영사기관원의 가족으로서 그 세대의 일부를 이루는 자의 도착 및 최종퇴거, 또는 적절한 경우에, 특정인이 그 가족구성원이 되거나 또는 되지 아니하는 사실

   (c) 개인사용인의 도착 및 최종퇴거, 또한 적절한 경우에, 동 개인사용인으로서의 노무 종료

   (d) 특권과 면제를 부여받을 권리가 있는 영사기관원으로서 또는 개인사용인으로서의 접수국내 거주자의 고용 및 해고

2. 가능한 경우에 도착 및 최종퇴거의 사전통고가 또한 행하여져야 한다.

제2절 영사직무의 종료

제25조

영사기관원의 직무의 종료영사기관원의 직무는 특히 다음의 경우에 종료한다.

(a) 그의 직무가 종료하였음을 파견국이 접수국에 통고한 때

(b) 영사인가장의 철회시

(c) 접수국이 그를 영사직원으로 간주하지 아니함을 파견국에 통고한 패

제26조

접수국의 영역으로부터의 퇴거접수국은, 무력충돌의 경우에도, 접수국의 국민이 아닌 영사기관원과 개인사용인 및 국적에 관계없이 그 세대의 일부를 이루는 그 가족 구성원에 대하여, 그들이 퇴거를 준비하고 또한 관계직원의 직무가 종료한 후 가능한 한 조속한 시일내에 퇴거할 수 있도록, 필요한 시간과 편의를 제공하여야 한다. 특히, 접수국은 필요한 경우 그들 및 그 재산으로서 접수국내에서 취득하여 퇴거시에 그 반출이 금지되는 것을 제외한 재산에 대한 필요한 수송 수단을 그들이 이용할 수 있도록 하여야 한다.

제27조 파견국의 영사관사와 문서 및 이익에 대한 비상시의 보호

1. 양국간의 영사관계가 단절되는 경우에 다음의 규정이 적용된다.

   (a) 접수국은, 무력충돌의 경우에도, 영사관사와 영사기관의 재산 및 영사문서를 존중하며 또한 보호하여야 한다.

   (b) 파견국은 접수국이 수락하는 제3국에 대하여 영사관사와 그 재산 및 영사문서의 보관을 위탁할 수 있다.

   (c) 파견국은 접수국이 수락하는 제3국에 대하여 그 이익과 그 국민의 이익에 대한 보호를 위탁할 수 있다.

2. 영사기관이 일시적으로 또는 영구적으로 폐쇄되는 경우에는 본조 1항의 세항(a)의 규정이 적용되며, 추가적으로 다음의 규정이 적용된다.

   (a) 접수국에서 외교공관에 의하여 대표되지 아니하더라도 파견국이 동 접수국의 영역내에 다른 영사기관을 두고 있는 경우에, 동 영사기관은 폐쇄된 영사

기관의 관사와 그 재산 및 영사문서의 보관을 위임받을 수 있으며, 또한 접수국의 동의를 받아 그 영사기관의 관할구역내에서의 영사기능의 수행을 위임받을 수 있다.

(b) 파견국이 접수국내에 외교공관을 두지 아니하며 또한 기타의 영사기관을 두지 아니하는 경우에는 본조 1항의 세항 (b) 및 (c)의 규정이 적용된다.

제2장 영사기관, 직업영사관원 및 기타의 영사기관원에 관한 편의, 특권 및 면제

제1절 영사기관에 관한 편의, 특권 및 면제

제28조

영사기관의 활동에 대한 편의접수국은 영사기관의 기능의 수행을 위하여 충분한 편의를 제공하여야 한다.

제29조 국기와 문장의 사용

1. 파견국은 본조의 규정에 의거하여 접수국내에서 자국의 국기와 문장의 사용권을 가진다.

2. 파견국의 국기와 그 문장은 영사기관이 점유하는 건물과 그 현관 및 영사기관장의 관저와 공용시의 그 교통수단에 게양될 수 있고 또한 부착될 수 있다.

3. 본조에 의하여 부여되는 권리를 행사함에 있어서는 접수국의 법령과 관례를 고려하여야 한다.

제30조 주거시설

1. 접수국은 그 법령에 의거하여 동 파견국이 그 영사기관에 필요한 관사를 접수국의 영역내에서 취득하는 것에 편의를 제공하거나 또는 다른 방법으로 파견국이

주거시설을 구하는 것에 협조하여야 한다.

2. 접수국은, 필요한 경우에, 영사기관이 그 직원을 위한 적당한 주거시설을 구하는 것에 또한 협조하여야 한다.

제31조 영사관사의 불가침

1. 영사관사는 본조에 규정된 범위내에서 불가침이다.

2. 접수국의 당국은, 영사기관장 또는 그가 지정한 자 또는 파견국의 외교공관장의 동의를 받는 경우를 제외하고, 전적으로 영사기관의 활동을 위하여 사용되는 영사관사의 부분에 들어가서는 아니 된다. 다만, 화재 또는 신속한 보호조치를 필요로 하는 기타 재난의 경우에는 영사기관장의 동의가 있은 것으로 추정될 수 있다.

3. 본조 2항의 규정에 따를 것으로 하여, 접수국은 침입 또는 손괴로부터 영사관사를 보호하고 또한 영사기관의 평온에 대한 교란 또는 그 위엄의 손상을 방지하기 위한 모든 적절한 조치를 처해야 하는 특별한 의무를 진다.

4. 영사관사와 그 비품 및 영사기관의 재산과 그 교통수단은 국방상 또는 공익상의 목적을 위한 어떠한 형태의 징발로부터 면제된다. 그러한 목적을 위하여 수용이 필요한 경우에는 영사기능의 수행에 대한 방해를 회피하도록 모든 가능한 조치를 취하여야 하며, 또한 신속하고 적정하며 효과적인 보상이 파견국에 지불되어야 한다.

제32조 영사관사에 대한 과세 면제

1. 파견국 또는 파견국을 대표하여 행동하는 자가 소유자이거나 또는 임차인으로 되어 있는 영사관사 및 직업 영사기관장의 관저는, 제공된 특별의 역무에 대한 급부로서의 성질을 가지는 것을 제외한 기타의 모든 형태의 국가 지역 또는 지방의 부과금과 조세로부터 면제된다.

2. 본조 1항에 언급된 과세의 면제는, 파견국 또는 파견국을 대표하여 행동하는 자
   와 계약을 체결한 자가 접수국의 법에 따라 동 부과금과 조세를 납부해야 하는
   경우에는, 동 부과금과 조세에 적용되지 아니한다.

제33조

영사문서와 서류의 불가침영사문서와 서류는 언제 어디서나 불가침이다.

제34조

이전의 자유국가안보상의 이유에서 그 출입이 금지되거나 또는 규제되고 있는 지
역에 관한 접수국의 법령에 따를 것으로 하여, 접수국은 모든 영사기관원에 대하여
접수국 영역내의 이전 및 여행의 자유를 보장한다.

제35조 통신의 자유

1. 접수국은 영사기관에 대하여 모든 공용 목적을 위한 통신의 자유를 허용하며 또
   한 보호하여야 한다. 영사기관은, 파견국 정부 및 그 소재지에 관계 없이 파견국
   의 외교공관 및 다른 그 영사기관과 통신함에 있어서 외교 또는 영사신서사 외교
   또는 영사행낭 및 기호 또는 전신암호에 의한 통신물을 포함한 모든 적절한 수단
   을 사용할 수 있다. 다만, 영사기관은 접수국의 동의를 받는 경우에만 무선 송신
   기를 설치하여 사용할 수 있다.

2. 영사기관의 공용서한은 불가침이다. 공용서한이라 함은 영사기관과 그 기능에
   관한 모든 서한을 의미한다.

3. 영사행낭은 개방되거나 또는 억류되지 아니한다. 다만, 영사행낭속에 본조4항에
   언급된 서한, 서류 또는 물품을 제외한 기타의 것이 포함되어 있다고 믿을만한 중
   대한 이유를 접수국의 권한 있는 당국이 가지고 있는 경우에, 동 당국은 그 입회
   하에 파견국이 인정한 대표가 동 행낭을 개방하도록 요청할 수 있다. 동 요청을

파견국의 당국이 거부하는 경우에 동 행낭은 발송지로 반송된다.

4. 영사행낭을 구성하는 포장용기에는 그 성질을 나타내는 명백한 외부의 표지를 부착하여야 하며 또한 공용 서한과 서류 또는 전적으로 공용을 위한 물품만이 포함될 수 있다.

5. 영사신서사는 그 신분 및 영사행낭을 구성하는 포장용기의 수를 표시하는 공문서를 지참하여야 한다. 영사신서사는 접수국의 동의를 받는 경우를 제외하고, 접수국의 국민이어서는 아니되고 또한 그가 파견국의 국민이 아닌 경우에는 접수국의 영주자이어서는 아니 된다. 영사신서사는 그 직무를 수행함에 있어서 접수국에 의하여 보호를 받는다. 영사신서사는 신체의 불가침을 향유하며 또한 어떠한 형태로도 체포 또는 구속되지 아니한다.

6. 파견국과 그 외교공관 및 영사기관은 임시 영사신서사를 임명할 수 있다. 그러한 경우에는, 동 임시 신서사가 맡은 영사행낭을 수취인에게 전달하였을 때에 본조 5항에 언급된 면제가 적용되지 아니하는 것을 제외하고, 동 조항의 제규정이 또한 적용된다.

7. 영사행낭은 공인 입국항에 기착되는 선박 또는 민간항공기의 기장에게 위탁될 수 있다. 동 기장은 행낭을 구성하는 포장용기의 수를 표시하는 공문서를 지참하여야 하나, 영사신서사로 간주되지 아니한다. 영사기관은 관계 지방당국과의 약정에 의하여 선박 또는 항공기의 기장으로부터 직접 자유로이 행낭을 수령하기 위하여 그 직원을 파견할 수 있다.

제36조 파견국 국민과의 통신 및 접촉

1. 파견국의 국민에 관련되는 영사기능의 수행을 용이하게 할 목적으로 다음의 규정이 적용된다.

(a) 영사관원은 파견국의 국민과 자유로이 통신할 수 있으며 또한 접촉할 수 있다. 파견국의 국민은 파견국 영사관원과의 통신 및 접촉에 관하여 동일한

자유를 가진다.

(b) 파견국의 영사관할구역내에서 파견국의 국민이, 체포되는 경우, 또는 재판에 회부되기 전에 구금 또는 유치되는 경우, 또는 기타의 방법으로 구속되는 경우에, 그 국민이 파견국의 영사기관에 통보할 것을 요청하면, 접수국의 권한 있는 당국은 지체없이 통보하여야 한다. 체포, 구금, 유치 또는 구속되어 있는 자가 영사기관에 보내는 어떠한 통신도 동 당국에 의하여 지체없이 전달되어야 한다. 동 당국은 관계자에게 본 세항에 따를 그의 권리를 지체없이 통보하여야 한다.

(c) 영사관원은 구금, 유치 또는 구속되어 있는 파견국의 국민을 방문하며 또한 동 국민과 면담하고 교신하며 또한 그의 법적대리를 주선하는 권리를 가진다. 영사관원은 판결에 따라 그 관할구역내에 구금, 유치 또는 구속되어 있는 파견국의 국민을 방문하는 권리를 또한 가진다. 다만, 구금, 유치 또는 구속되어 있는 국민을 대신하여 영사관원이 조치를 취하는 것을 동 국민이 명시적으로 반대하는 경우에, 동 영사관원은 그러한 조치를 삼가하여야 한다.

2. 동조 1항에 언급된 권리는 접수국의 법령에 의거하여 행사되어야 한다. 다만, 동 법령은 본조에 따라 부여된 권리가 의도하는 목적을 충분히 실현할 수 있어야 한다는 조건에 따라야 한다.

제37조

사망, 후견, 재산관리, 난파 및 항공사고의 경우에 있어서 통보접수국의 권한 있는 당국이 관계 정보를 입수하는 경우에 동 당국은 다음과 같은 의무를 진다.

(a) 파견국 국민의 사망의 경우에는 그 사망이 발생한 영사관할구역내의 영사기관에 지체없이 통보하는 것.

(b) 파견국의 국민으로서 미성년자 또는 충분한 능력을 결하고 있는 기타의 자의 이익을 위하여, 후견인 또는 재산관리인을 지정하는 것이 필요하다고 생각되는 경

우에는, 권한 있는 영사기관에 지체없이 통보하는 것. 다만, 이러한 통보는 상기 지정에 관한 접수국의 법정의 시행을 침해해서는 아니 된다.

(c) 파견국의 국적을 보유한 선박이 접수국의 영해 또는 내수에서 난파하거나 또는 좌초하는 경우, 또는 파견국에 등록된 항공기가 접수국의 영역에서 사고를 당하는 경우에는, 사고발생 현장에서 가장 가까운 영사기관에 지체 없이 통보하는 것.

제38조

접수국 당국과의 통신영사관원은 그 직무를 수행함에 있어서 아래의 당국과 통신할 수 있다.

(a) 그 영사관할구역내의 권한 있는 지방당국.

(b) 접수국의 권한 있는 중앙당국. 다만, 이 경우에는 접수국의 법령과 관례 또는 관계 국제협정에 의하여 허용되며 또한 허용되는 범위에 한한다.

제39조 영사 수수료와 요금

1. 영사기관은 접수국의 영역내에서 영사 활동에 관한 파견국의 법령이 규정하는 수수료와 요금을 부과할 수 있다.

2. 본조 1항에 언급된 수수료와 요금의 형식으로 징수한 총액과 동 수수료 및 요금의 수령액은 접수국의 모든 부과금과 조세로부터 면제된다.

제2절 직업영사관원과 기타의 영사기관원에 관한 편의, 특권 및 면제

제40조

영사관원의 보호접수국은 상당한 경의로써 영사관원을 대우하여야 하며 또한 영사관원의 신체자유 또는 위엄에 대한 침해를 방지하기 위한 모든 적절한 조치를 취하여야 한다.

제41조 영사관원의 신체의 불가침

1. 영사관원은, 중대한 범죄의 경우에 권한 있는 사법당국에 의한 결정에 따르는 것을 제외하고, 재판에 회부되기 전에 체포되거나 또는 구속되지 아니한다.

2. 본조 1항에 명시된 경우를 제외하고 영사관원은 구금되지 아니하며 또한 그의 신체의 자유에 대한 기타 어떠한 형태의 제한도 받지 아니한다. 다만, 확정적 효력을 가진 사법상의 결정을 집행하는 경우는 제외된다.

3. 영사관원에 대하여 형사소송절차가 개시된 경우에 그는 권한 있는 당국에 출두하여야 한다. 그러나 그 소송절차는, 그의 공적 직책상의 이유에서 그가 받아야할 경의를 표하면서 또한, 본조 1항에 명시된 경우를 제외하고는, 영사직무의 수행에 가능한 최소한의 지장을 주는 방법으로 진행되어야 한다. 본조 1항에 언급된 사정하에서 영사관원을 구속하는 것이 필요하게 되었을 경우에 그에 대한 소송절차는 지체를 최소한으로 하여 개시되어야 한다.

제42조

체포, 구속 또는 소추의 통고재판에 회부되기 전에 영사직원을 체포하거나 또는 구속하는 경우 또는 동 영사직원에 대하여 형사소송절차가 개시되는 경우에, 접수국은 즉시 영사기관장에게 통고하여야 한다. 영사기관장 그 자신이 그러한 조치의 대상이 되는 경우에 접수국은 외교경로를 통하여 파견국에 통고하여야 한다.

제43조 관할권으로부터의 면제

1. 영사관원과 사무직원은 영사직무의 수행 중에 행한 행위에 대하여 접수국의 사법 또는 행정당국의 관할권에 복종할 의무를 지지 아니한다.

2. 다만, 본조 1항의 규정은 다음과 같은 민사소송에 관하여 적용되지 아니한다.

(a) 영사관원 또는 사무직원이 체결한 계약으로서 그가 파견국의 대리인으로서 명시적으로 또는 묵시적으로 체결하지 아니한 계약으로부터 제기되는 민사소송

(b) 접수국내의 차량, 선박 또는 항공기에 의한 사고로부터 발생하는 손해에 대하여 제 3자가 제기하는 민사소송

제44조 증언의 의무

1. 영사기관원은 사법 또는 행정소송절차의 과정에서 증인 출두의 요청을 받을 수 있다. 사무직원 또는 업무직원은 본조 3항에 언급된 경우를 제외하고 증언을 거부해서는 아니 된다. 영사관원이 증언을 거부하는 경우에 그에 대하여 강제적 조치 또는 형벌이 적용되어서는 아니 된다.

2. 영사관원의 증언을 요구하는 당국은 그 직무의 수행에 대한 간섭을 회피하여야 한다. 동 당국은 가능한 경우에 영사관원의 주거 또는 영사기관내에서 증거를 수집하거나 또는 서면에 의한 그의 진술을 받을 수 있다.

3. 영사기관원은 그 직무의 수행에 관련되는 사항에 관하여 증언을 행하거나 또는 그에 관련되는 공용 서한과 서류를 제출할 의무를 지지 아니한다. 영사기관원은 파견국의 법에 관하여 감정인으로서 증언하는 것을 거부하는 권리를 또한 가진다.

제45조 특권 및 면제의 포기

1. 파견국은 영사기관원에 관련하여 제41조, 제43조 및 제44조에 규정된 특권과 면제를 포기할 수 있다.

2. 동포기는 본조 3항에 규정된 경우를 제외하고 모든 경우에 명시적이어야 하며 또한 서면으로 접수국에 전달되어야 한다.

3. 영사관원 또는 사무직원이, 제43조에 따라 관할권으로부터의 면제를 향유할 수

있는 사항에 관하여 그 자신이 소송절차를 개시하는 경우에는, 본소에 직접적으로 관련되는 반소에 대하여 관할권으로부터의 면제를 원용하지 못한다.

4. 민사 또는 행정소송절차의 목적상 관할권으로부터의 면제의 포기는 사법적 결정에서 나오는 집행조치로 부터의 면제의 포기를 의미하는 것으로 간주되지 아니한다. 그러한 조치에 관해서는 별도의 포기가 필요하다.

제46조 외국인등록과 거주허가로부터의 면제

1. 영사관원과 사무직원 및 그 세대의 일부를 이루는 가족은 외국인등록 및 거주허가에 관하여 접수국의 법령에 따른 모든 의무로부터 면제된다.

2. 다만, 본조 1항의 규정은 파견국의 고정된 고용원이 아니거나 또는 접수국내에서 영리적인 사적직업에 종사하는 사무직원 또는 그 가족 구성원에 대하여 적용되지 아니한다.

제47조 취업허가로부터의 면제

1. 영사기관원은, 파견국을 위하여 제공하는 역무에 관하여, 외국노동의 고용에 관한 접수국의 법령에 의하여 부과되는 취업허가에 관한 의무로부터 면제된다.

2. 영사관원과 사무직원의 개인 사용인은, 접수국내에서 다른 영리적 직업에 종사하지 아니하는 경우에, 본조 1항에 언급된 의무로부터 면제된다.

제48조 사회보장상의 면제

1. 본조 3항의 규정에 따를 것으로 하여, 영사기관원은 파견국을 위하여 제공하는 무역에 관해서 또한 그 세대의 일부를 이루는 가족 구성원은 접수국내에서 시행되는 사회보장상의 제규정으로부터 면제된다.

2. 본조 1항에 규정된 면제는 다음의 조건하에서 영사기관원에게 전적으로 고용되어 있는 개인사용인에게도 적용된다.

(a) 그 사용인이 접수국의 국민이 아니거나 또는 접수국내의 영주자가 아닐 것.

(b) 그 사용인이 파견국 또는 제3국에서 시행되는 사회보장 규정의 적용을 받을 것.

3. 본조 2항에 규정된 면제의 적용을 받지 아니하는 자를 고용하는 영사기관원은 접수국의 사회보장 규정이 고용주에게 부과하는 의무를 준수하여야 한다.

4. 본조 1항 및 2항에 규정된 면제는, 접수국의 사회보장 제도에의 참여가 동 접수국에 의하여 허용될 것을 조건으로, 동 제도에의 자발적 참여를 배제하는 것이 아니다.

제49조 과세로부터의 면제

1. 영사관원과 사무직원 및 그 세대의 일부를 이루는 가족구성원은, 다음의 것을 제외하고, 인적 또는 물적, 국가, 지역 또는 지방의 부과금과 조세로부터 면제된다.

(a) 상품 또는 용역의 가격속에 정상적으로 포함되어 있는 성질의 간접세

(b) 제32조의 규정에 따를 것으로 하여, 접수국의 영역내에 소재하는 개인의 부동산에 대한 부과금 또는 조세

(c) 제51조 (b)항의 규정에 따를 것으로 하여, 접수국에 의하여 부과되는 재산세, 상속 또는 유산세 및 권리 이전에 대한 조세

(d) 자본이득을 포함하여 접수국내에 원천을 둔 개인소득에 대한 부과금 및 조세와 접수국내의 상업적 또는 금융사업에의 투자에 대한 자본세

(e) 제공된 특정 역무에 대한 과징금

(f) 제32조의 규정에 따를 것으로 하여, 등록수수료, 재산 또는 기록수수료, 담보세 및 인지세

2. 업무직원은 그 역무에 대하여 받는 임금에 대한 부과금과 조세로부터 면제된다.

3. 임금 또는 급료에 대하여 접수국에서 소득세의 면제를 받지 아니하는 자를 고용하는 영사기관원은 동 소득세의 과세에 관하여 접수국의 법령이 고용주에게 부

과하는 의무를 준수하여야 한다.

제50조 관세 및 검사로부터의 면제

1. 접수국은 자국이 채택하는 법령에 의거하여 다음의 물품에 대하여 그 반입을 허가하며 또한 그에 대한 모든 관세 및 조세와, 보관, 운반 및 유사한 역무에 대한 것을 제외한, 기타의 과징금을 면제하여야 한다.

   (a) 영사기관의 공용물품

   (b) 영사관원의 주거용 물품을 포함하여 영사관원 또는 그 세대의 일부를 이루는 가족 구성원의 사용물품 소비용 물품은 당해자의 직접 사용에 필요한 양을 초과하여서는 아니 된다.

2. 사무직원은 최초의 부임시에 수입하는 물품에 관하여 본조 1항에 명시된 특권과 면제를 향유한다.

3. 영사관원과 그 시대의 일부를 이루는 가족 구성원이 휴대하는 수하물은 검사로부터 면제된다. 그 수하물중에 본조 1항의 세항(b)에 언급된 것을 제외한 기타의 물품 또는 그 수출입이 접수국의 법령에 의하여 금지되거나 또는 그 검역에 관한 법령에 따라야 하는 물품이 포함되어 있다고 믿을 만한 중대한 이유가 있는 경우에만 검사할 수 있다. 그러한 경우의 검사는 그 영사관원 또는 당해 가족 구성원의 입회하에 행하여져야 한다.

제51조

영사기관원 또는 그 가족 구성원의 유산영사기관원 또는 그 세대의 일부를 이루는 가족구성원의 사망의 경우에 접수국은 다음의 의무를 진다.

(a) 사망자가 접수국내에서 취득한 재산으로서 그의 사망시에 반출이 금지된 것을 제외하고는 그의 동산의 반출을 허가하여야 한다는 것.

(b) 사망자가 영사기관원으로서 또는 영사기관원의 가족구성원으로서 접수국내에

있게 된 이유만으로 동 접수국내에 소재하는 그의 동산에 대하여 국가, 지역 또는 지방의 재산세 및 상속 또는 유산세와 권리이전에 대한 조세를 부과하여서는 아니 된다는 것.

제52조

인적 역무 및 부담금으로부터의 면제접수국은 영사기관원과 그 세대의 일부를 이루는 가족 구성원에 대하여 모든 인적역무 및 여하한 종류의 모든 공공 역무와 징발군사적 부담금 및 숙사지정에 관련되는 것 등의 군사적 의무를 면제하여야 한다.

제53조 영사특권 및 면제의 개시와 종료

1. 영사기관원은 부임하기 위하여 접수국의 영역에 입국하는 때부터, 또는 이미 접수국의 영역내에 있을 경우에는, 영사기관에서 그의 직무를 개시하는 떼부터 이 협약에 규정된 특권과 면제를 향유한다.

2. 영사기관원의 세대의 일부를 이루는 그 가족 구성원과 그 개인 사용인은, 그 영사기관원이 본조 1항에 의거하여 특권과 면제를 향유하는 일자로 부터, 또는 그들이 접수국의 영역에 입국하는 일자로부터, 또는 그 가족 구성원 또는 사용인이 되는 일자 중, 어느것이든 최종 일자로 부터 이 협약에 규정된 특권과 면제를 받는다.

3. 영사기관원의 직무가 종료한 경우에, 그의 특권과 면제 및 그 세대의 일부를 이루는 가족 구성원 또는 그 개인사용인의 특권과 면제는 당해인들이 접수국을 떠나는 때 또는 접수국을 떠나기 위하여 필요한 상당한 기간이 만료한 때 중에서, 어느 것이든 더 이른 시기부터 정상적으로 종료하나, 무력충돌의 경우에도 그때까지는 존속한다. 본조 2항에 언급된 자의 경우에, 그들의 특권과 면제는 그들이 영사기관원의 세대에 속하지 아니하는 때 또는 영사기관원의 역무에 종사하지 아니하는 때에 종료한다. 다만, 당해인들이 그 후 상당한 기간내에 접수

국을 떠나고자 하는 경우에 그들의 특권과 면제는 그들의 퇴거시까지 존속할 것을 조건으로 한다.

4. 그러나 영사관원 또는 사무직원이 그 직무를 수행함에 있어서 행한 행위에 관해서는 관할권으로부터의 면제가 기한의 제한없이 계속 존속된다.

5. 영사기관원의 사망의 경우에 그 세대의 일부를 이루는 가족 구성원은, 그들이 접수국을 떠날 때까지 또는 그들이 접수국을 떠날 수 있도록 상당한 기간이 만료할 때까지 중, 어느 것이든 더 이른 시기까지 그들에게 부여된 특권과 면제를 계속 향유한다.

제54조 제3국의 의무

1. 영사관원의 부임 또는 귀임도중 또는 귀국의 도중에, 사증이 필요한 경우 그에게 사증을 부여한 제3국을 통과하거나 또는 그 제3국의 영역내에 체재하는 경우에, 그 제3국은 그의 통과 또는 귀국을 보장하기 위하여 필요한 것으로서 이 협약의 다른 제조항에 규정된 모든 면제를 그에게 부여하여야 한다. 영사관원의 세대의 일부를 이루는 가족 구성원으로서 그러한 특권과 면제를 향유하는 자가, 그 영사관원을 동행하거나 또는 그 영사관원과 합류하기 위하여 또는 파견국에 귀국하기 위하여 개별적으로 여행하는 경우에도 동일하게 적용된다.

2. 본조 1항에 명시된 것과 유사한 사정하에서, 제3국은 다른 영사기관원 또는 그 세대의 일부를 이루는 가족 구성원의 당해 제3국 영역에의 통과를 방해하여서는 아니 된다.

3. 제3국은, 기호 또는 전신암호에 의한 통신물을 포함하여 통과중인 공용 서한 및 기타의 공용 통신에 대하여, 접수국이 이 협약에 따라 부여할 의무를 지는 동일한 자유와 보호를 부여하여야 한다. 제3국은, 사증이 필요한 경우에 사증을 부여받은 영사신서사와 통과중인 영사행낭에 대하여, 접수국이 이 협약에 따라 부여할 의무를 지는 동일한 불가침 및 보호를 부여하여야 한다.

4. 본조 1항, 2항 및 3항에 따른 제3국의 의무는 각기 그러한 제조항에 언급된 자 및 공용 통신과 영사행낭이 불가항력으로 제3국의 영역내에 있게 되는 경우에도 적용된다.

제55조 접수국의 법령에 대한 존중

1. 특권과 면제를 향유하는 모든 자는, 그들의 특권과 면제를 침해함이 없이, 접수국의 법령을 존중할 의무를 진다. 그들은 또한 접수국의 국내문제에 간여해서는 아니되는 의무를 진다.

2. 영사관사는 영사기능의 수행과 양립하지 아니하는 방법으로 사용되어서는 아니 된다.

3. 본조 3항의 규정은 영사관사가 수용되어 있는 건물의 일부에 다른 기구 또는 기관의 사무소가 설치될 수 있는 가능성을 배제하지 아니한가. 다만, 다른 기관에 배정된 사무실은 영사기관이 사용하는 사무실과 구분된 것을 조건으로 한다. 그러한 경우엔 상기 사무소는 이 협약의 목적상 영사관사의 일부를 이루는 것으로 간주되지 아니한다.

제56조

제3자의 위험에 대한 보험영사기관인은 차량, 선박 또는 항공기의 사용에서 야기되는 제3자의 위험에 대한 보험에 관하여 접수국의 법령이 부과하는 요건에 따라야 한다.

제57조 영리적인 사적직업에 관한 특별규정

1. 직업영사관원은 접수국내에서 개인적 이득을 목적으로 전문직업적 또는 상업적 활동에 종사해서는 아니 된다.

2. 본장에 규정된 특권과 면제는 하기인에게 부여되지 아니한다.

(a) 접수국내에서 영리적인 사적 직업에 종사하는 사무직원 또는 업무직원

(b) 본항의 세항 (a)에 언급된 자의 가족 구성원 또는 그 개인사용인

(c) 영사기관원의 가족 구성원으로 접수국내에서 영리적인 사적 직업에 종사하는 자

제3장 명예영사관원과 명예영사관원을 장으로 하는 영사기관에 관한 제도

제58조 편의, 특권 및 면제에 관한 일반규정

1. 제28조, 제29조, 제30조, 제34조, 제35조, 제36조, 제37조, 제38조, 제39조, 제54조 3항 및 제55조 2항과 3항은 명예영사관원을 장으로 하는 영사기관에 적용된다. 또한 이러한 영사기관의 편의, 특권 및 면제는 제59조, 제60조, 제61조 및 제62조에 의하여 규율된다.

2. 제42조, 제43조, 제44조 3항, 제45조, 제53조 및 제55조 1항은 명예영사관원에게 적용된다. 또한 이러한 영사관원의 편의, 특권 및 면제는 제63조, 제64조, 제65조 및 제67조에 의하여 규율된다.

3. 이 협약에 규정된 특권과 면제는 명예영사관원의 가족 구성원 또는 명예영사관원을 장으로 하는 영사기관에 고용되어 있는 사무직원에게 부여되지 아니한다.

4. 명예영사관을 장으로 하는 상이한 국가내의 2개의 영사기관간의 영사행낭의 교환은 당해 2개 접수국의 동의 없이 허용되지 아니한다.

제59조

영사관사의 보호접수국은 침입 또는 손괴로 부터 명예영사관원을 장으로 하는 영사기관의 영사관사를 보호하며 또한 영사기관의 평온에 대한 교란 또는 그 위엄의 손상을 방지하기 위하여 필요한 조치를 취하여야 한다.

제60조 영사관사의 과세로부터의 면제

1. 명예영사관원을 장으로 하는 영사기관의 영사관사의 소유자 또는 임차자가 파견국인 경우에, 동 영사관사는 제공된 특정역무에 대한 급부로서의 성질을 가지는 것을 제외한 다른 여하한 형태의 모든 국가, 지역 또는 지방의 부과금과 조세로부터 면제된다.

2. 본조 1항에 언급된 과세로 부터의 면제는, 파견국과 계약을 체결한자가 접수국의 법령에 따라 납부해야 하는 경우에는, 동 부과금과 조세에 대하여 적용되지 아니한다.

제61조

영사문서와 서류의 불가침명예영사관원을 장으로 하는 영사기관의 영사문서와 서류는 언제 어디서나 불가침이다. 다만, 이들 문서와 서류는 다른 문서 및 서류와 구분되며, 특히 영사기관장과 그와 같이 근무하는 자의 사용 서한과 구분되며, 또한 그들의 전문 직업 또는 거래에 관계되는 자료, 서적 및 서류와 구분되어야 한다.

제62조

관세로부터의 면제접수국은 자국이 채택하는 법령에 의거하여 다음의 물품에 대하여 그 반입을 허가하며 또한 모든 관세 및 조세와, 창고료, 운송료 및 유사한 역무에 대한 것을 제외한, 기타의 관계 과징금으로부터의 면제를 부여한다. 다만, 그 물품은 명예영사관원을 장으로 하는 영사기관의 공적용도를 위한 것일것을 조건으로 한다. 즉 문장, 국기, 간판, 인장과, 인지, 서적, 공용인쇄물, 사무실가구, 사무실 비품 및 파견국이 영사기관에 공급하거나 또는 파견국의 의뢰에 따라 영사기관에 공급되는 유사한 물품.

제63조

형사소송절차명예영사관원에 대하여 형사소송절차가 개시되는 경우에 그는 권한 있는 당국에 출두하여야 한다, 그러나 그 소송절차는 그의 공적 직책상의 이유에서 그가 받아야 할 경의를 표하면서 집행되어야 하며, 또한 그가 체포 또는 구속된 경우를 제외하고 영사직무의 수행에 최소한의 지장을 주는 방법으로 행하여 져야 한다. 명예영사관원을 구속하는 것이 필요하게 되었을 경우에 그에 대한 소송절차는 지체를 최소한으로 하여 개시되어야 한다.

제64조

명예영사관원의 보호접수국은 명예영사관원에 대하여 그의 공적 직책상의 이유에서 필요로 하는 보호를 부여할 의무를 진다.

제65조

외국인등록 및 거주허가로부터의 면제명예영사관원은, 사적 이득을 위하여 접수국에서 전문직업적 또는 상업적 활동에 종사하는 자를 제외하고, 외국인 등록 및 거주 허가에 관하여 접수국의 법령에 따른 모든 의무로 부터 면제된다.

제66조

과세로부터의 면제명예영사관원은 영사직무의 수행에 관하여 그가 파견국으로부터 받는 보수와 급료에 대한 모든 부과금과 조세로 부터 면제된다.

제67조

인적 역무 및 부담금으로부터의 면제접수국은 명예영사관원에 대하여 모든 인적 역무및 여하한 성질의 모든 공공 역무와 징발 군사적 부담금 및 숙사지정에 관련되는 것등의 군사적 의무를 면제하여야 한다.

제68조

명예영사관원 제도의 임의성각국은 명예영사관원을 임명하거나 또는 접수하는 것을 결정하는 자유를 가진다.

제4장 일반조항

제69조 영사기관장이 아닌 영사대리

1. 각국은 파견국에 의하여 영사기관장으로 지정되지 아니한 영사대리에 의하여 수행되는 영사대리사무소를 설치하거나 또는 인정하는 것을 결정하는 자유를 가진다.
2. 본조 1항에 언급된 영사대리사무소가 그 활동을 수행하는 조건 및 동 사무소를 관장하는 영사대리가 향유하는 특권 및 면제는 파견국과 접수국간의 합의에 의하여 결정된다.

제70조 외교공관에 의한 영사기능의 수행

1. 이 협약의 제 규정은, 문맥이 허용하는 한, 외교공관에의 영사기능의 수행에도 적용된다.
2. 외교공관원으로서 영사부서에 배속되거나 또는 동 공관의 영사기능의 수행을 달리 맡은 자의 명단은 접수국의 외무부 또는 동 외무부가 지정하는 당국에 통고되어야 한다.
3. 외교공관은 영사기능을 수행함에 있어서 아래의 당국과 통신을 가질 수 있다.
   (a) 영사관할구역내의 지방당국
   (b) 접수국의 법령 및 관례 또는 관계 국제협정에 의해 허용되는 경우에 접수국의 중앙당국
4. 본조 2항에 언급된 외교공관원의 특권과 면제는 외교관계에 관한 국제법의 규

칙에 의하여 계속 규율된다.

제71조 접수국의 국민 또는 영주자

1. 접수국에 의하여 추가의 편의, 특권 및 면제가 부여되는 경우를 제외하고, 접수국의 국민 또는 영주자인 영사관원은 그 직무 수행에서 행한 공적 행동에 관하여 관할권으로부터의 면제와 신체의 불가침만을 향유하며, 또한 제44조 3항에 규정된 특권만을 향유한다. 접수국은 이들 영사관원에 관한 한 제42조에 규정된 의무에 의하여 또한 기속된다. 상기 영사관원에 대하여 형사소송 절차가 제기되는 경우에 그 소송절차는, 그가 체포 또는 구속되는 경우를 제외하고, 영사직무의 수행에 가능한 최소한의 지장을 주는 방법으로 진행되어야 한다.

2. 접수국의 국민 또는 영주자인 다른 영사기관원과 그 가족 구성원 및 본조 1항에 언급된 영사관원의 가족 구성원은 접수국이 그들에게 부여하는 경우에 있어서만 동 편의, 특권 및 면제를 향유한다. 접수국의 국민 또는 영주자인 영사기관원의 가족 구성원 및 그 개인 사용인은 접수국이 그들에게 부여하는 경우에 있어서만 편의, 특권 및 면제를 또한 향유한다. 다만, 접수국은 영사기관의 기능의 수행을 부당하게 방해하지 아니하는 방법으로 상기자들에 대한 관할권을 행사하여야 한다.

제72조 무차별

1. 접수국은 이 협약의 제 규정을 적용함에 있어서 국가간에 차별을 두어서는 아니 된다.

2. 그러나 다음의 경우에는 차별이 있는 것으로 간주되지 아니한다.

   (a) 이 협약의 어느 규정이 파견국내의 접수국 영사기관에 제한적으로 적용되고 있음을 이유로 그 접수국이 이 협약의 그 규정을 제한적으로 적용하는 경우
   (b) 제국이 관습 또는 협정에 의하여 이 협약의 제 규정에 의하여 요구되는 것 보

다 더 유리한 대우를 상호 부여하는 경우제 73 조이 협약과 다른 국제협정과의 관계

1. 이 협약의 제 규정은 다른 국제협정의 당사국간에 유효한 그 국제협정에 영향을 주지 아니한다.

2. 이 협약의 어떠한 규정도 제국이 이 협약의 제규정을 확인, 보충, 확대 또는 확장하는 국제협정을 체결하는 것을 배제하지 아니한다.

제5장 최종 조항

제74조

서 명이 협약은 국제연합 또는 전문기구 중의 어느 하나의 모든 회원국 또는 국제사법재판소 규정의 당사국 및 국제연합총회에 의하여 이 협약의 당사국이 되도록 초청된 기타의 국가에 의한 서명을 위하여 다음과 같이 개방된다. 즉 1963년 10월 31일까지는 오스트리아 공화국의 연방외무부에서 개방되며 또한 그 이후 1964년 3월 31일까지는 뉴욕의 국제연합 본부에서 개방된다.

제75조 비준

이 협약은 비준되어야 한다. 비준서는 국제연합 사무총장에게 기탁된다.

제76조 가입

이 협약은 제74조에 언급된 네가지 카테고리의 어느 하나에 속하는 국가에 의한 가입을 위하여 계속 개방된다. 가입서는 국제연합 사무총장에게 기탁된다.

제77조 발효

1. 이 협약은 스물두번째의 비준서 또는 가입서가 국제연합 사무총장에게 기탁된

날로부터 30일후에 발효한다.

2. 스물두번째의 비준서 또는 가입서가 기탁된 후 이 협약에 비준하거나 또는 가입하는 각 국가에 대하여, 이 협약은 그 국가에 의한 비준서 또는 가입서의 기탁으로부터 30일후에 발효한다.

제78조

사무총장에 의한 통고국제연합사무총장은 제74조에 언급된 네가지 카테고리의 어느 하나에 속하는 모든 국가에 대하여 다음의 것을 통고한다.

(a) 제75조, 제75조 및 제75조에 의거한 이 협약의 서명 및 비준서 또는 가입서의 기탁

(b) 제77조에 의거하여 이 협약이 발효하는 일자

제79 조정본

중국어, 영어, 불어, 노어 및 서반아어본이 동등히 정본인 이 협약의 원본은 국제연합 사무총장에게 기탁되며, 사무총장은 동 원본의 인증등본을 제74조에 언급된 네가지 카테고리의 어느 하나에 속하는 모든 국가에 송부한다. 이상의 증거로, 하기 전권대표는 각자의 정부에 의하여 정당히 권한을 위임받아 이 협약에 서명하였다. 1963년 4월 24일 비엔나에서 작성되었다.

■ 재외국민보호를 위한 영사조력법 ■

제1장 총칙[편집]

제1조(목적) 이 법은 재외국민의 생명·신체 및 재산을 보호하기 위한 국가의 영사조력(領事助力)과 관련한 제반사항을 규정함으로써 국민의 안전한 국외 거주·체류 및 방문을 도모함을 목적으로 한다.

제2조(정의) 이 법에서 사용하는 용어의 뜻은 다음과 같다.

1. "재외국민"이란 외국에 거주, 체류 또는 방문하는 대한민국 국민을 말한다.
2. "영사조력"이란 사건·사고로부터 재외국민의 생명·신체 및 재산을 보호하기 위하여 국가가 이 법에 따라 재외국민에게 제공하는 조력을 말한다.
3. "사건·사고"란 재외국민이 거주, 체류 또는 방문하는 국가에서 재외국민의 생명·신체에 대한 위해 또는 재산상의 중대한 손해가 발생하였거나 발생할 우려가 현저한 상황을 말한다.
4. "해외위난상황"이란 사건·사고 중 다음 각 목의 어느 하나에 해당하는 상황을 말한다.
   가. 「재난 및 안전관리 기본법」 제3조 제2호의 해외재난
   나. 전쟁이 발생하였거나 전쟁발생의 가능성이 매우 높은 긴박한 상황
   다. 내란 또는 폭동의 발생으로 해당 국가의 치안유지 기능 등이 극도로 마비되어 정상적으로 이루어지지 못하는 상황
   라. 「국민보호와 공공안전을 위한 테러방지법」 제2조 제1호에 따른 테러가 발생하였거나 발생할 우려가 현저한 상황
5. "재외공관"이란 「대한민국 재외공관 설치법」 제2조에 따른 대한민국 재외공관(재외공관이 설치되지 아니한 지역에서 영사 사무를 수행하는 사무소와 같은 법

제3조에 따른 분관 또는 출장소를 포함하고, 영사 사무를 수행하지 아니하거나 영사관할구역이 없는 재외공관은 제외한다)을 말한다.

6. "주재국"이란 재외공관이 설치된 국가를 의미하며, 해당 재외공관의 겸임국 및 관할지역을 포함한다.

제3조(국가의 책무)

① 국가는 영사조력을 통해 사건·사고로부터 재외국민의 생명·신체 및 재산을 보호하기 위하여 노력하여야 하며, 이를 위하여 필요한 재외국민보호 정책을 수립·시행하여야 한다.

② 국가는 제1항에 따른 책무를 수행하기 위하여 필요한 인력과 예산을 확보하여야 한다.

제4조(재외국민의 책무)

① 재외국민은 거주, 체류 또는 방문하는 국가 및 지역의 법령과 제도를 준수하고 문화 및 관습을 존중하며 해당 국가 및 지역에 관한 안전정보를 숙지하는 등 자신의 안전을 확보하기 위한 모든 주의를 다하여야 한다.

② 재외국민은 재외국민의 안전을 도모하기 위한 국가의 조치에 최대한 협조하여야 한다.

제5조(다른 법률과의 관계)

① 이 법은 영사조력에 관하여 다른 법률에 우선하여 적용한다.

② 해외위난상황에 관하여 이 법에서 규정한 것을 제외하고는 「재난 및 안전관리 기본법」 및 「국민보호와 공공안전을 위한 테러방지법」을 적용한다.

제2장 재외국민보호기본계획의 수립 등[편집]

제6조(재외국민보호위원회)

① 재외국민의 보호에 관한 사항을 심의하기 위하여 외교부장관 소속으로 재외국민보호위원회(이하 "위원회"라 한다)를 둔다.

② 위원회는 다음 각호의 사항을 심의한다.

　1. 재외국민의 보호에 관한 중요 정책에 관한 사항

　2. 제7조에 따른 재외국민보호기본계획 및 집행계획에 관한 사항

　3. 그 밖에 위원장이 회의에 부치는 사항

③ 위원회는 위원장 1명을 포함한 20명 이내의 위원으로 구성한다.

④ 위원장은 외교부장관이 되고, 위원은 관계 중앙행정기관의 차관급 공무원 또는 재외국민보호에 관한 학식과 경험이 풍부한 사람 중에서 외교부장관이 임명 또는 위촉한다.

⑤ 그 밖에 위원회의 구성과 운영에 필요한 사항은 대통령령으로 정한다.

제7조(재외국민보호기본계획의 수립 등)

① 외교부장관은 5년마다 재외국민보호기본계획(이하 "기본계획"이라 한다)을 수립하고, 위원회의 심의를 거쳐 확정한다.

② 기본계획에는 다음 각호의 사항이 포함되어야 한다.

　1. 재외국민보호 정책의 기본 방향

　2. 재외국민보호 업무의 지역별·성질별 중점 추진 방향

　3. 재외국민보호에 필요한 인력 및 예산에 관한 사항

　4. 해외안전여행 홍보 등 재외국민 사건·사고 예방에 관한 사항

　5. 재외국민보호를 위한 국제협력체제의 구축에 관한 사항

　6. 재외국민보호 업무에 대한 평가 및 개선에 관한 사항

7. 그 밖에 외교부장관이 재외국민보호를 위하여 필요하다고 인정하는 사항

③ 외교부장관은 기본계획에 따라 매년 재외국민보호에 관한 집행계획(이하 "집행계획"이라 한다)을 수립하고, 위원회의 심의를 거쳐 확정한다.

④ 외교부장관은 기본계획 및 집행계획을 수립한 때에는 이를 재외공관의 장에게 통보하여야 하며, 재외공관의 장은 그 시행을 위하여 필요한 조치를 하여야 한다.

⑤ 외교부장관은 기본계획 및 집행계획을 효율적으로 수립하기 위하여 재외국민 사건·사고에 관한 통계를 작성·관리하여야 한다.

제8조(해외안전정보의 제공)

① 외교부장관은 거주, 체류 또는 방문에 주의가 요구되는 국가 및 지역과 그 위험 수준, 행동요령 등 재외국민의 보호에 필요한 정보를 국민에게 알리기 위하여 여행경보의 발령 등 필요한 조치를 하여야 한다.

② 제1항에 따른 여행경보의 발령 등 해외안전정보의 제공에 필요한 사항은 대통령령으로 정한다.

제9조(주재국 관계 기관과의 협력)

재외공관의 장은 효과적인 재외국민보호 업무 수행을 위하여 주재국 관계 기관과 협력관계를 유지하여야 한다.

제3장 영사조력[편집]

제10조(영사조력의 기본원칙)

① 영사조력은 「영사관계에 관한 비엔나 협약」 등 관련 조약, 일반적으로 승인된 국제법규 및 주재국 법령을 준수하여 제공되어야 한다.

② 영사조력의 구체적인 범위와 수준을 정함에 있어 주재국의 제도 및 문화 등 특

수한 상황을 고려하여야 한다.

③ 영사조력은 재외국민이 사건·사고에 처하여 스스로 또는 연고자의 지원을 받거나 주재국 정부의 지원을 받는 등 다른 방법으로 해결할 수 없는 경우에 한하여 제공되어야 한다.

④ 영사조력은 국내에서 발생하는 유사 상황 시 정부가 국민에게 제공하는 보호의 수준을 초과하지 아니하여야 한다.

제11조(형사절차상의 영사조력)

① 재외공관의 장은 관할구역에서 재외국민이 체포·구금 또는 수감 중인 사실을 인지한 때에는 그 사실을 지체 없이 외교부장관에게 보고하고 해당 재외국민과의 접촉을 시도하여야 한다.

② 재외공관의 장은 재외국민이 국제법과 주재국의 법령에 따라 인도적 대우 및 신속하고 공정한 수사·재판을 받을 수 있도록 주재국 관계 기관에 협조를 요청하고, 필요한 경우 가능한 범위 내에서 변호사 및 통역인 명단 제공 등 조력을 제공하여야 한다.

③ 재외공관의 장은 재외국민이 금고 이상의 형을 선고받고 수감된 경우 정기적인 방문·면담 등을 통하여 해당 재외국민과 접촉하여야 한다.

④ 제1항부터 제3항까지의 규정에 따른 형사절차상의 영사조력의 구체적인 내용·제공 방법 및 절차 등에 필요한 사항은 대통령령으로 정한다.

제12조(재외국민 범죄피해 시의 영사조력)

① 재외공관의 장은 관할구역에서 재외국민이 범죄로 인하여 피해를 입은 사실을 인지한 경우 해당 재외국민에게 주재국 경찰기관에 신고하는 방법을 안내하고, 필요한 경우 주재국 관계 기관에 대한 신속하고 공정한 수사 요청, 의료기관에 관한 정보 제공, 가능한 범위 내에서 변호사 및 통역인 명단 제공 등 조력을 제

공하여야 한다.

② 제1항에 따른 재외국민 범죄피해 시의 영사조력의 구체적인 내용·제공 방법 및 절차 등에 필요한 사항은 대통령령으로 정한다.

제13조(재외국민 사망 시의 영사조력)

① 재외공관의 장은 관할구역에서 재외국민이 사건·사고로 사망한 사실을 인지한 때에는 이를 지체 없이 해당 재외국민의 가족 등 연고자에게 알리고 외교부장 관에게 보고하여야 한다.

② 재외공관의 장은 사망자의 사인에 대한 조사 및 시신의 처리 등에 관한 주재 국 절차 안내, 주재국 관계 기관에의 협조 요청 등 필요한 조치를 하여야 한다.

③ 제1항 및 제2항에 따른 재외국민 사망 시의 영사조력의 구체적인 내용·제공 방 법 및 절차 등에 필요한 사항은 대통령령으로 정한다.

제14조(미성년자·환자인 재외국민에 대한 영사조력)

① 재외공관의 장은 관할구역에서 미성년자인 재외국민에게 사건·사고가 발생한 사실을 인지한 경우 그 사실을 해당 재외국민의 법정대리인 또는 가족 등 연고 자에게 알려야 한다.

② 재외공관의 장은 관할구역에서 시급한 치료가 필요하다고 인정되는 재외국민 환 자가 발생한 사실을 인지한 경우 의료기관에 관한 정보 제공 등 조력을 제공하 여야 하며, 해당 재외국민의 가족 등 연고자 및 주재국 관계 기관과 협의하여 치 료를 받을 수 있도록 노력하여야 한다.

③ 제1항에 따른 미성년자인 재외국민에 대한 영사조력과 제2항에 따른 환자인 재 외국민에 대한 영사조력의 구체적인 내용·제공 방법 및 절차 등에 필요한 사항 은 대통령령으로 정한다.

제15조(재외국민 실종 시의 영사조력)

① 재외공관의 장은 관할구역에서 연락이 두절된 재외국민의 신변안전 확인을 위한 소재 파악을 요청받은 경우 그 요청자에게 국내 및 주재국 경찰기관에 대한 실종 신고 절차를 안내하고, 주재국 관계 기관과 협력하여 해당 재외국민의 소재를 파악하기 위하여 노력하여야 한다.

② 재외공관의 장은 실종된 재외국민의 소재가 파악되면 이를 지체 없이 해당 재외국민의 가족 등 연고자에게 알려야 한다. 이 경우 해당 재외국민이 성년인 경우에는 본인의 의사를 존중하여야 한다.

③ 제1항에 따른 안내와 제2항에 따른 통지의 구체적인 방법과 절차 등에 필요한 사항은 대통령령으로 정한다.

제16조(해외위난상황 발생 시의 영사조력)

① 재외공관의 장은 관할구역에서 해외위난상황이 발생하거나 발생할 우려가 현저함을 인지한 경우 이를 지체 없이 외교부장관에게 보고하고 관할구역의 재외국민에게 알려야 한다.

② 제1항에 따른 보고를 받은 외교부장관은 「재난 및 안전관리 기본법」 제14조의2에 따른 수습지원단과는 별도로 신속대응팀을 파견하거나 재외국민을 안전한 지역으로 이동시킬 수 있는 수단을 투입하는 등 필요한 조치를 할 수 있다.

③ 재외공관의 장은 관할구역에서 해외위난상황이 발생하거나 발생할 우려가 현저함을 인지한 경우 관할구역 내 재외국민의 소재 파악 및 안전 확인을 위하여 노력하여야 하며, 필요한 경우 비상대책반을 설치할 수 있다.

④ 해외위난상황에 처한 재외국민은 재외공관의 장에게 긴급구조를 요청할 수 있다.

⑤ 재외공관의 장은 제4항에 따른 긴급구조 요청 등으로 재외국민이 해외위난상황에 처하여 긴급한 구조가 필요함을 인지한 때에는 주재국 관계 기관에 구조를 요청하는 등 가능한 조치를 하여야 한다.

⑥ 재외공관의 장은 다음 각호의 어느 하나에 해당하는 경우 관할구역 내 재외국민의 소재 및 안전에 관한 정보를 해당 재외국민의 가족 등 연고자에게 제공할 수 있다.

1. 연고자로부터 요청이 있는 경우

2. 해당 재외국민이 스스로 연고자에게 연락하는 것이 곤란할 경우

⑦ 제1항부터 제6항까지의 규정에 따른 해외위난상황 발생 시 영사조력의 구체적인 내용·제공 방법 및 절차 등에 필요한 사항은 대통령령으로 정한다.

제17조(유실물의 처리)

재외공관의 장은 대한민국 국민의 소유로 추정되는 물건을 습득한 경우 대통령령으로 정하는 바에 따라 해당 유실물이 그 유실자 또는 소유자에게 반환될 수 있도록 노력하여야 한다.

제18조(영사조력 제공의 거부 및 중단)

재외공관의 장은 다음 각호의 어느 하나에 해당하는 경우 영사조력의 제공을 거부하거나 중단할 수 있다. 다만, 재외국민의 생명·신체에 대한 위해가 중대하여 긴급히 보호할 필요가 있는 경우에는 그러하지 아니하다.

1. 재외국민이 영사조력을 명백하게 거부하는 경우

2. 재외국민이 폭행, 협박 등의 행위를 하여 해당 재외국민에 대한 영사조력의 제공에 현저한 지장을 초래하는 경우

3. 재외국민이 허위로 영사조력을 요청한 사실이 밝혀진 경우

4. 재외국민이 영사조력을 남용 또는 악용하는 경우

제19조(경비의 부담 등)

① 재외국민은 영사조력 과정에서 자신의 생명·신체 및 재산의 보호에 드는 비용

을 부담하여야 한다. 다만, 재외국민을 긴급히 보호할 필요가 있는 경우로서 다음 각호의 어느 하나에 해당하는 경우에는 국가가 그 비용을 부담할 수 있다.

1. 사건·사고에 처한 재외국민이 본인의 무자력(無資力) 등으로 인하여 비용을 부담하기 어렵다고 판단되는 경우

2. 해외위난상황에 처한 재외국민이 안전한 지역으로 대피할 수 있는 이동수단이 없어 국가가 이동수단을 투입하는 경우

② 재외공관의 장은 분실, 도난 등으로 긴급한 상황에 처한 재외국민이 가족 등 연고자로부터 신속하게 도움을 받을 수 있도록 연고자로부터의 해외송금을 지원할 수 있다.

③ 외교부장관은 제1항 단서에 해당하지 아니하는 재외국민이 제1항 본문에 따라 자신이 부담하여야 할 비용을 즉시 지불하기 곤란한 경우로서 해외위난상황으로부터 해당 재외국민을 안전한 지역으로 이동시키기 위한 수단을 투입하는 경우에는 그 비용을 대신하여 지급할 수 있다. 이 경우 해당 재외국민은 외교부장관이 합리적인 범위 내에서 청구하는 비용을 상환하여야 한다.

④ 외교부장관은 제3항에 따른 상환의무자가 해당 금액을 상환하지 아니하는 때에는 국세 체납처분의 예에 따라 징수할 수 있다.

⑤ 제1항부터 제3항까지의 규정에 따른 경비 부담 등의 구체적인 내용·방법 및 절차 등에 필요한 사항은 대통령령으로 정한다.

제4장 보칙[편집]

제20조(자료 제공의 요청 등)

① 외교부장관은 영사조력을 효율적으로 제공하기 위하여 재외국민이 사건·사고로 인하여 사망하거나 실종된 경우 또는 그 밖에 업무 수행을 위하여 불가피한 경우 관계 기관의 장에게 「주민등록법」에 따른 주민등록전산정보자료, 「가족관

계의 등록 등에 관한 법률」에 따른 가족관계 등록사항에 관한 전산정보자료,「출입국관리법」에 따른 출입국 자료 등 대통령령으로 정하는 필요한 자료의 제공을 요청할 수 있다. 이 경우 요청을 받은 관계 기관의 장은 특별한 사유가 없으면 이에 따라야 한다.

② 외교부장관은 영사조력의 제공을 위하여 필요하다고 인정하는 경우 관계 중앙행정기관의 장 또는 지방자치단체의 장에게 협조를 요청할 수 있다. 이 경우 요청을 받은 관계 중앙행정기관의 장 또는 지방자치단체의 장은 특별한 사유가 없으면 이에 따라야 한다.

제21조(금융정보등의 제공)

① 외교부장관은 제19조 제1항 단서에 따라 영사조력 과정에서 발생하는 비용을 부담하였거나 부담하려는 경우 재외국민이 제19조 제1항 제1호에 해당하는지 여부를 확인하기 위하여 「금융실명거래 및 비밀보장에 관한 법률」 제4조 제1항과 「신용정보의 이용 및 보호에 관한 법률」 제32조 제2항에도 불구하고 해당 재외국민이 제출한 동의서면을 전자적 형태로 바꾼 문서에 의하여 금융기관등(「금융실명거래 및 비밀보장에 관한 법률」 제2조 제1호에 따른 금융회사등과 「신용정보의 이용 및 보호에 관한 법률」 제2조 제6호에 따른 신용정보집중기관을 말한다. 이하 같다)의 장에게 금융정보·신용정보 또는 보험정보(이하 "금융정보등"이라 한다)의 제공을 요청할 수 있다.

② 제1항에 따라 금융정보등의 제공을 요청받은 금융기관등의 장은 「금융실명거래 및 비밀보장에 관한 법률」 제4조와 「신용정보의 이용 및 보호에 관한 법률」 제32조에도 불구하고 이를 제공하여야 한다.

③ 제2항에 따라 금융정보등을 제공하는 금융기관등의 장은 금융정보등의 제공 사실을 명의인에게 통보하여야 한다. 다만, 명의인의 동의가 있는 경우에는 「금융실명거래 및 비밀보장에 관한 법률」 제4조의2제1항과 「신용정보의 이용 및 보호에

관한 법률」제32조 제7항에도 불구하고 통보하지 아니할 수 있다.

④ 제1항 및 제2항에 따른 금융정보등의 제공 요청 및 제공은「정보통신망 이용촉진 및 정보보호 등에 관한 법률」제2조 제1항 제1호에 따른 정보통신망을 이용하여야 한다. 다만, 정보통신망의 손상 등 불가피한 경우에는 그러하지 아니하다.

⑤ 제1항 및 제2항에 따른 업무에 종사하고 있거나 종사하였던 사람은 업무를 수행하면서 취득한 금융정보등을 이 법에서 정한 목적 외의 용도로 사용하거나 다른 사람 또는 기관에 제공하거나 누설하여서는 아니 된다.

⑥ 제1항·제2항 및 제4항에 따른 금융정보등의 제공 요청 및 제공 등에 필요한 사항은 대통령령으로 정한다.

제22조(권한의 위임·위탁)

이 법에 따른 외교부장관의 권한은 그 일부를 대통령령으로 정하는 바에 따라 재외공관의 장에게 위임하거나 관계 행정기관의 장에게 위탁할 수 있다.

제23조(벌칙)

제21조 제5항을 위반하여 금융정보등을 목적 외의 용도로 사용하거나 다른 사람 또는 기관에 제공하거나 누설한 사람은 5년 이하의 징역 또는 5천만 원 이하의 벌금에 처한다.

부칙[편집]

부칙〈제16221호, 2019. 1. 15.〉

이 법은 공포 후 2년이 경과한 날부터 시행한다.